Die extraterritoriale Anwendbarkeit der EG-Fusionskontrollverordnung

Europäische Hochschulschriften

Publications Universitaires Européennes
European University Studies

Reihe II
Rechtswissenschaft

Série II Series II
Droit
Law

Bd./Vol. 4009

PETER LANG
Frankfurt am Main · Berlin · Bern · Bruxelles · New York · Oxford · Wien

Ingrid Meyer

Die extraterritoriale Anwendbarkeit der EG-Fusionskontrollverordnung

PETER LANG
Europäischer Verlag der Wissenschaften

Bibliografische Information Der Deutschen Bibliothek
Die Deutsche Bibliothek verzeichnet diese Publikation in der Deutschen Nationalbibliografie; detaillierte bibliografische Daten sind im Internet über <http://dnb.ddb.de> abrufbar.

Zugl.: Kiel, Univ., Diss., 2003

D 8
ISSN 0531-7312
ISBN 3-631-53013-7

www.peterlang.de

Meinen Eltern

Vorwort

Diese Arbeit lag der Rechtswissenschaftlichen Fakultät der Christian-Albrechts-Universität zu Kiel im Jahre 2003 als Dissertation vor. Sie befindet sich auf dem Stand Mai 2003. Zum 1. Mai 2004 wird zeitgleich mit der Erweiterung der Europäischen Union die revidierte Fassung der EG-Fusionskontrollverordnung in Kraft treten. Auf die Einarbeitung geänderter Vorschriften wurde verzichtet, weil die Rechtsänderungen die Ergebnisse der Dissertation nicht beeinflussen.

Ich danke meinem Doktorvater, Herrn Professor Dr. *Joachim Jickeli*, der das Thema angeregt und die Arbeit wohlwollend betreut hat, sowie Herrn Professor Dr. *Andreas Zimmermann* für das Zweitgutachten.

Dank gebührt auch der *Regulierungsbehörde für Telekommunikation und Post* für die Gewährung von Sonderurlaub ohne Bezüge zwecks Fertigstellung dieser Dissertation.

Dank schulde ich zudem Frau *Svantje Garbe*, die mir zeitweise ihre Wohnung als ruhige Arbeitsumgebung zu Verfügung stellte, Frau *Brit Redöhl* für das Korrekturlesen des Manuskripts, Herrn Dr. *Fabian Pape*, Herrn Dr. *Hans-Peter Ackmann*, meinem Kommilitonen und Moot-Court-Kameraden Professor Dr. *Christian Tietje*, Herrn *Joachim du Buisson* und Herrn Dr. *Markus Wagemann* für ihre Gesprächsbereitschaft sowie nicht zuletzt meinem Vetter *Klaus-Peter Hermes*, der mir mit Rat und Tat in Fragen der Textverarbeitung zur Seite stand.

Gewidmet ist die Arbeit meinem Vater und meiner Mutter, die den Abschluss meiner Dissertation leider nicht mehr erleben konnte. Meine Eltern haben mich in meinen Zielen bestärkt und mich auf meinem Werdegang in jeder Hinsicht gefördert.

Bonn, im April 2004 *Ingrid Meyer*

Inhaltsübersicht

Inhaltsverzeichnis

Abkürzungen

a.A.	anderer Ansicht
a.a.O.	am angegebenen Ort
Abl. EG	Amtsblatt der Europäischen Gemeinschaften
Abs.	Absatz
a.E.	am Ende
a.F.	alte Fassung
AJIL	American Journal of International Law
AJP	Aktuelle Juristische Praxis
ArchVR	Archiv des Völkerrechts
Art.	Artikel
Bd.	Band
BGE	Entscheidungen des Schweizerischen Bundesgerichts
BGH	Bundesgerichtshof
BKartA	Bundeskartellamt
BSP	Bruttosozialprodukt
bspw	beispielsweise
BVerfGE	Entscheidungen des Bundesverfassungsgerichts
bzw.	beziehungsweise
CFR	Code of Federal Regulations
ders.	derselbe
d.h.	das heißt
Doc.	Document
dt.	deutsch (e)
ECLR	European Competition Law Review
ECU	European Currency Unit
Ed.	Editor
EFTA	European Free Trade Association
EG	Europäische Gemeinschaft
EGKS	Europäische Gemeinschaft für Kohle und Stahl
EGV	Vertrag zur Gründung der Europäischen Gemeinschaft
endg.	endgültig
EPIL	Encyclopedia of Public International Law
etc.	et cetera
EU	Europäische Union
EuG	Gericht erster Instanz der Europäischen Gemeinschaften
EuGH	Europäischer Gerichtshof
EUV	Vertrag zur Gründung der Europäischen Union
EuZW	Europäische Zeitschrift für Wirtschaft
EWG	Europäische Wirtschaftsgemeinschaft
EWR	Europäischer Wirtschaftsraum

EWS	Europäisches Wirtschafts- und Steuerrecht
f.	folgende
ff.	folgende
FK	Frankfurter Kommentar
FKVO	Fusionskontrollverordnung
FS	Festschrift
GA	General Assembly
GG	Grundgesetz
ggf.	gegebenenfalls
GU	Gemeinschaftsunternehmen
GWB	Gesetz gegen Wettbewerbsbeschränkungen
Hdb.	Handbuch
Hrsg.	Herausgeber
ICJ	International Court of Justice (Internationaler Gerichtshof)
ICLQ	International and Comparative Law Quarterly
i.d.R.	in der Regel
IGH	Internationaler Gerichtshof
i.H.v.	in Höhe von
ILM	International Legal Materials
Inc.	Incorporation
i.S.v.	im Sinne von
i.V.m.	in Verbindung mit
KG	Kammergericht
KOM	Kommission
lit.	Buchstabe (litera)
Mio.	Million (en)
Mrd.	Milliarde (n)
m.w.N.	mit weiteren Nachweisen
n.F.	neue Fassung
NJW	Neue Juristische Wochenschrift
No.	Nummer
Nr.	Nummer
OECD	Organization for Economic Cooperation and Development
o.g.	oben genannt
OLG	Oberlandesgericht
OR	Official Records
PCIJ	Permanent Court of International Justice (Ständiger Internationaler Gerichtshof)
Res.	Resolution
Rn.	Randnummer

Rs.	Rechtssache
Rspr.	Rechtsprechung
S.	Seite/Satz
Sec.	Section
SJZ	Schweizerische Juristen Zeitung
Slg.	Sammlung
sog.	sogenannt (er, es, e)
StIGH	Ständiger Internationaler Gerichtshof
Suppl.	Supplement
Tz.	Textziffer
Uabs.	Unterabsatz
UN	United Nations
US	United States
U.S.C.	United States Code
v.	vom; versus
VerfVO	Verfahrensverordnung
v.H.	von Hundert
vgl.	vergleiche
Vol.	Volume
WTO	World Trade Organization
WuW	Wirtschaft und Wettbewerb
YEL	Yearbook of European Law
ZaöRV	Zeitschrift für ausländisches öffentliches Recht und Völkerrecht
z.B.	zum Beispiel
Ziff.	Ziffer
z.T.	zum Teil
ZvglRWiss	Zeitschrift für vergleichende Rechtswissenschaft

Einleitung

Die Verordnung (EWG) Nr. 4064/89 des Rates über die Kontrolle von Unternehmenszusammenschlüssen vom 21. Dezember 1989[1], die sogenannte Fusionskontrollverordnung (im Folgenden FKVO), ist im September 1990 in Kraft getreten[2]. Hintergrund der Implementierung einer europäischen Fusionskontrolle durch die FKVO war die – berechtigte – Annahme, dass die Errichtung des Binnenmarktes zu erheblichen grenzüberschreitenden Umstrukturierungen der dort befindlichen Unternehmen führe[3]. Die damit einhergehenden Unternehmenszusammenschlüsse, die Auswirkungen über einen einzigen mitgliedstaatlichen Markt hinaus und damit „gemeinschaftsweite Bedeutung" haben könnten, sollten nicht mehr auf der Ebene der Mitgliedstaaten, sondern ausschließlich auf Gemeinschaftsebene überprüft werden[4]. Art. 21 Abs. 2 FKVO[5] bestimmt daher, dass die Mitgliedstaaten ihr innerstaatliches Wettbewerbsrecht nicht auf Zusammenschlüsse von gemeinschaftsweiter Bedeutung anwenden dürfen.

Die gemeinschaftsweite Bedeutung eines Zusammenschlusses hängt nach der FKVO allein davon ab, ob die am Zusammenschluss beteiligten Unternehmen bestimmte Umsätze weltweit sowie innerhalb der Gemeinschaft erzielen[6]. Diese Schwellenwerte werden angesichts globalisierter Märkte vielfach auch von Unternehmen überschritten, die in Drittstaaten ansässig sind. Dies gilt möglicherweise umso mehr, als dass 1998 bezogen auf den weltweiten und gemeinschaftsweiten Umsatz gesenkte Schwellenwerte in Art. 1 Abs. 3 n. F. in Kraft getreten sind[7]. Da die FKVO nicht voraussetzt, dass die beteiligten Unterneh-

---

1 ABl. EG. Nr. L 257 vom 21.09.1990, S. 13ff. (berichtigte Fassung zu ABl.EG Nr. L 395 vom 21.12.1989, S. 1 ff.).

2 Art. 25 Abs. 1 FKVO.

3 Vgl. etwa Grünbuch über die Revision der Verordnung (EWG) Nr. 4064/89 des Rates, KOM (2001) 745/6 endgültig, Tz. 1-4.

4 Die Kommission hatte nach Art. 85 sowie Art. 86 EGV zwar schon vor dem Erlass der FKVO eine rudimentäre Zusammenschlusskontrolle auf Gemeinschaftsebene durchgeführt, die richterrechtlich durch die Entscheidung des EuGH vom 21.Februar 1973 („Continental Can"), WuW/E EWG/MUV 296 ff., und Entscheidung des EuGH vom 17. November 1987 („Philip Morris/Rothmans"), WuW/E EWG/MUV 815 ff., begründet worden war. Indessen ermöglichten die Wettbewerbsregeln des EGV keine systematische Kontrolle von Unternehmenszusammenschlüssen, vgl. Rösler, Fusionskontrolle im Binnenmarkt, S. 1f.

5 Im Folgenden sind Artikel ohne weitere Angaben solche der FKVO.

6 Siehe Art. 1 FKVO.

7 ABl. EG Nr. L 180 vom 09.07.1997, S. 1 ff., Art. 1 Abs. 3 n. F. setzt aber kumulativ voraus, dass mitgliedstaatliche Umsätze überschritten werden, siehe zur geringen praktischen Bedeutung dieser Vorschrift 1. Teil, 1. Abschnitt, B, III, 4.

men einen Sitz in der Gemeinschaft haben oder der Zusammenschluss dort vollzogen wird, hat sie einen weiten extraterritorialen Anwendungsbereich.

Im Übrigen fehlt in der FKVO eine Kollisionsnorm, welche die extraterritoriale Anwendbarkeit der FKVO daran knüpft, dass sich Zusammenschlüsse in Drittstaaten in ihrem Geltungsbereich wettbewerbsbeschränkend auswirken[8].

Die Kommission hat insoweit die Anwendbarkeit der FKVO auch auf Zusammenschlüsse in Drittstaaten stets dann angenommen, wenn die beteiligten Unternehmen die formalen Umsatzkriterien erfüllten.

In den letzten Jahren hat hier unter anderem die Überprüfung der Drittstaatenzusammenschlüsse *Boeing/Mc Donnel Douglas*[9] sowie *General Electric/Honeywell*[10] durch die Kommission Aufsehen erregt. In beiden Fällen hatte der jeweilige Sitzstaat, die USA, den Zusammenschluss bereits genehmigt. Dennoch berief sich die Kommission auf ein eigenes Untersagungsrecht, so dass es zu Kontroversen mit den USA kam.

Die FKVO besitzt also eine über die Mitgliedstaaten hinausgehende völkerrechtliche Dimension. Das Völkerrecht verlangt für die Regelung extraterritorialer Sachverhalte, dass der regelnde Staat hierfür über eine sinnvolle Anknüpfung verfügt. Bei den oben angesprochenen „Mega-Fusionen" sind Auswirkungen auf den Wettbewerb im Gemeinsamen Markt unzweifelhaft vorhanden, so dass der Gemeinschaft zumindest ein Regelungsinteresse an diesen Drittstaatenzusammenschlüssen zuerkannt werden muss. Dem stehen allerdings ebenfalls legitime Interessen des betroffenen Sitzstaates zur souveränen Gestaltung der eigenen Wirtschaftspolitik gegenüber.

Abgesehen von diesen spektakulären Fällen erfüllen zahlreiche Drittstaatenzusammenschlüsse die von der FKVO aufgestellten Aufgreifschwellen, ohne jedoch nennenswerte Auswirkungen auf den Wettbewerb in der Gemeinschaft zu haben. Dabei zieht nicht erst das Gegebensein der Untersagungskriterien, nämlich die Entstehung oder Verstärkung einer sich wettbewerbsbehindernd auswirkenden beherrschenden Stellung im Gemeinsamen Markt (Eingreifkriterien) weitreichende Rechtsfolgen für die betroffenen Unternehmen nach sich, sondern bereits das Vorliegen eines Zusammenschlusses von gemeinschaftsweiter Bedeutung im Sinne des Art. 1 (Aufgreifkriterien). So haben diese Unternehmen die Pflicht, den Zusammenschluss anzumelden und diesen vorläufig bis zum

---

8 Im deutschen Recht vgl. § 130 Abs. 2 GWB, zur Anwendung dieser Norm in der Praxis des Bundeskartellamtes, siehe Teil 2, 2. Abschnitt, B.

9 Entscheidung der Kommission vom 30.07.1997, Sache Nr. IV/M. 877, ABl. EG Nr. L 336 vom 8.12.1997, S. 16 ff.

10 Entscheidung der Kommission vom 03.07.2001, COMP/M. 2220, auszugsweise abgedruckt in WuW/E EU-V 631 ff.

Abschluss des Prüfungsverfahrens nicht zu vollziehen. Diese Pflichten können für die betroffenen Unternehmen aus Drittstaaten eine erhebliche Belastung darstellen. Jedenfalls erhöhen sich die Kosten der Transaktion, wenn Anmeldepflicht und Vollzugsverbot in dem betreffenden Drittstaat entweder gar nicht oder nicht in der Form wie in der Gemeinschaft bestehen. Letzteres ist etwa der Fall, wenn die Gemeinschaft andere oder zusätzliche Angaben im Vergleich zu dem jeweiligen Drittstaat im Rahmen der Anmeldung verlangt oder sich infolge des Verfahrens nach der FKVO die Freigabe und damit der Vollzug des Zusammenschlusses verzögert.

Gegenstand dieser Untersuchung ist, ob die Überschreitung bestimmter, in der FKVO festgelegter Umsatzschwellen, d.h. die Erfüllung rein formaler Kriterien, eine völkerrechtlich sinnvolle Anknüpfung für die Anmeldepflicht sowie das Vollzugsverbot in Drittstaatensachverhalten vermitteln kann. Diese Frage gewinnt an Schärfe in dem Fall, in dem beteiligten Drittstaatenunternehmen, welche die Schwellenwerte überschreiten, eine Geldbuße allein wegen Verstoßes gegen die Anmeldepflicht bzw. gegen das Vollzugsverbot auferlegt wird, ohne dass der in Frage stehende Zusammenschluss materiell wettbewerbsbeschränkende Auswirkungen in der Gemeinschaft hat.

1. Teil: Grundlagen

1. Abschnitt: Grundlagen der FKVO

A. Präventive statt nachträglicher Kontrolle

Fusionskontrolle kann als vorherige oder nachträgliche Überprüfung von Zusammenschlüssen ausgestaltet sein. Bei der nachträglichen Kontrolle müssen Zusammenschlüsse bei der Wettbewerbsbehörde lediglich angezeigt, dürfen aber vollzogen werden. Die Behörde schreitet nur im Fall von Wettbewerbsbehinderungen durch den Zusammenschluss ein. Eine präventive Fusionskontrolle ist insofern belastender, als dass dadurch alle Zusammenschlussvorhaben, welche bestimmte Aufgreifkriterien erfüllen, zunächst einem Vollzugsverbot unterworfen sind. Hiervon sind also auch die Unternehmen betroffen, deren Vorhaben sich als wettbewerblich unbedenklich herausstellen. Andererseits kann es für Unternehmen sehr kostspielig sein, einen bereits vollzogenen Zusammenschluss aufgrund einer nachträglichen Fusionskontrollentscheidung wieder entflechten zu müssen. Daher kann eine präventive Kontrolle im Einzelfall auch vorteilhaft für ein Unternehmen sein.

Der Wettbewerb lässt sich durch eine präventive Kontrolle wirksamer schützen. Hinter der Konzeption einer präventiven Fusionskontrolle steht der Gedanke, dass der durch den Vollzug des Zusammenschlusses geschaffene Zustand nur schwer rückgängig gemacht werden kann, so dass eine vorherige wettbewerbliche Überprüfung effektiver ist. Zum einen lässt sich der Unternehmenszusammenschluss als solcher in vielen Fällen kaum entflechten. Zum anderen sind die durch den Zusammenschluss verursachten Folgen, die strukturellen Wettbewerbsbeeinträchtigungen (z.B. einschneidende Veränderung der Marktstruktur) häufig nicht mehr zu beheben, so dass bleibende Beeinträchtigungen des Wettbewerbs zu befürchten sind.

Die Gemeinschaft hat sich daher für das Konzept der präventiven Fusionskontrolle entschieden. Erwägungsgrund 17 der Verordnung in ihrer ursprünglichen Fassung[11] nennt daher die vorherige Anmeldung und das Vollzugsverbot als Stützpfeiler einer wirksamen Überwachung von Zusammenschlüssen.

---

[11] ABl. EG Nr. L 257 vom 21.09.1990, S. 15.

B. Überblick über das Verfahren der FKVO

I. Vorbemerkungen

Das Verfahren der FKVO gliedert sich im Normalfall[12] in ein Vorverfahren und ein Hauptverfahren. Im Vorverfahren wird zunächst geprüft, ob die Aufgreifkriterien der FKVO erfüllt sind, d.h. ob der Anwendungsbereich der FKVO eröffnet ist. Sodann wird in diesem Verfahrensabschnitt untersucht, ob der geplante Zusammenschluss Anlass zu ernsthaften Bedenken hinsichtlich seiner Vereinbarkeit mit dem Gemeinsamen Markt gibt, die eine vertiefte Prüfung rechtfertigen würden. Nur wenn letzteres der Fall ist, wird das Hauptverfahren eingeleitet. Im Hauptverfahren wird untersucht, ob die Eingreifkriterien, nämlich die materiellrechtlichen Voraussetzungen für eine Untersagung des Zusammenschlusses vorliegen.

Das Vorverfahren nimmt seinen Anfang mit der Anmeldung des Zusammenschlussvorhabens durch die betreffenden Unternehmen. Zu diesem Zwecke ordnet Art. 4 Abs. 1 an, dass Zusammenschlüsse von gemeinschaftsweiter Bedeutung innerhalb einer Woche nach dem Vertragsschluss, der Veröffentlichung des Kauf- oder Tauschangebots oder des Erwerbs einer die Kontrolle begründenden Beteiligung bei der Kommission anzumelden sind.

Während des gesamten Verfahrens darf der Zusammenschluss nicht vollzogen werden. Dies bedeutet, dass die beteiligten Unternehmen das Vorhaben nicht eher verwirklichen dürfen, bis dieses – nach Ende des Vor- oder Hauptverfahrens – freigegeben worden ist.

II. Informelle Vorgespräche

Vor der eigentlichen Anmeldung des Zusammenschlussvorhabens werden in der Regel informelle Vorgespräche der beteiligten Unternehmen mit der Kommission geführt[13]. Diese sind in der FKVO zwar nicht ausdrücklich erwähnt, jedoch spricht der 10. Erwägungsgrund der Verfahrensordnung (im Folgenden: VerfVO)[14] die Möglichkeit solcher informeller Gespräche an. Danach „wird“ die

[12] Abweichungen davon können sich ergeben, wenn die Kommission gemäß Art. 9 die Prüfung eines angemeldeten Zusammenschlusses an einen Mitgliedstaat verweist oder wenn sie umgekehrt gemäß Art. 22 Abs. 3 trotz fehlender gemeinschaftsweiter Bedeutung eine Entscheidung über einen Zusammenschluss erlässt.

[13] Drauz/Schroeder, Praxis der europäischen Fusionskontrolle, S. 187; Immenga in: Immenga/Mestmäcker, EG-Wettbewerbsrecht, Bd. I, FKVO, Abschnitt VII, Teil C, Rn. 4.

[14] Verordnung (EG) Nr. 447/98 der Kommission vom 1. März 1998 über die Anmeldungen, über die Fristen sowie über die Anhörung nach der Verordnung (EWG) Nr. 4064/89 des

Kommission „den Anmeldern und anderen Beteiligten auf deren Wunsch bereits vor der Anmeldung Gelegenheit zu informellen und vertraulichen Gesprächen über den beabsichtigten Zusammenschluss geben“. Auch wird in Abschnitt A der Einleitung des Formblattes CO[15], dem Anmeldeformblatt für Zusammenschlüsse, auf die Nützlichkeit der informellen Vorgespräche hingewiesen.

Die informellen Vorgespräche kommen der Kommission, vor allem jedoch den beteiligten Unternehmen zugute. Die Kommission, deren Prüfungsfristen sich in engem Rahmen halten[16], erfährt frühzeitig von dem geplanten Zusammenschluss und kann sich davon bereits ein vorläufiges Bild machen sowie eine erste Einschätzung des Vorhabens vornehmen[17]. Hauptzweck der informellen Vorgespräche ist indes, eine formelle Anmeldung durch die Unternehmen vorzubereiten[18]. Die Gespräche können sich auf die Frage der Anwendbarkeit der FKVO sowie die des Zeitpunkts der Anmeldungspflicht beziehen. Inhalt informeller Vorgespräche ist aber vor allem die Frage, in welchem Umfang und in welcher Art und Weise nach dem sogenannten Formblatt CO zur Anmeldung des Zusammenschlusses Informationen beizubringen sind[19]. In diesem Zusammenhang ist von Bedeutung, dass sich die Unternehmen im Ergebnis dieser Gespräche nach Art. 3 Abs. 2 VerfVO von der Pflicht zur Vorlage einzelner, im Formblatt CO verlangter Angaben einschließlich Unterlagen befreien lassen können, wenn die Kommission zu der Ansicht gelangt, dass „diese Angaben für die Prüfung des Falls nicht notwendig sind“.

In Anbetracht der in der Anmeldung geforderten umfangreichen Angaben erscheint eine Vorbereitung durch informelle Vorgespräche, insbesondere schon im Vorgriff auf einen geplanten Zusammenschluss, sinnvoll[20], zumal den Unternehmen nach dem Zustandekommen eines verbindlichen Rechtsgeschäfts über den Zusammenschluss nur eine einwöchige Frist zur Anmeldung verbleibt.

Im Interesse einer zügigen Verwirklichung des Zusammenschlussvorhabens ist es für ein Unternehmen wichtig, eine vollständige Anmeldung einzureichen:

Rates über die Kontrolle von Unternehmenszusammenschlüssen, ABl. EG Nr. L 61 vom 02.03.1998, S. 1ff.

15 Anhang zur Verordnung (EG) Nr. 447/98 der Kommission über die Anmeldungen, über die Fristen sowie über die Anhörungen nach der Verordnung (EWG) Nr. 4064/89 des Rates über die Kontrolle von Unternehmenszusammenschlüssen vom 21.03. 1998, ABl. EG Nr. L 61 vom 02.03.1998, S. 11 ff.

16 Vgl. Art. 10.

17 Immenga in: Immenga/Mestmäcker, EG-Wettbewerbsrecht, Bd. I, FKVO, Abschnitt VII, Teil C, Rn. 4.

18 Drauz/Schroeder, Praxis der europäischen Fusionskontrolle, S. 187.

19 Drauz/Schroeder, Praxis der europäischen Fusionskontrolle, S. 187.

20 Anschaulich hierzu Drauz/Schroeder, Praxis der europäischen Fusionskontrolle, S. 198.

Gemäß Art. 10 Abs.1 S. 2 FKVO wird nur bei vollständig erteilten Angaben die – i. d. R. – einmonatige Frist, innerhalb derer das Vorverfahren durchgeführt wird, in Gang gesetzt[21]. Bei unvollständigen Angaben verzögert sich damit das Verfahren, so dass sich auch der Zeitraum des Vollzugsverbotes verlängert[22].

III. Vorverfahren

Nach Eingang der Anmeldung stellt die Kommission in einem ersten Prüfungsschritt fest, ob der Anwendungsbereich der FKVO nach Art. 1 Abs. 1 eröffnet ist. Hierfür muss sie zum einen untersuchen, ob ein Zusammenschluss i.S.d. Art. 3 Abs. 1 vorliegt, also entweder eine Fusion zweier bisher voneinander unabhängiger Unternehmen zu einem neuen Unternehmen oder ein Kontrollerwerb eines Unternehmens über ein anderes Unternehmen. Zum anderen muss dieser Zusammenschluss gemäß Art. 1 Abs. 1 von gemeinschaftsweiter Bedeutung sein, nämlich die in Art. 1 Abs. 2 oder Art. 1 Abs. 3 genannten Umsatzschwellen überschreiten.

Ist hiernach der Anwendungsbereich der FKVO eröffnet, muss die Kommission in einem zweiten Schritt prüfen, ob das Zusammenschlussvorhaben Anlass zu ernsthaften Bedenken hinsichtlich seiner Vereinbarkeit mit dem Gemeinsamen Markt gibt. Dabei berücksichtigt sie die in Art. 2 aufgeführten Kriterien[23]. Dies bedeutet, dass sie überschlägig prüft, ob Marktstruktur sowie tatsächlicher und potenzieller Wettbewerb auf den betroffenen Märkten eine Marktbeherrschung infolge des Zusammenschlusses befürchten lassen. Schon im Vorverfahren erfolgt also eine – wenn auch summarische – materielle Prüfung.

Am Ende des Vorverfahrens stehen der Kommission gemäß Art. 6 Abs. 1 drei Entscheidungsmöglichkeiten zur Verfügung: Sie kann

- gemäß Art. 6 Abs.1 lit. a feststellen, dass der angemeldete Zusammenschluss gar nicht unter die Verordnung fällt,
- gemäß Art. 6 Abs. 1 lit. b feststellen, dass der Zusammenschluss zwar unter die Verordnung fällt, jedoch keinen Anlass zu ernsthaften Bedenken hinsichtlich seiner Vereinbarkeit mit dem Gemeinsamen Markt gibt, oder
- gemäß Art. 6 Abs. 1 lit. c feststellen, dass der Zusammenschluss unter die Verordnung fällt und Anlass zu solchen ernsthaften Bedenken gibt, so dass das Hauptverfahren einzuleiten ist.

---

[21] Vgl. Art. 4 Abs. 2, 4 VerfVO.

[22] Vgl. Art. 7 Abs. 1 FKVO.

[23] Zur Prüfung im Vorverfahren: Immenga in: Immenga/Mestmäcker, EG-Wettbewerbsrecht, Bd. I, FKVO, Abschnitt VII, Teil C, Rn. 20.

Nach Eingang der Anmeldung muss die Kommission gemäß Art. 10 Abs. 1 innerhalb von einem Monat eine der genannten Entscheidungen nach Art. 6 Abs. 1 treffen. Hat sie nach Ablauf dieser einmonatigen Frist keine Entscheidung erlassen, so wird fingiert, dass der Zusammenschluss als mit dem Gemeinsamen Markt vereinbar erklärt ist (Art. 10 Abs. 6).

IV. Hauptverfahren

Ist die Kommission mit Abschluss des Vorverfahrens gemäß Art. 6 Abs. 1 lit. c zu der Entscheidung gekommen, das „Verfahren" – gemeint ist das Hauptverfahren – einzuleiten, folgt nun die eigentliche materielle Fusionskontrolle, bei welcher der Zusammenschluss nach Art. 2 auf seine Vereinbarkeit mit dem Gemeinsamen Markt untersucht wird[24]. Unvereinbar mit dem Gemeinsamen Markt sind gemäß Art. 2 Abs. 3 solche Zusammenschlüsse, die eine beherrschende Stellung begründen oder verstärken, durch die wirksamer Wettbewerb im Gemeinsamen Markt oder in einem wesentlichen Teil davon erheblich behindert würde. Vereinbar mit dem Gemeinsamen Markt sind gemäß Art. 2 Abs. 2 Zusammenschlüsse, durch die keine Marktbeherrschung entsteht oder verstärkt wird, die den Wettbewerb im Gemeinsamen Markt erheblich behindern würde.

Je nach materieller Beurteilung erklärt die Kommission den Zusammenschluss also entweder gemäß Art. 8 Abs. 2 für vereinbar mit dem Gemeinsamen Markt, d.h. gibt das Vorhaben frei, oder gemäß Art. 8 Abs. 3 für damit unvereinbar, d.h. untersagt das Vorhaben. Ist ein mit dem Gemeinsamen Markt unvereinbarer Zusammenschluss bereits vollzogen, kann sie gemäß Art. 8 Abs. 4 entflechtende Maßnahmen anordnen, um den wirksamen Wettbewerb wiederherzustellen.

Vielfach kann die Untersagung eines Zusammenschlusses, der wettbewerbsrechtliche Bedenken aufwirft, abgewendet werden, indem die Vereinbarkeitserklärung gemäß Art. 8 Abs. 2, Uabs. 2 mit Bedingungen oder Auflagen verbunden wird. Mit diesen Nebenbestimmungen wird sichergestellt, dass die beteiligten Unternehmen die wettbewerbsrechtlichen Bedenken ausräumen.

Will die Kommission im Rahmen des Art. 8 eine belastende Entscheidung, nämlich eine Auflagenentscheidung gemäß Art. 8 Abs. 2 Uabs. 2, eine Untersagung gemäß Art. 8 Abs. 3, ein Entflechtungsanordnung gemäß Art. 8 Abs. 4 oder einen Widerruf gemäß Art. 8 Abs. 5, erlassen, so muss sie die Betroffenen nach Art. 18 anhören.

Die von der Kommission nach Art. 8 getroffenen Entscheidungen werden gemäß Art. 20 im Amtsblatt der Europäischen Gemeinschaften veröffentlicht.

---

[24] Immenga in: Immenga/Mestmäcker, EG-Wettbewerbsrecht, Bd.I, FKVO, Abschnitt VII, Teil C, Rn. 28.

Die Prüfungsfrist im Hauptverfahren beträgt gemäß Art. 10 Abs. 3 vier Monate. Sie beginnt mit der Einleitung des Verfahrens durch eine Entscheidung gemäß Art. 6 Abs. 1 lit. c. Indessen bestimmt Art. 10 Abs. 2, dass diese Frist nicht ausgeschöpft werden sollte, sobald offenkundig ist, dass ernsthafte Bedenken hinsichtlich der Vereinbarkeit eines Zusammenschlusses mit dem Gemeinsamen Markt ausgeräumt sind.

Hat die Kommission nach Ablauf der Viermonatsfrist keine Entscheidung getroffen, so greift auch hier die Fiktion des Art. 10 Abs. 6 ein: Der Zusammenschluss gilt als mit dem Gemeinsamen Markt vereinbar erklärt.

V. Vereinfachtes Verfahren für bestimmte Zusammenschlüsse

Von den Umsatzschwellen nach Art. 1 werden viele Zusammenschlüsse erfasst, die wettbewerbsrechtlich unproblematisch sind. Zur Einsparung der Ressourcen in der Verwaltung hat die Kommission im Jahr 2000 das sogenannte vereinfachte Verfahren für bestimmte Zusammenschlüsse[25] eingeführt, bei denen auf eine ausführliche Entscheidung verzichtet wird. Hierbei handelt es sich um bestimmte Fallgruppen, bei denen in der Regel eine Genehmigung erteilt wird, weil sie keinen Anlass zu nennenswerten Bedenken geben[26] : Es sind dies erstens Gemeinschaftsunternehmen, deren Muttergesellschaften zwar hohe Umsätze in der Gemeinschaft erzielen, so dass die Aufgreifschwellen in Art. 1 erreicht werden, das Gemeinschaftsunternehmen selbst aber keine oder nur geringfügige Tätigkeiten im EWR[27] aufweist. Die zweite Fallgruppe umfasst die Zusammenschlüsse, bei denen die beteiligten Unternehmen weder horizontale noch vertikale Beziehungen haben, d.h. nicht auf denselben bzw. vor- oder nachgelagerten Märkten tätig sind. Bei der dritten Fallgruppe bestehen zwischen den Zusammenschlussbeteiligten zwar horizontale oder vertikale Beziehungen, jedoch werden bestimmte gemeinsame Marktanteile nicht überschritten.

Die Kommission will zwar nicht gänzlich und von vornherein auf die Kontrolle solcher voraussichtlich unproblematischer Zusammenschlüsse verzichten, jedoch soll das Verfahren sowohl auf Seiten der Verwaltung als auch auf Seiten der beteiligten Unternehmen vereinfacht werden. Die Unternehmen müssen in diesen Fällen bei der Anmeldung nach dem Formblatt CO weniger umfangreiche Angaben machen. Außerdem genehmigt die Kommission Zusammenschlüs-

---

[25] Bekanntmachung der Kommission über ein vereinfachtes Verfahren für bestimmte Zusammenschlüsse gemäß der Verordnung (EWG) Nr. 4064/89 des Rates, ABl. EG Nr. C 217 vom 29.07. 2000, S. 32 ff.

[26] A.a.O. (Fußnote 25), S. 32, Tz. 1, 4 f.

[27] Die Bekanntmachung bezieht sich nicht nur auf den Gemeinsamen Markt, sondern vor dem Hintergrund sinngemäßer Erstreckung der FKVO auf den EWR auch auf letzteren, hierzu näher 3. Teil, 1. Abschnitt, B.

se der oben genannten Fallgruppen in der Regel innerhalb eines Monats nach Anmeldung durch eine Kurzformentscheidung nach Art. 6 Abs. 1 lit. b[28]. Ausnahmsweise können sich jedoch auch Zusammenschlüsse, die sich diesen im Normalfall unproblematischen Fallgruppen zuordnen lassen, als wettbewerbsrechtlich bedenklich erweisen. In solchen Fällen, die in der Bekanntmachung zum vereinfachten Verfahren beispielhaft beschrieben werden, sieht die Kommission von einer Kurzformentscheidung ab und erlässt eine ausführliche Entscheidung[29].

C. Die Aufgreifkriterien des Art. 1 Abs. 2 und 3 FKVO

I. Einführung

1. Vorbemerkungen

Im Vorverfahren stellt sich – wie bereits skizziert – zunächst die Frage, ob der Anwendungsbereich der FKVO überhaupt eröffnet ist. Die Anwendbarkeit der Europäischen Fusionskontrolle ist in Art. 1 Abs. 1 geregelt. Danach müssen zwei Voraussetzungen erfüllt sein: Es muss sich - erstens - um einen Zusammenschluss i. S. d. FKVO handeln. Hierzu findet sich eine Legaldefinition in Art. 3. Danach gibt es zwei Tatbestände, nämlich zum einen die Fusion mehrerer bisher voneinander unabhängiger Unternehmen, zum anderen den Kontrollerwerb über ein anderes Unternehmen einschließlich der Gründung eines Gemeinschaftsunternehmens. Liegt ein solcher Zusammenschluss vor, muss dieser - zweitens - von gemeinschaftsweiter Bedeutung sein. Die gemeinschaftsweite Bedeutung eines Zusammenschlusses ist in Art. 1 Abs. 2 und Abs. 3 FKVO legaldefiniert. Nach diesen Vorschriften ist die Anwendbarkeit der FKVO daran geknüpft, dass die am Zusammenschluss beteiligten Unternehmen bestimmte Umsätze erzielen.

2. Die Schwellenwerte gemäß Art. 1 Abs. 2

Nach Art. 1 hat ein Zusammenschluss gemeinschaftsweite Bedeutung, wenn kumulativ drei Bedingungen vorliegen: Es muss zum einen weltweit, zum anderen gemeinschaftsweit ein bestimmter Umsatz überschritten werden; darüber hinaus darf der in ein und demselben Mitgliedstaat erzielte Umsatz einen bestimmten Anteil am gemeinschaftsweiten Umsatz nicht übersteigen.

---

[28] A.a.O. (Fußnote 25), S. 32, Tz. 3, 12.

[29] A.a.O. (Fußnote 25), S. 33, Ziff. 7f.

Im Einzelnen gilt folgendes:

- Weltweit müssen die beteiligten Unternehmen - unabhängig von ihrer Anzahl - zusammen einen Gesamtumsatz von mehr als 5 Milliarden Euro erzielen.
- Gemeinschaftsweit müssen mindestens zwei beteiligte Unternehmen einen Gesamtumsatz von jeweils mehr als 250 Millionen Euro erzielen (sog. „de minimis-Regel“[30]). Dies bedeutet, dass der Zusammenschluss ein Gesamtvolumen von mindestens 500 Millionen Euro in der Gemeinschaft haben muss[31]. Für zusätzlich am Zusammenschluss beteiligte Unternehmen stellt Art. 1 Abs. 2 FKVO keinen weiteren zu überschreitenden Schwellenwert auf, so dass auch Fälle, in denen zwei Großunternehmen gemeinsam ein kleines Unternehmen erwerben, unter die Verordnung fallen[32].
- Schließlich muss die sog. Zwei-Drittel-Regelung erfüllt sein. Danach dürfen die am Zusammenschluss beteiligten Unternehmen nicht mehr als zwei Drittel ihres gemeinschaftsweiten Gesamtumsatzes in ein und demselben Mitgliedstaat erzielen.

3. Die Schwellenwerte gemäß Art. 1 Abs. 3

Erreicht ein Zusammenschluss den weltweiten und gemeinschaftsweiten Umsatz nach Art. 1 Abs. 2 nicht, ist er gleichwohl von gemeinschaftsweiter Bedeutung, wenn er die in Art. 1 Abs. 3 geregelten Umsatzschwellen überschreitet. Diese Schwellenwerte sind im Zuge der im April 1997 vom Rat beschlossenen[33] Revision der FKVO eingeführt worden. Zwar sieht Art. 1 Abs. 3 abgesenkte Schwellen für den weltweiten und gemeinschaftsweiten Umsatz gegenüber den in Art. 1 Abs. 2 festgelegten Schwellenwerten vor, jedoch müssen die beteiligten Unternehmen zusätzlich auf Mitgliedstaaten bezogene Schwellenwerte überschreiten. Im Einzelnen muss ein Zusammenschluss von „gemeinschaftsweiter Bedeutung nach Art. 1 Abs. 3 kumulativ die folgenden Kriterien erfüllen:

---

30 Löffler in: Langen/Bunte, Kartellrecht Bd. I, FKVO 4064/89, Art. 1, Rn. 25.

31 Für die Zusammenschlusskontrolle nach dem EWR-Abkommen, das die Regeln der FKVO materiell übernommen hat, muss der gemeinschaftsbezogene Umsatz innerhalb des EWR erreicht werden, vgl. Rehbinder in: Immenga/Mestmäcker, EG-Wettbewerbsrecht Bd. I, FKVO, Abschnitt I, Einleitung, Teil E., Rn. 4, 100 – siehe auch unten, 3. Teil, 1. Abschnitt, B.

32 Allerdings ist in solchen Bagatellfällen eine Anmeldung in Kurzform möglich, vgl. Löffler in: Langen/Bunte, Kartellrecht Bd. I, FKVO 4064/89, Art. 1, Rn. 25.

33 Beschluss des Industrieministerrates vom 24.04.1997, vgl. Baron, Neue Bestimmungen der Europäischen Fusionskontrolle, WuW 1997, 579, 584, Fußnote 32.

- Weltweit müssen alle am Zusammenschluss beteiligten Unternehmen zusammen nur noch einen Gesamtumsatz von 2,5 Milliarden Euro überschreiten (Art. 1 Abs. 3 lit. a).
- Gemeinschaftsweit müssen mindestens zwei der beteiligten Unternehmen jeweils einen Gesamtumsatz von nur noch 100 Millionen Euro überschreiten (Art. 1 Abs. 3 lit. d). Auch nach Art. 1 Abs. 3, letzter Hs. gilt die „Zwei-Drittel-Regel", nach der die beteiligten Unternehmen nicht mehr als zwei Drittel ihres gemeinschaftsweiten Gesamtumsatzes in ein und demselben Mitgliedstaat erzielen dürfen.
- Alle beteiligten Unternehmen müssen insgesamt in mindestens drei Mitgliedstaaten jeweils einen Gesamtumsatz von mehr als 100 Millionen Euro erzielen (Art. 1 Abs. 3 lit. b).
- Außerdem müssen in mindestens drei dieser Mitgliedstaaten jeweils zwei beteiligte Unternehmen einen Gesamtumsatz von jeweils 25 Millionen Euro überschreiten (Art. 1 Abs. 3 lit. c).

Die letzteren Kriterien sollen sicherstellen, dass die Fusion nicht nur in einem, sondern tatsächlich in mehreren Mitgliedstaaten einen – kontrollbedürftigen – Zusammenschluss darstellt[34]:

II. Sinn und Zweck der Schwellenwerte

Erwägungsgrund 10 zur Ursprungsfassung der FKVO sieht vor, den Anwendungsbereich der FKVO durch Schwellenwerte einzugrenzen, „damit Zusammenschlüsse von gemeinschaftsweiter Bedeutung erfasst werden"[35]. Denn solche Zusammenschlüsse sollen gemäß Art. 1 Abs. 1 i.V.m. Art. 21 Abs. 2 grundsätzlich[36] in die Zuständigkeit der Gemeinschaft, nicht in die der Mitgliedstaaten fallen. Dabei sollen die Vorschriften der Verordnung laut Erwägungsgrund 9 „ für die bedeutsamen Strukturveränderungen gelten, deren Auswirkungen auf den Markt die Grenzen eines Mitgliedstaats überschreiten"[37]. Die Schwellenwerte, die den Begriff der „gemeinschaftsweiten Bedeutung" in Art. 1 FKVO definieren, haben somit drei Funktionen: Der Anwendungsbereich der FKVO soll nur dann eröffnet sein, wenn der Zusammenschluss erstens wirtschaftlich bedeutsam ist, zweitens Bezug zur Gemeinschaft hat und drittens nicht nur von nationaler

---

[34] Baron, Neue Bestimmungen der Europäischen Fusionskontrolle, WuW 1997, 579, 584.

[35] ABl.EG Nr. L 257 v. 21.09.1990, S. 14.

[36] In Ausnahmefällen kann ein bei der Kommission angemeldeter Zusammenschluss an eine mitgliedstaatliche Behörde verwiesen werden, vgl. Art. 9.

[37] ABl.EG Nr. L 257 v. 21.09.1990, S. 14.

Bedeutung ist[38]. Um dies zu gewährleisten, soll nach Erwägungsgrund 11 ein Zusammenschluss von gemeinschaftsweiter Bedeutung vorliegen, wenn der Gesamtumsatz der beteiligten Unternehmen sowohl weltweit als auch innerhalb der Gemeinschaft bestimmte Grenzen überschreitet, und die Unternehmen nicht allein in ein und demselben Mitgliedstaat tätig sind[39].

Die wirtschaftliche Bedeutung eines Zusammenschlusses wird somit dadurch gewährleistet, dass alle beteiligten Unternehmen weltweit einen bestimmten Gesamtumsatz überschreiten; der Bezug zur Gemeinschaft wird durch den gemeinschaftsweit erzielten Umsatz hergestellt. Schließlich werden Zusammenschlüsse von gemeinschaftsweiter Bedeutung von denen mit nur nationaler, d.h. mitgliedstaatlicher Bedeutung dadurch abgegrenzt, dass die am Zusammenschluss beteiligten Unternehmen den gemeinschaftsweiten Umsatz nur zu einem bestimmten Anteil in ein und demselben Mitgliedstaat erzielen[40].

III. Entstehungsgeschichte der Schwellenwerte

1. Umsatzschwellen statt Marktanteilen als Aufgreifkriterien

Gemäß Art. 4 Abs. 1 des ersten Vorschlags der Kommission für eine Fusionskontrollverordnung aus dem Jahr 1973[41] bestand die Pflicht, Zusammenschlüsse vor ihrer Durchführung anzumelden, wenn die beteiligten Unternehmen einen Gesamtumsatz von einer Milliarde Rechnungseinheiten erreichten. Außerdem durften Zusammenschlussvorhaben dieser Größe gemäß Art. 7 Abs. 1 des Kommissionsvorschlages vorläufig nicht vollzogen werden. Vorherige Anmeldepflicht und vorläufiges Vollzugsverbot waren damit bereits im ersten Verordnungsentwurf an die Überschreitung von Umsatzschwellen geknüpft.

Nach den „Grundsatzbestimmungen“ in Art. 1 wird allerdings deutlich, dass sich der Anwendungsbereich der Fusionskontrollverordnung nicht nur auf anmeldepflichtige Zusammenschlüsse beziehen sollte: Art. 1 Abs. 1 enthielt die Kriterien für die materielle Fusionskontrolle, von der gemäß Art. 1 Abs. 2 bestimmte Zusammenschlüsse nach quantitativen Kriterien ausgenommen wurden. Allerdings wurden dabei lediglich Zusammenschlüsse ausgeschlossen, bei denen der Gesamtumsatz aller beteiligten Unternehmen 200 Millionen Rechnungseinheiten unterschritt und in keinem Mitgliedstaat ein Marktanteil von 25% überschritten

---

38 Immenga in: Immenga/Mestmäcker, EG-Wettbewerbsrecht Bd. I, FKVO, Abschnitt VII, Teil D, Art. 1, Rn. 4.

39 ABl.EG Nr. L 257 v. 21.09.1990, S. 14.

40 Immenga in: Immenga/Mestmäcker, EG-Wettbewerbsrecht, Bd.I, FKVO, Abschnitt VII, Teil D, Art. 1, Rn. 4.

41 ABl. EG Nr. C 92 vom 31.10.1973, S. 1 ff.

wurde. Bei Zusammenschlüssen, die nicht unter diese Ausschlusskriterien fielen, jedoch den obigen Umsatz von einer Milliarde nicht erreichten, war die Zusammenschlusskontrolle folglich anwendbar, auch wenn keine vorherige Anmeldepflicht bestand. Insofern war neben dem Gesamtumsatz der Marktanteil – zumindest in negativer Hinsicht – Zuständigkeitskriterium.

Dies änderte sich in dem geänderten Vorschlag der Kommission vom 16.12.1981[42], mit dem der Marktanteil als Anwendbarkeitskriterium abgeschafft wurde. Die Kommission argumentierte, dass es sowohl für die beteiligten Unternehmen als auch für die Kommission äußerst schwierig sei, den Marktanteils zu bestimmen. Dies gelte bereits in Bezug auf einen nationalen Markt, mehr aber noch in Bezug auf den Gemeinsamen Markt. Das Markanteilskriterium würde „zu einem in der Praxis kaum mehr anwendbaren Kriterium und für die Abgrenzung des Geltungsbereichs der Verordnung ungeeigneten Kriterium werden. [...] Dadurch entsteht für die Unternehmen Rechtsunsicherheit“[43].

Es wurde daher vorgeschlagen, das Marktanteilskriterium nicht als Aufgreifkriterium zu verwenden, das über die Anwendbarkeit der Europäischen Fusionskontrolle entscheide[44]. Dagegen stelle es „als Kennziffer der Marktstruktur einen wichtigen Faktor bei der Beurteilung dar, ob ein Zusammenschluss den wirksamen Wettbewerb auszuschalten drohe“, dar. Das Marktanteilskriterium sollte daher auf der Ebene der Eingreifkriterien beibehalten werden. Insoweit wurde in Art. 1 Abs. 1 Uabs. 3 des Vorschlags ein Marktanteil von unter 20% als Vermutungsschwelle für die Vereinbarkeit des Zusammenschlusses mit dem Gemeinsamen Markt eingeführt[45].

Dagegen sollte der Umsatz – weiterhin – als Aufgreifkriterium dienen. Im Kommissionsvorschlag hieß es dazu: „Der Umsatz als Kriterium zur Bestimmung des Anwendungsbereichs hat den Vorteil, dass er sich leichter feststellen und nachprüfen lässt. Gleichzeitig spiegelt er, vor allem bei den vorgesehenen Schwellenwerten, die Wirtschaft- und Finanzmacht der beteiligten Unternehmen wider [...]“.[46]

[42] ABl. EG Nr. C 36 vom 12.02.1982, S.3 ff.

[43] ABl. EG Nr. C 36 vom 12.02.1982, S. 4.

[44] Zwar wird in Art. 1 Abs. 2 des geänderten Vorschlages der Kommission von 1984, ABl. EG Nr. C 51 vom 23.02.1984, S. 8, 9, noch einmal eine Marktanteilsschwelle neben einer Umsatzschwelle als Kriterium für die Anwendbarkeit der europäischen Fusionskontrolle verwendet, jedoch wird der Marktanteil als Aufgreifkriterium letztlich fallengelassen.

[45] ABl. EG Nr. C 36 vom 12.02.1982, S. 3, 4.

[46] ABl. EG Nr. C 36 vom 12.02.1982, S. 3, 5.

2. Räumlicher Bezugsrahmen und Höhe der Umsatzschwellenwerte

Während in den ersten Entwürfen lediglich eine Schwelle für den weltweiten Umsatz aufgestellt wurde, trat später ein gemeinschaftsweit zu erzielender Umsatz hinzu[47]. Darüber hinaus ist mit einer Prozentregel, nach der nur ein bestimmter Anteil des gemeinschaftsweit erzielten Umsatzes in ein und demselben Mitgliedstaat erzielt werden darf, ein weiteres Kriterium eingeführt worden, um gemeinschaftsweite Zusammenschlüsse von lediglich national bedeutsamen Vorhaben abzugrenzen[48].

a) Weltweiter Mindestumsatz

Die Höhe der Schwellenwerte war unter den Mitgliedstaaten umstritten. Auf der einen Seite gewährleistete nur eine Festlegung auf nicht zu hohe Schwellenwerte eine umfassende Anwendung der Europäischen Fusionskontrolle. Dies war insbesondere deswegen von Vorteil, weil einige Mitgliedstaaten noch nicht über eine eigene Fusionskontrolle verfügten[49]. Es bestand die Gefahr, dass sich in diesen Staaten andere Wirtschafts- und Wettbewerbsbedingungen entwickeln konnten als in den Mitgliedstaaten mit gesetzlich geregelter eigener Fusionskontrolle. Eine dadurch mögliche Aufspaltung von Wettbewerbsbedingungen widersprach indes nicht nur Art. 3 lit. g EGV, der die Verpflichtung aufstellt, ein System zu errichten, das den europäischen Wettbewerb vor Verfälschungen schützt, sondern auch der Schaffung eines einheitlichen europäischen Binnenmarktes[50].

Auf der anderen Seite gab es Mitgliedstaaten, die für einen möglichst hohen Schwellenwert plädierten. So wollten namentlich die Bundesrepublik Deutschland und Großbritannien bei den Ratsverhandlungen 1988 einen deutlich höheren Schwellenwert als den von der Kommission favorisierten Wert i.H.v. 1 Milliarde ECU durchsetzen. Beide Mitgliedstaaten schlugen für den Weltumsatz sogar einen Schwellenwert i.H.v. 10 Milliarden ECU vor[51]. Denn es lag in ihrem Interesse, im Bereich der Fusionskontrolle möglichst wenige Kompetenzen auf die Gemeinschaft zu verlagern, d.h. möglichst viele Zusammenschlüssen wei-

---

47 Vgl. Art. 1 Abs. 2 b) des geänderten Kommissionsvorschlag vom 30.11.1988 (sog. „November-Entwurf“), ABl. EG Nr. C 22 vom 28.01.1989, S. 14, 16.

48 Vgl. schon Art. 1 Abs. 3 lit. c des geänderten Kommissionsvorschlages vom 25.04.1988 (sog. „April-Entwurf“), ABl. EG Nr. C 130 vom 19.05.1988, S. 4, 6.

49 Kleinmann, Umsatzschwellen, in: FS-Schmidt, S. 134.

50 Krimphove, Europäische Fusionskontrolle, S. 226f.

51 Kleinmann, Umsatzschwellen, in: FS-Schmidt, S. 134.; Löffler in: Langen/Bunte, Kartellrecht, Bd. I, Vorbemerkungen zur FKVO 4064/89, Rn. 13; Krimphove, Europäische Fusionskontrolle, S. 225.

terhin nach nationalem Recht überprüfen zu können[52]. Grund dafür war das Misstrauen, dass eine Fusionskontrolle auf Gemeinschaftsebene stärker industriepolitisch und weniger wettbewerbsorientiert ausgestaltet sein könnte. Außerdem vertraten diese Mitgliedstaaten die Ansicht, die Kommission werde bei einem Schwellenwert i.H.v. 1 Milliarde ECU mit der hohen Zahl der anzumeldenden Fälle organisatorisch überfordert. Schließlich würden mit einem solchen Schwellenwert auch Zusammenschlüsse ohne tatsächliche gemeinschaftsweite Bedeutung erfasst[53].

Als Kompromiss wurde dann im Dezember 1989 für den weltweiten Gesamtumsatz ein Schwellenwert i.H.v. 5 Milliarden ECU festgelegt, der dann in Kraft getreten ist[54].

b) Gemeinschaftsweiter Mindestumsatz einzelner Beteiligter (sog. de minimis - Klausel)

Neben der Umsatzschwelle, die den – weltweit – erzielten Umsatz aller beteiligten Unternehmen zusammen erfasste, wurde in den Verordnungsentwürfen seit 1988 zusätzlich eine Mindestumsatzschwelle für die Größe einzelner am Zusammenschluss beteiligter Unternehmen eingeführt. Hiermit sollten Anschlussfusionen von geringerer Bedeutung, nämlich Zusammenschlüsse, an denen neben einem Großunternehmen nur kleinere Unternehmen beteiligt waren, aus der europäischen Fusionskontrolle ausgeklammert werden[55]: So hatte nach Art. 1 Abs. 3 lit. b des „April - Entwurfes" von 1988 ein Zusammenschluss dann keine gemeinschaftsweite Bedeutung, wenn der weltweite Gesamtumsatz des zu erwerbenden Unternehmens weniger als 50 Millionen ECU betrug[56].

Der Wirtschaft- und Sozialausschuss äußerte in seiner Stellungnahme vom 2. Juni 1988 zum „April - Entwurf" zudem die Auffassung, dass für die „gemeinschaftsweite Bedeutung" eines Zusammenschlusses nicht allein auf den weltweiten Umsatz der Unternehmen abgestellt werden dürfe. Vielmehr sollten Zusammenschlüsse – so der Ausschuss – nur dann unter die Verordnung fallen,

---

52 Krimphove, Europäische Fusionskontrolle, S. 225.

53 Zu den Argumenten der Mitgliedstaaten vgl. Monopolkommission, Sondergutachten 17, Textziffer 64.

54 Siehe Art. 1 Abs. 2 der Endfassung der Verordnung (EWG) des Rates vom 21. Dezember 1989 über die Kontrolle von Unternehmenszusammenschlüssen, ABl. EG Nr. L 257 vom 21.09.1990, S.13 ff. (berichtigte Fassung zu ABl. EG Nr. L 395 vom 30.12.1989, S. 1 ff.); vgl. auch Kleinmann, Umsatzschwellen, in: FS-Schmidt, S. 134.

55 Monopolkommission, Sondergutachten 17, Textziffer 68; Immenga in: Immenga/Mestmäcker, FKVO, Abschnitt VII, Teil D, Art. 1, Rn. 7.

56 ABl. EG Nr. C 130 vom 19.05.1988, S. 4, 6.

wenn die beteiligten Unternehmen in der Gemeinschaft einen bestimmten Mindestumsatz erzielten. Andernfalls bestehe insbesondere bei Auslandsfusionen die Gefahr, dass diese der Anmeldepflicht und dem Vollzugsverbot unterlägen, auch wenn sie die Gemeinschaft kaum berührten[57].

Der „November-Entwurf" der Kommission von 1988[58] enthielt sodann – neben einer auf den weltweiten Umsatz bezogenen Schwelle – eine Schwelle für den gemeinschaftsweiten Umsatz. In den Anwendungsbereich der Verordnung sollten gemäß Art. 1 Abs. 2 lit. b des Entwurfes nur solche Zusammenschlüsse fallen, bei denen mindestens zwei der beteiligten Unternehmen jeweils einen Gesamtumsatz von mehr als 100 Mio. ECU in der Gemeinschaft erzielten. Zum einen wurde hiermit ein – nunmehr erhöhter – Schwellenwert für die Mindestgröße zweier am Zusammenschluss beteiligter Unternehmen festgelegt, um Bagatellfälle auszuschließen. Zum anderen wurde ein Bezug zur Gemeinschaft hergestellt, indem es für einen gewissen Mindestumsatz nicht auf den Weltmarkt, sondern den Gemeinsamen Markt ankam.

Insbesondere den drei großen Mitgliedstaaten erschien dieser de minimis - Schwellenwert als zu niedrig, weil sie eine zu starke Kompetenzverlagerung von der nationalen auf die europäische Fusionskontrolle vermeiden wollten. Als Ergebnis eines Kompromisses wurde letztlich festgelegt, dass mindestens zwei der am Zusammenschluss beteiligten Unternehmen einen Gesamtumsatz von jeweils mehr als 250 Millionen ECU in der Gemeinschaft erzielen müssen[59].

c) Sog. Zwei-Drittel-Regelung

Aus dem Anwendungsbereich der Fusionskontrollverordnung sollten nicht nur diejenigen Zusammenschlüsse ausgenommen werden, die keinen Bezug zur Gemeinschaft hatten, sondern auch diejenigen, die einen vorwiegend mitgliedstaatlichen Charakter hatten. Denn die Vorschriften einer europäischen Fusionskontrollverordnung sollten (und sollen) nur „für Strukturveränderungen gelten, deren Wirkungen [...] die Grenzen eines Mitgliedstaates überschreiten"[60]. Umgekehrt sollte ein auf einen Mitgliedstaat bezogener Zusammenschluss weiterhin in der mitgliedstaatlichen Kompetenz verbleiben.

---

57 ABl. EG Nr. C 208 vom 08.08.1988, S. 11, 14, Textziffer 6.1.5.

58 ABl. EG Nr. C 22 vom 28.01.1989, S. 14 ff.

59 Vgl. Löffler in: Langen/Bunte, Kartellrecht Bd. I, Vorbemerkungen zur FKVO 4064/89, Rn. 13.

60 Vgl. etwa Erwägungsgrund 8 zum „April-Entwurf", ABl. EG Nr. C 130 vom 19.5.1988, S. 4 – entspricht Erwägungsgrund 9 der in Kraft getretenen Fassung, ABl. EG Nr. L 257 vom 21.09.1990, S. 13, 14.

Art. 1 Abs. 1 Uabs. 1 des Entwurfs für eine Fusionskontrollverordnung aus dem Jahre 1973 orientierte sich hierfür an der sog. „Zwischenstaatlichkeitsklausel" aus den Artt. 81, 82 EGV. Denn diese Vorschrift des Verordnungsentwurfs stellte die Voraussetzung auf, dass „der Zusammenschluss dazu führen kann, den Handel zwischen den Mitgliedstaaten zu beeinträchtigen"[61].

Nach Art. 1 Abs. 2 des „April - Entwurfs" von 1988 mussten zumindest zwei der Unternehmen, die den Zusammenschluss durchführen, ihren wesentlichen Tätigkeitsbereich innerhalb der Gemeinschaft jeweils in unterschiedlichen Mitgliedstaaten haben (lit. a) oder – falls diese Voraussetzung nicht erfüllt war – musste eines der den Zusammenschluss durchführenden Unternehmen durch Tochtergesellschaften oder Direktverkäufe in erheblichen Umfang auch in anderen Mitgliedstaaten tätig sein (lit. b)[62].

Gleichzeitig enthielt Art. 1 Abs. 3 lit. c des „April - Entwurfs" erstmals eine quantitative Abgrenzung zu Zusammenschlüssen von vorwiegend nationaler Bedeutung: Danach hatte ein Zusammenschluss dann keine gemeinschaftsweite Bedeutung, „wenn alle Unternehmen, die den Zusammenschluss durchführen, mehr als drei Viertel ihres gemeinschaftsweiten Gesamtumsatzes in ein und demselben Mitgliedstaat erzielen[63].

Der Anteil des Umsatzes, den die am Zusammenschluss beteiligten Unternehmen in ein und demselben Mitgliedstaat erzielen durften, war umstritten. Denn je höher dieser Anteil sein durfte, desto mehr Zusammenschlüsse würden in die Kompetenz der Gemeinschaft statt die der Mitgliedstaaten fallen. Neben der im „April - Entwurf" niedergelegten Drei-Viertel-Regel wurden auch andere Verteilungsquoten des gemeinschaftsweiten Umsatzes auf die Mitgliedstaaten – so etwa eine Zwei-Drittel-Regelung oder eine Ein-Halb-Regelung diskutiert[64]. Als Kompromiss ist im Dezember 1989 dann letztlich die Zwei-Drittel-Regel festgelegt worden[65]. Danach hat ein Zusammenschluss keine gemeinschaftsweite Bedeutung, wenn die am Zusammenschluss beteiligten Unternehmen jeweils mehr als zwei Drittel ihres gemeinschaftsweiten Gesamtumsatzes in ein und demselben Mitgliedstaat erzielen (Art. 1 Abs. 2 a. E. sowie Art. 1 Abs. 3 a. E.).

---

61 ABl. EG Nr. C 92 vom 31.10.1973, S. 2.

62 ABl. EG Nr. C 130 vom 19.05. 1988, S. 5.

63 A.a.O. (Fußnote 62), S. 6.

64 Monopolkommission, Sondergutachten 17, S. 53, Textziffer 69; Krimphove, Europäische Fusionskontrolle, S. 228.

65 Löffler in: Langen/Bunte, Kartellrecht Bd. I, Vorbemerkungen zur FKVO 4064/89, Rn.13.

3. Die Revision der Schwellenwerte von 1997

Die auf Grund eines politischen Kompromisses zustande gekommenen Schwellenwerte des Art. 1 Abs. 2 wurden von Anfang an nicht als endgültige, sondern zu überprüfende und ggf. zu verändernde Größen betrachtet. So sah die Revisionsklausel Art. 1 Abs. 3 a. F. vor, dass „die in Absatz 2 festgelegten Schwellen [...] vor Ablauf des vierten Jahres nach Erlass dieser Verordnung vom Rat überprüft“ werden, „der mit qualifizierter Mehrheit auf Vorschlag der Kommission beschließt“[66].

In dem am 28. Juli 1993 vorgelegten Bericht der Kommission an den Rat über die Anwendung der FKVO war die Überprüfung der Schwellenwerte ein zentrales Thema[67]. Die Kommission befürwortete eine Absenkung des Schwellenwertes für den weltweiten Umsatz von 5 Milliarden auf 2 Milliarden ECU sowie eine Absenkung des Schwellenwertes für den gemeinschaftsweiten Umsatz von 250 Millionen auf 100 Millionen ECU[68].

Nach eingehenden Konsultationen nationaler Verwaltungen, insbesondere der Wettbewerbsbehörden, sowie nationaler Wirtschaftsverbände und einzelner Unternehmen stellte die Kommission jedoch fest, dass ihre Position keine ungeteilte Zustimmung fand[69].Unter diesen Umständen plädierte die Kommission dafür, die Überprüfung der Schwellenwerte bis Ende des Jahres 1996 zu vertagen[70].

In dem daraufhin von der Kommission am 31.1.1996 vorgelegten Grünbuch über die Revision der Fusionskontrollverordnung bekräftigte diese ihren Standpunkt, dass die Reichweite der FKVO ausgedehnt werden müsse[71].

Bei anhaltender Integration im Binnenmarkt gebe es immer mehr grenzüberschreitende Fusionen[72]. Nach dem Subsidiaritätsprinzip[73] sollten Maßnahmen von der am besten geeigneten Zuständigkeitsebene getroffen werden. Daher sollten Zusammenschlüsse, die erhebliche grenzüberschreitende Auswirkungen hätten, auf Gemeinschaftsebene statt auf der Ebene einzelner Mitgliedstaaten überprüft werde[74]. Es gebe zahlreiche solcher grenzüberschreitender Zusam-

---

66 ABl. EG Nr. L 257 vom 21.09.1990, S. 14, 16.

67 KOM (93) 385 endg., siehe Einführung, Tz. 1-6.

68 KOM (93) 385 endg., S. 7.

69 KOM (93) 385 endg., S. 11f., S. 20 f.

70 KOM (93) 385 endg., S. 21, 23.

71 KOM (96) 19 endg., S. 38 f., Tz.151- Text des Grünbuchs abrufbar unter: http://europa.eu.int/comm/off/green/index_de.htm.

72 KOM (96) 19 endg., S. 12 f., Tz. 34.

73 Vgl. Art. 5 Abs. 2 EGV.

74 KOM (96) 19 endg. S. 10 f., Tz. 23 ff., S. 12, Tz. 30.

menschlussvorhaben, die – in tatsächlicher Hinsicht – von gemeinschaftsweiter Bedeutung seien, jedoch bei den geltenden hohen Umsatzschwellen nicht in den Anwendungsbereich der Verordnung fielen. Es gebe Sektoren, die zwar wirtschaftlich bedeutsam seien, auf deren Märkten aber im Vergleich geringere Gesamtumsätze erzielt würden, so dass sie bei den geltenden Schwellenwerten nicht oder nur unzulänglich von der Europäischen Fusionskontrolle erfasst würden[75].

Die Unternehmen, welche die Umsatzschwellen der FKVO nicht erreichten, müssten ihren Zusammenschluss indes häufig bei mehreren Kontrollinstanzen der jeweiligen Mitgliedstaaten anmelden[76]. Dabei unterschieden sich die einzelnen mitgliedstaatlichen Fusionskontrollregime stark voneinander[77]. Diese sog. Mehrfachanmeldungen erhöhten Aufwand und Kosten für die Unternehmen und können zudem von Mitgliedstaat zu Mitgliedstaat zu einander widersprechenden Entscheidungen führen. Dies führe auch zu größerer Unsicherheit der Unternehmen [78]. Insofern sollte für Zusammenschlüsse mit erheblichen grenzüberschreitenden Auswirkungen der Grundsatz der einmaligen Anmeldung ("one-stop shop"-Prinzip)[79] durch eine ausschließliche Zuständigkeit der Kommission gelten. Nur so sei eine Fusionskontrolle auf Gemeinschaftsebene nach gleichen Regeln und zu gleichen Bedingungen gewährleistet („level playing field")[80].

Die Kommission schlug zwei Möglichkeiten vor, um den Anwendungsbereich der FKVO in angemessener Form zu erweitern: Die erste, von ihr bevorzugte Möglichkeit bestand in der generellen Absenkung der Schwellenwerte auf die schon im Kommissionsbericht von 1993 befürworteten Werte von 2 Mrd. ECU (weltweit) und 100 Mio. ECU (gemeinschaftsweit). Mit einer solchen Absenkung wäre, so die Kommission, gleichzeitig das Problem der Mehrfachanmeldungen gelöst. Die zweite Lösung, die von der Kommission allerdings als Minimallösung angesehen wurde, ging insbesondere dieses Problem an. Danach sollte die Zuständigkeit der Kommission auf solche Zusammenschlüsse ausgeweitet werden, die in den Bereich zwischen den geltenden Umsatzschwellenwerten gemäß Art. 1 Abs. 2 und denen von 2 Mrd. ECU (weltweit) und 100 Mio. ECU (gemeinschaftsweit) fallen sowie – als kumulativ zu erfüllende Voraussetzung – sonst in die Zuständigkeit mehrerer Mitgliedstaaten fielen[81].

---

75 KOM (96) 19 endg., S. 13 ff., Tz. 35 ff. mit zahlreichen Beispielen.

76 KOM (96) 19 endg. S. 12 f. Tz. 34.

77 KOM (96) 19 endg. S. 8 Tz. 14 ff..

78 KOM (96) 19 endg., S. 21, Tz. 72.

79 Zum Prinzip des „one-stop shop" siehe KOM (96) 19 endg., S. 7 Tz. 9.

80 KOM (96) 19 endg., S. 11 f., Tz. 28 ff., S. 21 Tz. 72.

81 KOM (96) 19 endg. S. 22 ff., Tz. 76 ff.

In ihrem Weißbuch[82] verfolgte die Kommission einen kombinierten Ansatz. Zum einen schlug sie vor, die Umsatzschwellenwerte auf 3 Mrd. ECU (weltweit) und 150 Mio. ECU (gemeinschaftsweit) zu senken. Zum anderen sollten, um das Problem der Mehrfachanmeldungen zu lösen, zwischen diesen Schwellenwerten und den im Grünbuch befürworteten niedrigeren Schwellen von 2 Mrd. ECU (weltweit) und 100 Mio. ECU (gemeinschaftsweit) solche Zusammenschlüsse zusätzlich in die ausschließliche Zuständigkeit der Kommission fallen, bei denen sonst aufgrund der betreffenden nationalen Fusionskontrollbestimmungen eine Untersuchung in mindestens drei Mitgliedstaaten der Gemeinschaft erforderlich wäre[83].

Eine generelle Senkung der Schwellenwerte von bisher 5 Mrd. ECU auf 3 Mrd. ECU Weltumsatz bzw. von 250 Mio. ECU auf 100 Mio. ECU Gemeinschaftsumsatz fand im Rat keine ausreichende Unterstützung. Dagegen wurde eine Regelung zur Vermeidung von Mehrfachnotifizierungen prinzipiell positiv aufgenommen[84]. Allerdings kritisierte der Rat die o.g. von der Kommission ursprünglich vorgeschlagene Ausgestaltung einer solchen Vorschrift als wenig praktikabel. Denn die Unternehmen selbst hätten im Rahmen der Anmeldung des Zusammenschlusses bei der Kommission weiterhin prüfen müssen, ob ihr Vorhaben in den Zuständigkeitsbereich dreier Mitgliedstaaten fällt. Dies hätte angesichts der Vielfalt mitgliedstaatlicher Fusionskontrollregime und der dabei möglicherweise zu beachtenden komplizierten Zuständigkeitsfragen keine Erleichterung dargestellt[85]. Aus Praktikabilitätsgründen sprach sich der Rat daher auch im Hinblick auf die Lösung des Problems der Mehrfachnotifizierungen für eine rein quantitative, und zwar wiederum auf Umsatzschwellen beruhende Abgrenzung der Zuständigkeiten zwischen Gemeinschaft und Mitgliedstaaten aus[86]: Wie oben dargestellt[87], sieht die in Kraft getretene Regelung des Art. 1 Abs. 3 n. F. neben den – gegenüber Art. 1 Abs. 2 abgesenkten – Schwellenwerten für den weltweiten und gemeinschaftsweiten Umsatz[88] nunmehr kumulativ

---

82 Mitteilung der Kommission an den Rat und das Europäische Parlament betreffend die Änderung der Fusionskontrollverordnung v. 12.09.1996, KOM (96) 313 endg.

83 KOM (96) 313, S. 6, Tz. 19.

84 Siehe Darstellungen bei Baron, Neue Bestimmungen der Europäischen Fusionskontrolle, WuW 1997, 579, 580, 583; Kleinmann, Umsatzschwellen, in FS-Schmidt, S. 136.

85 Baron, Neue Bestimmungen der Europäischen Fusionskontrolle, WuW 1997, 579, 580, 584; vgl. auch Pohlmann, Vorschläge der Europäischen Kommission, EWS 1997, 181, 183.

86 Baron, Neue Bestimmungen der Europäischen Fusionskontrolle, WuW 1997, 579, 584.

87 1. Teil, 1. Abschnitt, C, I, 3.

88 Gemäß Art. 1 Abs. 3 lit. a n. F. ein weltweiter Umsatz aller beteiligten Unternehmen zusammen von mehr als 2,5 Mrd. Euro, gemäß Art. 1 Abs. 3 lit. d n. F. ein gemein-

zu überschreitende Schwellen für einen mitgliedstaatbezogenen Umsatz vor. So ist Voraussetzung, dass die Unternehmen in mindestens drei Mitgliedstaaten insgesamt einen Umsatz von mindestens 100 Mio. ECU erzielen (Art. 1 Abs. 3 lit. b n. F.), und in mindestens drei dieser Mitgliedstaaten jeweils zwei der beteiligten Unternehmen einen Umsatz von mindestens 25 Mio. ECU erreichen (Art. 1 Abs. 3 lit. c n. F.) Insofern wird sichergestellt, dass der Zusammenschluss in mindestens drei Mitgliedstaaten von einigem Gewicht ist[89].

Die von Kommission und Rat befürwortete Regelung zur Vermeidung von Mehrfachanmeldungen konnte, weil sie über eine bloße Schwellenwertabsenkung hinaus ging, nicht auf die Revisionsklausel des Art. 1 Abs. 3 a. F., sondern musste auf Art. 308 EGV gestützt werden[90]. Dies bedeutet, dass – anders als bei einer Revision auf der Grundlage des Art. 1 Abs. 3 a. F. – ein einstimmiger Ratsbeschluss erforderlich war.

In der Rechtswirklichkeit hat Art. 1 Abs. 3 keine große Bedeutung erlangt. So wurden im Jahr 1999 aufgrund dieser Vorschrift nur 34 von insgesamt 292 Zusammenschlussvorhaben angemeldet. Im Jahr 2000 waren es von insgesamt 345 Vorhaben nur noch 20, also nur etwa 6% sämtlicher Anmeldungen. Das Ziel, Mehrfachanmeldungen zu vermindern, wurde nicht erreicht[91].

4. Überlegungen zur Anwendbarkeit der FKVO auf Zusammenschlüsse in Drittstaaten

Wie die Entstehungsgeschichte der FKVO zeigt, ging es bei dem Begriff der „gemeinschaftsweiten Bedeutung" eines Zusammenschlusses vornehmlich um die Kompetenzabgrenzung zwischen der Gemeinschaft und den Mitgliedstaaten. Diejenigen Mitgliedstaaten, die möglichst wenig Kompetenzen an die Gemeinschaft abtreten wollten, plädierten daher stets für hohe Umsatzschwellenwerte. Im Gegensatz dazu spielte die Frage, ob und inwieweit auch Zusammenschlüsse in Drittstaaten in den Anwendungsbereich der FKVO fallen sollten, lediglich eine Nebenrolle[92].

---

schaftsweiter Umsatz mindestens zweier beteiligter Unternehmen von jeweils mehr als 100 Mio. Euro.

89 Baron, Neue Bestimmungen der Europäischen Fusionskontrolle, WuW 1997, 579, 584.

90 Baron, Neue Bestimmungen der Europäischen Fusionskontrolle, WuW 1997, 579, 580; Pohlmann, Vorschläge der Europäischen Kommission, EWS 1997, 181, 182 f.

91 Grünbuch über die Revision der Fusionskontrollverordnung vom 11.12.2001, KOM(2001) 745/6 endgültig, S. 11, Tz. 24 ff., siehe zu dieser Problematik auch unten, 7. Teil, 1. Abschnitt, A, I.

92 Vgl. auch Krimphove, Europäische Fusionskontrolle, S. 232.

In ihrer heutigen Fassung ist die FKVO bei Erfüllung der Umsatzschwellen unabhängig vom Sitz der am Zusammenschluss beteiligten Unternehmen anwendbar. Demgegenüber setzten die ersten Entwürfe der FKVO in Art. 1 Abs. 1 voraus, dass mindestens eines der beteiligten Unternehmen seinen Sitz im Gemeinsamen Markt hat[93].

Im April-Entwurf aus dem Jahre 1988 wurde der Anwendungsbereich der FKVO neu definiert[94]. Dabei wurde auf die Voraussetzung, dass ein beteiligtes Unternehmen seinen Sitz in der Gemeinschaft haben muss, verzichtet. Art. 1 Abs. 2 des Entwurfes legte die Betonung vielmehr auf die Abgrenzung der Zusammenschlüsse mit gemeinschaftsweiter Dimension von solchen mit nur mitgliedstaatlicher Dimension: Danach kam es für die gemeinschaftsweite Bedeutung eines Zusammenschlusses darauf an, dass die Unternehmen, die den Zusammenschluss „durchführen" [95] innerhalb der Gemeinschaft nicht nur in ein und demselben Mitgliedstaat tätig waren. Da es auf die „Tätigkeit", mithin auf ein Verhalten, nicht auf den Sitz der Unternehmen ankam, konnten hierunter möglicherweise auch „reine" Drittstaatenzusammenschlüsse, d.h. Zusammenschlüsse, an denen ausschließlich in Drittstaaten ansässige Unternehmen beteiligt sind, fallen. Der Begriff der „Tätigkeit" wurde allerdings in dem Entwurf nicht definiert, so dass seine genaue Bedeutung letztlich offen blieb.

Der Wirtschafts- und Sozialausschuss erkannte in seiner Stellungnahme zum April-Entwurf das Problem der extraterritorialen Anwendbarkeit der Fusionskontrollverordnung und verlangte eine Klarstellung, „dass auch Zusammenschlüsse, an denen Unternehmen aus Drittländern beteiligt sind und die den Wettbewerb in der Gemeinschaft beeinträchtigen könnten, in den Anwendungsbereich der Verordnung fallen. [...]. Im übrigen sollte geprüft werden, ob es zweckmäßig ist, die Verordnung auf Zusammenschlüsse auszudehnen, die nur außerhalb der Gemeinschaft angesiedelte Unternehmen betreffen, die jedoch innerhalb der Gemeinschaft Tochtergesellschaften haben."[96].

Der Wirtschafts- und Sozialausschuss schlug zudem die Einführung der de minimis - Klausel vor, nach der Zusammenschlüsse nur dann unter die Verordnung

---

93 ABl. EG Nr. C 92 vom 31.10.1973, S. 1, 2; ABl. EG Nr. C 36 vom 12.02.1982, S. 3, 5; ABl. EG Nr. C 51 vom 23.02.1984, S. 8.

94 ABl. EG Nr. C 130 vom 19.05.1988, S. 4, 5.

95 Während Art. 1 Abs. 3 des Entwurfs den Begriff der „beteiligten" Unternehmen gebraucht, spricht Art. 1 Abs. 2 des Entwurfs von den Unternehmen, die den Zusammenschluss „durchführen". Dabei bleibt unklar, ob mit dem unterschiedlichen Wortgebrauch auch ein unterschiedlicher Bedeutungsgehalt verbunden sein sollte, vgl. auch Stellungnahme des Wirtschafts- und Sozialausschusses v. 2. Juni 1988, ABl. EG Nr. C 208 vom 08.08.1988, S. 11, 14, Tz. 6.1.3.

96 ABl. EG Nr. C 280 vom 08.08.1988, S. 11, 14, Tz. 6.1.2.

fallen, wenn die beteiligten Unternehmen in der Gemeinschaft einen bestimmten Mindestumsatz erzielen. Anderenfalls bestehe – so die Auffassung des Ausschusses – „insbesondere bei Auslandsfusionen die Gefahr, dass Zusammenschlüsse auch in solchen Fällen der Anmeldepflicht und einem Vollzugsverbot unterliegen, in denen die Gemeinschaft von dem Zusammenschluss kaum berührt wird"[97]. Währenddessen sprach sich die Monopolkommission gerade im Hinblick auf Zusammenschlüsse unter Beteiligung von Unternehmen aus Drittstaaten dagegen aus, dass sich eine de minimis - Klausel auf einen innerhalb der Gemeinschaft zu erzielenden Umsatz beziehen solle. Denn von einem Zusammenschluss von Unternehmen mit einer gewissen Mindestgröße könne auch dann eine Gefahr für den Wettbewerb auf dem Gemeinsamen Markt ausgehen, wenn die beteiligten Unternehmen noch nicht in den europäischen Markt vorgedrungen seien. Schließlich könnten in Folge der Fusion aus potentiellen Marktteilnehmern reale Marktteilnehmer oder sogar Marktbeherrscher auf dem europäischen Markt werden[98].

Wie vom Wirtschafts- und Sozialausschuss gefordert, wurde im November-Entwurf das Erfordernis eines in der Gemeinschaft von mindestens zwei beteiligten Unternehmen zu erzielenden Umsatzes eingeführt[99]. Anhand dieser Voraussetzung des gemeinschaftsweiten Umsatzes ist – unabhängig vom Sitz der am Zusammenschluss beteiligten Unternehmen – ein gewisser Bezug des Zusammenschlusses zur Gemeinschaft gewährleistet.

IV. Zusammenfassung

Gemäß Art. 1 Abs. 1 findet die Verordnung Anwendung auf alle Zusammenschlüsse von gemeinschaftsweiter Bedeutung. Nach Art. 21 Abs. 2 wenden die Mitgliedstaaten ihr innerstaatliches Wettbewerbsrecht nicht auf Zusammenschlüsse mit gemeinschaftsweiter Bedeutung an. Die Gemeinschaft ist somit – im Verhältnis zu den Mitgliedstaaten – für Zusammenschlüsse von gemeinschaftsweiter Bedeutung ausschließlich zuständig.

Die Kriterien, die ein Zusammenschluss von „gemeinschaftsweiter Bedeutung erfüllen muss, waren stets umstritten. Im Vordergrund der Diskussion stand dabei die Kompetenzabgrenzung zwischen nationaler und europäischer Fusionskontrolle. Hierbei ging es um die Bereitschaft der Mitgliedstaaten, die Fusionskontrolle als wichtiges Instrument der Wettbewerbspolitik aus der Hand zu geben, zumal in einigen Mitgliedstaaten ein eher industriepolitischer, in anderen,

---

97 ABl. EG Nr. C 280 v. 08.08.1988, S. 11, 14, Tz. 6.1.5.

98 Monopolkommission, Sondergutachten 17, Tz. 68.

99 ABl. EG Nr. C 22 vom 28.01.1989, S. 14, 16.

etwa in der Bundesrepublik Deutschland, dagegen ein eher wettbewerbspolitischer Ansatz vertreten wurde[100].

Bei der Definition des Zusammenschlusses von gemeinschaftsweiter Bedeutung lag also das Augenmerk auf dem „Innenverhältnis“ zwischen Gemeinschaft und Mitgliedstaaten. Dagegen wurde das „Außenverhältnis“, nämlich das Verhältnis der Fusionskontrolle der Gemeinschaft zu der von Drittstaaten, allenfalls am Rande diskutiert. Da für die gemeinschaftsweite Bedeutung die Überschreitung bestimmter Umsatzschwellen, nicht aber ein Unternehmenssitz in der Gemeinschaft maßgeblich ist, werden Drittstaatensachverhalte in den Anwendungsbereich der FKVO miteinbezogen[101].

Freilich handelt es sich bei der Frage der gemeinschaftsweiten Bedeutung eines Zusammenschlusses lediglich um eine Vorfrage, nämlich der der Anwendbarkeit der FKVO. Ungerechtfertigte Entscheidungen können im Zuge der materiellen Fusionskontrolle korrigiert werden[102]. Allerdings löst bereits die gemeinschaftsweite Bedeutung eines Vorhabens einschneidende Rechtsfolgen aus, denen im Folgenden nachgegangen wird.

D. Rechtsfolgen bei Erfüllung der Aufgreifkriterien

I. Anmeldepflicht gemäß Art. 4

1. Grundsatz der vorherigen Anmeldung

Gemäß Art. 4 Abs. 1 müssen Zusammenschlüsse, welche die Umsatzkriterien in Art. 1 Abs. 2 bzw. Abs. 3 erfüllen, bei der Kommission angemeldet werden. Es handelt sich hierbei um eine vorherige Anmeldepflicht von Zusammenschlüssen vor deren Vollzug[103], die einer präventiven Kontrolle von Zusammenschlüssen dienen soll, im Gegensatz zu einer – nachträglichen – Anzeigepflicht bereits vollzogener Zusammenschlüsse.

Wer das Zusammenschlussvorhaben anmelden muss, ist in Art. 4 Abs. 2 geregelt. Danach ist gemäß Art. 4 Abs. 2 S. 1 eine gemeinsame Anmeldung durch mehrere Beteiligte im Falle einer Fusion (Art. 3 Abs.1 lit. a) oder der Begründung einer gemeinschaftlichen Kontrolle (Art. 3 Abs. 1 lit. b) erforderlich. An-

---

[100] Kleinmann, Umsatzschwellen, in: FS-Schmidt, S. 131.

[101] Ausdrücklich bejaht im Urteil des EuG vom 25.03.1999, Rs T-102/96 („Gencor Ltd/Kommission der Europäischen Gemeinschaften“), WuW/E EU-R 213 ff.; ausführlich siehe 3. Teil, 2. Abschnitt, A, I.

[102] Vgl. Kleinmann, Umsatzschwellen, in: FS-Schmidt, S. 137.

[103] Vgl. das in Art. 7 Abs. 1 geregelte Vollzugsverbot.

sonsten muss gemäß Art. 4 Abs. 2 S. 2 die Person oder das Unternehmen anmelden, die bzw. das die Kontrolle über ein anderes Unternehmen erwirbt.

2. Inhalt der Anmeldung nach dem Formblatt CO

a) Erforderliche Angaben

Der notwendige Inhalt der Anmeldung wird durch das im Anhang der VerfVO[104] abgedruckte Formblatt CO bestimmt, das die Unternehmen gemäß Art. 2 Abs. 1, Art. 3 VerfVO verwenden müssen. Nach diesem Formblatt sind grundsätzlich umfangreiche Auskünfte zu erteilen[105].

(1) Angaben hinsichtlich der Anwendbarkeit der FKVO

Abschnitt 2 des Formblattes bezieht sich insbesondere auf Auskünfte, anhand derer die Kommission feststellen kann, ob das Zusammenschlussvorhaben überhaupt in den Anwendungsbereich der FKVO fällt. So werden unter anderem Angaben zur Art des geplanten Zusammenschlusses und zu den relevanten Umsätzen der beteiligten Unternehmen verlangt. Aufgrund dieser Informationen soll geprüft werden, ob die Aufgreifkriterien erfüllt sind, d.h. ob ein Zusammenschluss im Sinne von Art. 3 vorliegt, der aufgrund seiner Größe von gemeinschaftsweiter Bedeutung gemäß Art. 1 Abs. 2 bzw. Abs. 3 ist.

(2) Für die materielle Kontrolle erforderliche Angaben

Dagegen geht es in den Abschnitten 6 bis 11 um Auskünfte, die zur Einschätzung der wettbewerblichen Folgen des Zusammenschlusses dienen. Dadurch soll die Kommission in die Lage versetzt werden zu beurteilen, ob der Zusammenschluss gemäß Art. 2 vereinbar mit dem Gemeinsamen Markt ist. Dies ist der Fall, wenn er keine beherrschende Stellung begründet oder verstärkt, durch die der Wettbewerb im Gemeinsamen Markt oder in einem wesentlichen Teil desselben behindert würde. Grundlage hierfür ist die Abgrenzung des bzw. der relevanten Märkte in sachlicher und geographischer Hinsicht. Abschnitt 6 befasst sich daher mit Marktdefinitionen. Da die Definition des relevanten Marktes – je nachdem, wie der Markt abgegrenzt wird – auch die Frage des Vorliegens einer beherrschenden Stellung vorentscheidet, sind hier sorgfältige

---

[104] Verordnung (EG) Nr. 447/98 der Kommission über die Anmeldungen, über die Fristen sowie über die Anhörung nach der Verordnung (EWG) Nr. 4064/89 des Rates über die Kontrolle von Unternehmenszusammenschlüssen ABL. EG Nr. L 61 vom 02.03.1998, S. 1, 11 ff.

[105] Eine Reduzierung der erforderlichen Angaben ist jedoch, wie nachfolgend erörtert wird, unter bestimmten Voraussetzungen möglich.

Begründungen erforderlich. Im Abschnitt 6 werden Kriterien für die Marktabgrenzung genannt (Substituierbarkeit, Wettbewerbsbedingungen, Kreuzpreiselastizität der Nachfrage), und außerdem wird auf die Bekanntmachung der Kommission über die Definition des relevanten Marktes im Sinne des Wettbewerbsrechts der Gemeinschaft[106] verwiesen. Im Rahmen der Definition der Märkte sollen die Anmelder in Abschnitt 6 III sogenannte „betroffene Märkte" in Bezug auf horizontale bzw. vertikale Beziehungen bestimmen: Bei horizontalen Beziehungen handelt es sich um Produktmärkte, auf denen zwei oder mehr am Zusammenschluss Beteiligte tätig sind, und der Zusammenschluss zu einem gemeinsamen Marktanteil von mindestens 15% führt. In vertikaler Hinsicht sind „betroffene Märkte" gegeben, wenn Zusammenschlussbeteiligte auf einem Produktmarkt tätig sind, der einem anderen Produktmarkt vor- oder nachgelagert ist, auf dem andere Zusammenschlussbeteiligte tätig sind und ihr Marktanteil einzeln oder gemeinsam mindestens 25% beträgt. Dies gilt unabhängig davon, ob zwischen den Beteiligten Lieferanten- oder Kundenbeziehungen bestehen.

Eine beherrschende Stellung, durch die der Wettbewerb behindert wird, kann durch den Zusammenschluss insbesondere auf diesen „betroffenen Märkten" entstehen oder verstärkt werden. Gemäß Art. 2 Abs. 1 berücksichtigt die Kommission bei dieser Prüfung der Vereinbarkeit des Zusammenschlusses mit dem Gemeinsamen Markt „[...] die Struktur aller betroffenen Märkte und den tatsächlichen und potentiellen Wettbewerb durch innerhalb oder außerhalb der Gemeinschaft ansässige Unternehmen (lit a); die Marktstellung, die wirtschaftliche Macht und die Finanzkraft der beteiligten Unternehmen, die Wahlmöglichkeiten der Lieferanten und Abnehmer, den Zugang zu Beschaffungs- und Absatzmärkten, rechtliche oder tatsächliche Marktzutrittsschranken, die Entwicklung des Angebots und der Nachfrage bei den jeweiligen Erzeugnissen und Dienstleistungen, die Interessen der Zwischen- und Endverbraucher sowie die Entwicklung des wirtschaftlichen und technischen Fortschritts" (lit. b).

Im Hinblick auf die „betroffenen Märkte" verlangt Formblatt CO daher in den Abschnitten 7 und 8 detaillierte Angaben zur Marktstruktur und zum Marktverhalten. So müssen die Anmelder unter Abschnitt 7 die – geschätzten – Marktanteile der beteiligten Unternehmen sowie sämtlicher Wettbewerber angeben. Hieraus lässt sich auf die Marktstellung der beteiligten Unternehmen schließen. Ihre Finanzkraft ergibt sich unter anderem aus den Gesamtumsätzen, die schon für die Aufgreifkriterien eine Rolle spielen. In Abschnitt 8 sollen umfassende Informationen zu den wettbewerblichen Verhältnissen auf den „betroffenen Märkten" gegeben werden. Zunächst werden die Beziehungen der Beteiligten zu den Beschaffungs- und Absatzmärkten thematisiert. So werden die Anmelder unter anderem aufgefordert, in Bezug auf die „betroffenen Märkte" das Verhält-

---

[106] ABl. EG Nr. C 372 v. 09.12.1997, S. 5 ff.

nis zu Lieferanten für Vorprodukte zu benennen (Abschnitt 8.1). Umgekehrt müssen die beteiligten Unternehmen Auskünfte zu ihren Kundenbeziehungen geben, etwa zur Art des Vertriebs und zu Kundendienstleistungen wie Wartung und Reparatur (Abschnitt 8.2-8.4). In Abschnitt 8.5 und 8.6 werden Angaben zur Nachfragemacht gefordert (Benennung der größten Kunden der beteiligten Unternehmen, Streuung oder Konzentration der Kunden etc.). In diesem Zusammenhang geht es zudem um die Entwicklung der Nachfrage, die sich anhand einer Analyse der Marktphase prognostizieren lässt. Abschnitt 8.7- 8.9 beschäftigt sich mit tatsächlichem sowie potentiellem Wettbewerb und Marktzutrittsschranken. Die anmeldenden Unternehmen müssen darüber Auskunft erteilen, ob es in den betroffenen Märkten Marktzugänge neuer Wettbewerber gegeben hat. Außerdem sollen sie die tatsächlichen Marktzutrittsschranken, z.B. die Kosten für einen Markteintritt in die betroffenen Märkten, benennen. Daneben ist zu beschreiben, inwieweit rechtliche Marktzutrittsschranken, z. B. das Erfordernis behördlicher Genehmigungen bestehen.

Da gemäß Art. 2 Abs. 1 lit. b in die Beurteilung des Zusammenschlusses auch die Entwicklung des technischen Fortschritts – z.B. durch die Möglichkeit von Innovationen – einfließt, sollen die Anmelder in Abschnitt 8.10 hierzu Stellung nehmen und dabei auch beschreiben, inwieweit die Beteiligten an der technischen Entwicklung, etwa der Entwicklung neuer Produkte oder Herstellungsverfahren beteiligt sind.

b) Reduzierung der erforderlichen Angaben

Wie gezeigt, ist die Erteilung der in Formblatt CO geforderten Auskünfte für die Unternehmen grundsätzlich relativ aufwendig. Freilich hält sich der Aufwand dann in Grenzen, wenn mangels hinreichender horizontaler bzw. vertikaler Beziehungen der beteiligten Unternehmen keine „betroffenen Märkte“ im Sinne des Formblatts CO vorliegen. Denn bei einem solchen Zusammenschlussvorhaben entfallen die detaillierten Angaben nach den Abschnitten 7 und 8, die sich ausschließlich auf „betroffene Märkte“ beziehen.

Allerdings gibt es auch in sonstigen Fällen die Möglichkeit, den Anmeldeaufwand zu vermindern. So kann die Kommission die anmeldenden Unternehmen auf Antrag von der Pflicht zur Erteilung einzelner im Formblatt verlangter Auskünfte nach Art. 3 Abs. 2 VerfVO befreien, soweit diese für die Prüfung des Falles nicht notwendig sind.

Bei bestimmten, normalerweise unproblematischen Fallgruppen sieht das Formblatt CO eine sogenannte Anmeldung in Kurzform vor[107]. Sie kommt bei Gemeinschaftsunternehmen (GU) in Betracht, deren Muttergesellschaften zwar

[107] Formblatt CO, C, ABl. EG Nr. L 61 vom 2.3.1998, S. 12.

hohe Umsätze in der Gemeinschaft erzielen, so dass die Aufgreifschwellen gemäß Art. 1 Abs. 2 oder 3 erfüllt werden, das Gemeinschaftsunternehmen selbst dagegen überhaupt nicht oder nur in geringem Maße im EWR[108] tätig ist. Eine nur geringfügige Tätigkeit des GU liegt nach Formblatt CO vor, wenn der Umsatz des GU im EWR und der Gesamtwert der dort eingebrachten Vermögenswerte einen bestimmten Betrag (jeweils 100 Mio. Euro) unterschreiten. Indes können die anmeldenden Unternehmen, die diese Voraussetzungen erfüllen, nicht eigenmächtig eine Anmeldung in Kurzform vornehmen. Vielmehr müssen sie auch hier bei der Kommission beantragen, sie gemäß Art. 3 Abs. 2 VerfVO von der Verpflichtung zur Vorlage einer vollständigen Anmeldung befreien[109].

In einer Anmeldung in Kurzform müssen die Unternehmen zwar auch die zugrunde liegenden Märkte abgrenzen und die „betroffenen Märkte" bestimmen. Sie können aber neben anderen Auskünften insbesondere auf die in Abschnitt 7, 8 und 9 geforderte genaue wettbewerbliche Analyse der Märkte verzichten.

In informellen Vorgesprächen[110] der beteiligten Unternehmen mit der Kommission vor der formellen Anmeldung kann geklärt werden, ob und welche Angaben verzichtbar sind und ob möglicherweise eine Anmeldung in Kurzform beantragt werden kann[111].

3. Anmeldefrist, Anmeldefähigkeit, In-Lauf-Setzen der Vorverfahrensfrist

Der Zusammenschluss, der die Aufgreifkriterien erfüllt, muss gemäß Art. 4 Abs. 1 innerhalb von einer Woche nach Vertragsabschluss, der Veröffentlichung des Kauf- oder Tauschangebotes oder des Kontrollerwerbs angemeldet werden. Diese Anmeldefrist ist angesichts der nach dem Formblatt verlangten umfangreichen Angaben kurz. Insofern müssen die Unternehmen in der Praxis ihre Anmeldeunterlagen schon lange vor dem den Zusammenschluss begründenden Rechtsgeschäft vorbereiten.

Die Anmeldung setzt gemäß Art. 10 Abs. 1 die Frist für das Vorverfahren in Gang. Danach beginnt die Frist mit dem Tag, der auf den Eingang der Anmeldung folgt. Dies gilt allerdings nur für eine vollständige Anmeldung. Bei unvollständigen Anmeldungen beginnt die Frist nach Art. 10 Abs. 1 FKVO und Art. 4 Abs. 2, 4 VerfVO erst mit dem Tag zu laufen, der auf den Tag des Eingang der vollständigen Auskünfte folgt. Auf diese Weise soll – im Sinne des Beschleunigungsgrundsatzes – gewährleistet werden, dass die Kommission das Zusammen-

---

108 Zum EWR siehe unten, 3. Teil, 1. Abschnitt, B.

109 Es reicht allerdings nach Formblatt CO, C, b, aus, wenn die Unternehmen die Befreiung in der Anmeldung selbst beantragen.

110 Siehe oben, 1. Teil, 1. Abschnitt, B. II.

111 Vgl. Löffler, Kommentar zur europäischen Fusionskontrollverordnung, Art. 4, Rn. 3.

schlussvorhaben innerhalb der von der FKVO vorgesehenen Fristen würdigen kann. Unternehmen, für die eine zügige Abwicklung des Verfahrens von großer Bedeutung ist, werden daran interessiert sein, eine vollständige Anmeldung bei der Kommission einzureichen. Um dieses sicherzustellen, bietet die Kommission informelle Vorgespräche an[112].

Art. 4 Abs. 1 trifft zwar eine Aussage über die Anmeldefrist, d.h. die Frage, bis wann ein Zusammenschluss angemeldet werden muss. Jedoch ist nicht ausdrücklich geregelt, ab wann er angemeldet werden kann, d.h. anmeldefähig ist. Der Zeitpunkt der Anmeldefähigkeit bestimmt, ab wann ein In-Gang-Setzen von Verfahrensfristen möglich ist. Die Kommission hat zwar Anmeldungen von Zusammenschlüssen akzeptiert, bei denen noch kein zivilrechtlich wirksamer Vertrag vorlag[113], jedoch ist eine rechtlich bindende Vereinbarung in dem Sinne erforderlich, als dass sich die Parteien nicht mehr einseitig lösen können, das Vorhaben hinreichend konkretisiert ist und eine hinreichende Wahrscheinlichkeit dafür vorliegt, dass der Zusammenschluss innerhalb eines überschaubaren Zeitraumes rechtsverbindlich wird[114]. Die noch ausstehende Zustimmung der satzungsmäßigen Organe der Gesellschaft (z.B. durch Hauptversammlung oder Aufsichtsrat) beeinträchtigt die Anmeldefähigkeit hingegen nicht[115].

4. Sanktion: Geldbuße gemäß Art. 14 Abs. 1 lit. a und lit. b

Bei schuldhaftem Verstoß gegen die Anmeldepflicht sieht die FKVO in Art. 14 Sanktionen in Form von Geldbußen vor. Die Kommission kann Geldbußen in Höhe von 1.000 bis 50.000 Euro gegen Unternehmen festsetzen, die vorsätzlich oder fahrlässig die Anmeldung unterlassen (Art. 14 Abs. 1 lit. a)[116] oder in der Anmeldung unrichtige oder entstellte Angaben machen (Art. 4 Abs. 1 lit. b). Sowohl das „Ob" der Verhängung einer Geldbuße als auch ihre Höhe stehen im Ermessen der Kommission.

---

112 Siehe oben 1. Teil, 1. Abschnitt, B, II; vgl. Erwägungsgrund 10 zur Verordnung Nr. 447/98 der Kommission vom 1. März 1998 über die Anmeldungen, über die Fristen sowie über die Anhörung nach der Verordnung Nr. 4064/89 des Rates über die Kontrolle von Unternehmenszusammenschlüssen (siehe Fußnote 104).

113 Vgl. Immenga in: Immenga/Mestmäcker, EG-Wettbewerbsrecht Bd.1, FKVO, Abschnitt VII, Teil D, Art. 4 Rn. 8; Drauz/Schroeder, Praxis der europäischen Fusionskontrolle, S. 189.

114 Entscheidung der Kommission vom 28.11.1990, Sache Nr. IV/M. 023 („ICI/Tioxide"), Ziff. 6, EEC Merger Control Reporter No B 3.

115 Vgl. Entscheidung der Kommssion vom 25.4.1994, Sache Nr. IV, M 403 („AGF/ La Unión y el Fénix), Ziff. 7, EEC Merger Control Reporter No B 201.

116 Hierunter fällt auch das Unterlassen der fristgemäßen Anmeldung, nämlich die verspätete Anmeldung.

In Ausübung dieses Ermessens hat die Kommission in ihrer Praxis davon abgesehen, bei geringfügigen Überschreitungen der Anmeldefrist ein Bußgeld zu verhängen, weil ihr eine vollständige, aber etwas verspätete Anmeldung lieber ist als eine fristgemäße, aber unvollständige Anmeldung[117]. Auch in Fällen, in denen die Anwendbarkeit der FKVO von schwierigen Auslegungsfragen abhing, gebrauchte die Kommission ihr Entschließungsermessen dahingehend, den Unternehmen keine Geldbuße aufzuerlegen[118].

Zum ersten Mal hat die Kommission in dem Fall „Samsung/AST" [119] wegen verspäteter Anmeldung (und Verstoßes gegen das Vollzugsverbot) eine Geldbuße festgesetzt. Es handelte sich bei den Beteiligten um ein koreanisches („Samsung") und ein US-amerikanisches Unternehmen („AST") und mithin um einen „Drittstaatenzusammenschluss". Auf diesen Sachverhalt wird, wegen der extraterritorialen Anwendung von Art. 14, an späterer Stelle ausführlich eingegangen werden[120].

II. Vollzugsverbot, Art. 7 Abs. 1

1. Inhalt

Nach Art. 7 Abs. 1 dürfen Zusammenschlüsse von gemeinschaftsweiter Bedeutung vor ihrer Freigabe nicht vollzogen werden[121]. Als Vollzug sind alle rechtlichen und faktischen Handlungen anzusehen, die zur Verwirklichung des Zusammenschlusses führen[122]. Zusammen mit der vorherigen Anmeldepflicht gewährleistet das Vollzugsverbot eine präventive Fusionskontrolle.

Die Dauer des Vollzugsverbotes richtet sich danach, ob der Zusammenschluss gemäß Art. 6 Abs. 1 lit. b schon nach dem Vorverfahren freigegeben wird, oder ob gemäß Art. 6 Abs. 1 lit. c ein Hauptverfahren eingeleitet wird. Entscheidungen nach Art. 6 Abs. 1 lit. b, bei denen die Zusammenschlussvorhaben schon nach dem Vorverfahren für unbedenklich erklärt werden, müssen gemäß Art. 10 Abs.1 innerhalb einer Frist von höchstens einem Monat ergehen. In diesem Zeit-

---

117 Drauz/Schröder, Praxis der Europäischen Fusionskontrolle, S. 192.

118 Entscheidung der EG-Kommission vom 24.02.1992 („Torras/Sarrio"), WUW/E EV 1817, Ziff.3, hier war die Umsatzberechnung schwierig .

119 ABl. EG Nr. L 225 vom 26.08.1999, S. 12 ff.

120 Siehe 6. Teil, 2. Abschnitt, D.

121 Die Erklärung der Vereinbarkeit mit dem Gemeinsamen Markt kann nach dem Vorverfahren gemäß Art. 6 Abs. 1 lit. b, nach dem Hauptverfahren gemäß Art. 8 Abs. 2 erfolgen oder gemäß Art. 10 Abs. 6 fingiert werden.

122 Immenga in: Immenga/Mestmäcker, EG-Wettbewerbsrecht, Bd. 1, FKVO, Abschnitt VII, Teil D, Art. 7 Rn. 3.

raum besteht also für jedes Zusammenschlussvorhaben von gemeinschaftsweiter Bedeutung im Sinne von Art. 1 grundsätzlich[123] ein Vollzugsverbot. Wird ein Hauptverfahren eingeleitet, muss nach Art. 10 Abs. 2 und Abs. 3 eine Entscheidung innerhalb einer Frist von höchstens vier Monaten nach Einleitung des Verfahrens ergehen. In diesem Fall wird das Vollzugsverbot also für die Dauer des Hauptverfahrens weiter aufrecht erhalten.

Die Unternehmen können indes gemäß Art. 7 Abs. 4 Befreiung vom Vollzugsverbot beantragen. Die Kommission berücksichtigt bei der Ausübung ihres Ermessens auf der einen Seite die möglichen Auswirkungen des Aufschubs des Vollzugs auf Zusammenschlussbeteiligte oder Dritte, auf der anderen Seite die mögliche Gefährdung des Wettbewerbs. In ihrer Praxis hat die Kommission bereits Befreiungen vom Vollzugsverbot bei sogenannten Sanierungsfusionen erteilt[124].

2. Sanktionen

a) Geldbuße gemäß Art. 14 Abs. 2 lit. a und lit. b

Bei schuldhaftem Verstoß gegen das Vollzugsverbot kann die Kommission gemäß Art. 14 Abs. 2 lit. b Geldbußen in Höhe von bis zu 10 % des Gesamtumsatzes der beteiligten Unternehmen festsetzen. Dies gilt nach Art. 14 Abs. lit. a auch bei einer schuldhaften Zuwiderhandlung gegen eine gemäß Art. 7 Abs. 4 S. 4 bei Befreiung vom Vollzugsverbot erteilte Auflage.

Im Falle eines Verstoßes gegen das Vollzugsverbot sind nach Art. 14 Abs. 2 sehr viel höhere Geldbußen möglich als im Falle eines Verstoßes gegen die Anmeldepflicht nach Art. 14 Abs. 1. Hierdurch wird deutlich, dass die FKVO der Einhaltung des Vollzugsverbotes, welches die Schaffung und Verfestigung wettbewerbsschädigender Zustände verhindern soll, vergleichsweise hohe Bedeutung beimisst. Die Kommission bezeichnet den Verstoß gegen das Vollzugsverbot als „potenziell schwerwiegenderen Verstoß“ als den Verstoß gegen die Anmeldepflicht, weil er den „Kern des gemeinschaftlichen Fusionskontrollsystems“ betreffe, „das verhindern soll, dass die in seinen Geltungsbereich fallenden strukturverändernden Transaktionen bleibende Wettbewerbsschäden hinterlassen. Um dies zu gewährleisten, wurde der Kommission die Befugnis übertragen, Fusionen und Übernahmen vor ihrer Durchführung zu überprüfen“[125].

---

[123] Befreiungen sind gemäß Art. 7 Abs. 4 auf Antrag unter bestimmten Voraussetzungen möglich.

[124] Montag in: Picot, Unternehmenskauf, S.751, Rn. 47.

[125] Entscheidung der Kommission vom 18.02.1998, Fall Nr. IV/M.920, („Samsung/AST“), ABl. EG Nr. L 225 vom 26.08.1999, S.12 ff. Ziff. 15.

Je länger der Vollzug schon andauert, desto schwerer ist es, „die Integration des erworbenen Unternehmens in das Unternehmen des Erwerbers so rückgängig zu machen, dass das erworbene Unternehmen sein ursprüngliches wettbewerbliches Potenzial wiedererlangt“[126]. Daher ist für die Höhe der Geldbuße die Dauer des Verstoßes entscheidend.

Im Fall des oben erwähnten Zusammenschlusses „Samsung/AST“, in dem auch wegen Verstoßes gegen das Vollzugsverbot erstmals eine Geldbuße verhängt wurde, setzte die Kommission für jeden Monat, in dem gegen das Vollzugsverbot verstoßen wurde, einen bestimmten Betrag fest[127].

b) Zivilrechtliche schwebende Unwirksamkeit, Art. 7 Abs. 5

Vollzugsgeschäfte, die unter Missachtung des Vollzugsverbotes während des laufenden Verfahrens geschlossen werden, sind in zivilrechtlicher Hinsicht bis zum Abschluss des Verfahrens schwebend unwirksam[128]. Es handelt sich hierbei im Gegensatz zu der zugrunde liegenden (anmeldepflichtigen) Vereinbarung der beteiligten Unternehmen über den Zusammenschluss um diejenigen Rechtsgeschäfte, die zur Verwirklichung des Zusammenschlussvorhabens dienen[129]. Die zivilrechtliche Wirksamkeit solcher Rechtsgeschäfte hängt gemäß Art. 7 Abs. 5 von der materiellen wettbewerblichen Beurteilung des Zusammenschlussvorhabens durch die Kommission ab. Erklärt die Kommission nach Abschluss des Verfahrens, dass gegen den Zusammenschluss gemäß Art. 6 Abs.1 lit. b keine ernsthaften Bedenken bestehen, gibt sie ihn gemäß Art. 8 Abs. 2 frei, oder tritt die Fiktion einer Vereinbarkeitserklärung nach Art. 10 Abs. 6 ein, werden eventuell vorzeitig getroffene Vollzugsgeschäfte endgültig wirksam. Dagegen werden sie endgültig unwirksam, wenn die Kommission den Zusammenschluss gemäß Art. 8 Abs. 3 für unvereinbar mit dem Gemeinsamen Markt erklärt.

c) Entflechtung

Wird ein vorzeitig vollzogener Zusammenschluss gemäß Art. 8 Abs. 3 untersagt, kann er anschließend gemäß Art. 8 Abs. 4 entflochten werden. Die Nichteinhaltung der Entflechtungsentscheidung als solche ist wiederum mit einer Geldbuße gemäß Art. 14 Abs. 2 lit. c bewehrt. Die Einhaltung einer Entflechtungsentscheidung kann durch ein Zwangsgeld gemäß Art. 15 Abs. 2 lit. b durchgesetzt werden.

---

[126] Wagemann in: Wiedemann, Handbuch des Kartellrechts, § 17 Rn. 39.

[127] Entscheidung der Kommission vom 18.02.1998, Fall Nr. IV/M.920, ABl.. EG Nr. L 225 vom 26.08.1999, S. 12, Ziff. 30.

[128] Löffler, Kommentar zur europäischen Fusionskontrollverordnung, Art. 7, Rn. 6.

[129] Wagemann in: Wiedemann, Handbuch des Kartellrechts, § 17, Rn. 48.

III. Zusammenfassung

Die präventive Fusionskontrolle wird durch die vorherige Anmeldepflicht und das vorläufige Vollzugsverbot gewährleistet, welche bei Erfüllung der Aufgreifkriterien bestehen. Dieses Instrumentarium ist im Falle von Verstößen mit diversen Sanktionen (Geldbuße, Entflechtung, zivilrechtliche Unwirksamkeit) bewehrt.

2. Abschnitt: Völkerrechtliche Grundlagen

A. Vorbemerkungen

Die FKVO ist auch auf Zusammenschlüsse in Drittstaaten anwendbar. Denn der Sitz der Unternehmen oder der Ort, an dem der Zusammenschluss realisiert wird, ist hierfür nicht entscheidend[130]. Auslösendes Kriterium für die Anmeldepflicht und das Vollzugsverbot ist vielmehr – neben dem Vorliegen eines Zusammenschlusses im Sinne von Art. 3 – das Erreichen bestimmter Umsätze durch die beteiligten Unternehmen. Bevor geklärt werden kann, ob dies völkerrechtlich zulässig ist, sollen im Folgenden zunächst die völkerrechtlichen Grundlagen der Zulässigkeit extraterritorialer Jurisdiktion dargestellt werden.

B. Rechtsordnung als Ausdruck von Souveränität

I. Setzung und Durchsetzung von Recht

Jurisdiktion ist die Befugnis zur Ausübung von Hoheitsgewalt durch Setzung und Durchsetzung von Recht[131]. Während der Begriff der Jurisdiktion im deutschen Sprachgebrauch häufig lediglich auf die Gerichtsbarkeit bezogen wird, soll er hier die Hoheitsakte aller drei Staatgewalten, also der der Legislative, der Exekutive und der Judikative umfassen[132].

Jurisdiktion beinhaltet zwei Gesichtspunkte: Der erste Gesichtspunkt, die „Setzung" von Recht, umfasst dabei sowohl das Erlassen abstrakt-genereller Rechtsnormen in Form von Gesetzen oder untergesetzlichen Rechtsnormen als auch die Anwendung dieser Rechtsnormen im Einzelfall durch Verwaltungsakte oder Gerichtsentscheidungen[133]. Um die Befolgung dieser abstrakt-generellen oder konkret-individuellen Regelungen zu gewährleisten, muss es indessen letztlich möglich sein, diese mit Hoheitsgewalt durchzusetzen. Durchsetzung, der zweite Gesichtspunkt der Jurisdiktion, kann als physische Anwendung von staatlicher Gewalt zur Durchsetzung einer Regelung definiert werden[134]. Danach wären die bloße Androhung von Sanktionen oder die Verhängung von Strafen noch keine

---

[130] Ausführlich zum Anwendungsbereich der FKVO: 3. Teil, 2. Abschnitt.

[131] Meng, Extraterritoriale Jurisdiktion, S. 1.

[132] Meng, a.a.O., S. 5.

[133] Meng, a.a.O., S. 6.

[134] Vgl. Meng, Extraterritoriale Jurisdiktion, S. 8, der diese Definition gebraucht, stellt indessen auch klar, dass sie verkürzend sei, weil etwa in der Zwangsvollstreckung Durchsetzung nicht immer mit physischem Zwang einhergehen müsse , sondern der regelgerechte Zustand auch durch rechtliche Gestaltungswirkung ipso iure hergestellt werden könne.

Durchsetzung, sondern noch Rechtsetzung. Vielmehr würde erst die eigentliche Anwendung physischer Gewalt, d.h. etwa im Falle eines Zahlungsurteils die Pfändung, als Durchsetzung im obigen Sinne verstanden werden[135].

Die Unterscheidung zwischen der Setzung von Recht in Gestalt von abstrakten oder konkreten Regelungen auf der einen Seite und der Durchsetzung dieser Regelungen auf der anderen Seite ist im Rahmen der – extraterritorialen – Jurisdiktion bedeutsam: Denn die völkerrechtliche Zulässigkeit einer extraterritorialen Regelung durch einen Staat ist zu unterscheiden von der völkerrechtlichen Zulässigkeit der extraterritorialen Durchsetzung einer Regelung.[136] Anders als die Regelung selbst ist deren physische Durchsetzbarkeit territorial begrenzt, nämlich in der Regel auf das Staatsgebiet beschränkt.[137]

II. Innere und äußere Souveränität

Nach der obigen Definition ist Jurisdiktion die Befugnis zur Ausübung von Hoheitsgewalt. Inhaber solcher Hoheitsgewalt sind vor allem die souveränen Staaten als originäre Hoheitsträger.[138] Auf den Sonderfall der supranationalen Organisation wie der Europäischen Gemeinschaft wird später noch einzugehen sein[139]. Insofern ist an dieser Stelle von staatlicher Souveränität die Rede. Jedoch lassen sich die hier dargestellten Grundsätze auch auf die Gemeinschaft als supranationale Organisation in den Bereichen anwenden, in denen ihr Souveränitätsrechte von den Mitgliedstaaten übertragen wurden und sie insoweit an die Stelle dieser Staaten tritt.

Staatliche Souveränität hat zwei Komponenten: Eine nach innen gerichtete, die sich auf den Staat als solchen, d.h. die innerstaatlichen Verhältnisse bezieht, und eine nach außen gerichtete, die das völkerrechtliche Verhältnis der Staaten untereinander betrifft. Die sogenannte innere Souveränität eines Staates bedeutet zunächst, dass er für seine Angehörigen auf seinem Gebiet der höchste Herrschaftsverband ist, gegen dessen Anordnungen und Entscheidungen an keine höhere Stelle appelliert werden kann.[140] Der souveräne Staat stellt insoweit die

---

135 Meng, a.a.O., S. 8 f.

136 Meng, a.a.O., S. 9.

137 Vgl. Meessen,, Völkerrechtliche Grundsätze, S. 15, Verdross/Simma, Universelles Völkerrecht, S. 31.

138 Träger von Hoheitsgewalt ist neben dem Staat z.B. auch die Kirche; es gibt eine kirchenrechtliche Jurisdiktion, vgl. Meng, a.a.O., S. 3 ff.

139 1. Teil, 2. Abschnitt, E.

140 Sogenannte innerstaatliche Souveränität, vgl. Verdross/Simma, Universelles Völkerrecht, S. 29.

höchste Gewalt im Innern seines Hoheitsgebietes dar. Fundamentales Attribut dieser Gewalt ist die Setzung und Durchsetzung von Recht[141].

Die innere Souveränität des Staates, d.h. seine Fähigkeit, nach innen hin unabhängig von anderen Mächten zu handeln, setzt die sogenannten äußere Souveränität voraus. Danach sind die Staaten voneinander rechtlich[142] unabhängig[143], so dass kein Staat in den anderen „hineinregieren" darf. Die Staaten stehen in einem Koordinationsverhältnis, nicht in einem Subordinationsverhältnis zueinander. Der Grundsatz der souveränen Gleichheit der Staaten, der in Art. 2 Nr. 1 der UN-Charta für UN-Mitglieder festgelegt ist, bringt die parallele Souveränität der Staaten zum Ausdruck[144]. Äußere Souveränität ist also dadurch gekennzeichnet, dass der Staat keiner anderen Autorität, insbesondere keiner anderen staatlichen Rechtsordnung, sondern allein dem Völkerrecht untersteht, d.h. völkerrechtsunmittelbar ist[145].

Die staatliche Souveränität wird durch das völkerrechtliche Interventionsverbot geschützt. Danach dürfen sich die Staaten weder in die inneren noch die äußeren Angelegenheiten anderer Staaten einmischen.[146]

III. Materielle Souveränität

1. Begriff

Der „formelle" Souveränitätsbegriff, die rechtliche Unabhängigkeit der Staaten im Verhältnis zueinander, wurde in den letzten Jahrzehnten zunehmend mit materiellen Inhalten ausgefüllt. Souveränität ist damit nicht mehr lediglich eine Art – negatives – Abwehrrecht, das die Freiheit der Staaten von Fremdbestimmung garantiert. Vielmehr wird diese Souveränität auch positiv verstanden als Freiheit „zur" (Selbst-) Bestimmung einer bestimmten Gesellschaftsordnung, die sich durch bestimmte materielle Elemente, nämlich eine selbstgewählte politi-

---

141 Meng, Extraterritoriale Jurisdiktion, S. 37, 39.

142 Faktisch kann jedoch ein Staat – z.B. wirtschaftlich – von einem anderen abhängig sein.

143 Meng, Extraterritoriale Jurisdiktion, S. 39 ; Dahm/Delbrück/Wolfrum. Völkerrecht, S. 234- 240.

144 Meng, Extraterritoriale Jurisdiktion, S. 49 ; Dahm/Delbrück/Wolfrum, Völkerrecht, S 234-240.

145 Ipsen, Völkerrecht, S. 37; Verdross/Simma, Universelles Völkerrecht, S. 28, 226.

146 Verdross/Simma, Universelles Völkerrecht, S. 300 f.; von diesem zwischenstaatlichen Interventionsverbot ist das Interventionsverbot in Art. 2 Nr. 7 UN-Charta zu unterscheiden, das sich lediglich an die Organisation der Vereinten Nationen richtet.

sche, ökonomische, soziale und kulturelle Ordnung, auszeichnet[147]. Hierzu hat die UN - Generalversammlung mehrere Resolutionen verabschiedet[148].

Nach der „Declaration on Principles of International Law Concerning Friendly Relations and Co-Operation among States in Accordance with the Charter of the United Nations " der UN - Generalversammlung aus dem Jahre 1970[149] beinhaltet Souveränität „... the inalienable right to choose its political, economic, social and cultural system ...". Diese Deklaration wurde ohne Gegenstimme von der Generalversammlung verabschiedet. Grundsätzlich[150] kann die UN-Generalversammlung gegenüber den Mitgliedstaaten gemäß Artt. 10 - 14 UN-Charta lediglich Empfehlungen abgeben, so dass Resolutionen als solche kein verbindliches Völkerrecht erzeugen können. Sie stellen daher für sich genommen keine Völkerrechtsquelle dar[151]. Jedoch können gerade Resolutionen ohne Gegenstimme die opinio iuris der Mitgliedstaaten widerspiegeln, so dass, falls eine entsprechende Staatenpraxis dazukommt, Völkergewohnheitsrecht vorliegen oder sich zumindest im Begriff des Entstehens befinden kann[152].

2. Insbesondere: Wirtschaftliche Souveränität

Weitere UN - Resolutionen behandeln speziell das Recht der Staaten auf Selbstbestimmung ihrer Wirtschaftsordnung, die sogenannte wirtschaftlichen Souve-

---

147 Vgl. hierzu Meng, Extraterritoriale Jurisdiktion, S. 50 ff.

148 Diese Resolutionen sind in dem Bewusstsein entstanden, dass faktisch keine Gleichheit und Unabhängigkeit der Staaten bestand, sondern beispielsweise die Entwicklungsländer von den entwickelten Ländern wirtschaftlich abhängig waren. Wegen dieser tatsächlichen Abhängigkeiten sollte mit den Resolutionen, die das Selbstbestimmungsrecht der Staaten in den verschiedenen Bereichen postulieren, ein Gegengewicht geschaffen werden, vgl. Meng, Extraterritoriale Jurisdiktion, S. 50 – im Zeitalter der Globalisierung, die gerade auch eine immer engere internationale Verflechtung der Wirtschaft mit sich bringt, gewinnt die Betonung der wirtschaftlichen Souveränität in den Resolutionen eine zusätzliche Bedeutung.

149 UN GA OR, 25th Session, Supp. No. 18, Res. 2625 (XXV) abgedruckt in: AJIL 65 (1971), 243, 248.

150 Zu den Ausnahmen, die sich auf die interne Organisation der UN beziehen siehe Verdross/Simma, Universelles Völkerrecht, S. 401 ff.

151 Verdross/Simma, Universelles Völkerrecht, S. 409.

152 Verdross/Simma, Universelles Völkerrecht, S. 409; Meng, Extraterritoriale Jurisdiktion, S. 52; inwieweit Resolutionen und insbesondere die „Friendly-Relations-Declaration" eine authentische Interpretation der UN-Charta darstellen, ist umstritten, siehe hierzu Verdross/Simma, Universelles Völkerrecht, S. 409, Anm. 38, Ipsen, Völkerrecht, S. 333.

ränität[153]. Die Resolution der Generalversammlung vom 01.05.1974 enthält eine "Erklärung über die Errichtung einer neuen Weltwirtschaftsordnung"[154]. Zu den Prinzipien dieser Ordnung zählen „[...] the right of every country to adopt the economic and social system that it deems the most appropriate for its own development and not to be subjected to discrimination of any kind as a result" und „[...] full permanent sovereignty of every state over its natural resources and all economic activities [...]".

Nach einer anderen Resolution der Generalversammlung aus dem Jahre 1974, der „Charter of Economic Rights and Duties of States"[155], ist es das „sovereign and alienable right" eines Staates „to choose its economic system".

Staaten haben in der Vergangenheit sehr unterschiedliche Wirtschaftsordnungen gewählt. So kann der souveräne Staat entscheiden, ob die Produktion von Waren und Dienstleistungen und deren Verteilung an die Konsumenten aufgrund eines staatlichen Gesamtplans zentral gelenkt werden oder sich dezentral aufgrund des Zusammenspiels von Angebot und Nachfrage auf den Märkten selbst regeln soll. Aber auch, wenn die Grundsatzentscheidung zwischen Markt- und Planwirtschaft getroffen ist, gibt es zwischen diesen beiden Idealtypen viele Variationsmöglichkeiten. So können etwa planwirtschaftliche Systeme größere oder kleinere Freiheitsbereiche, etwa in der Frage der freien Berufs- oder Konsumwahl, einräumen[156]. Umgekehrt ist auch in einer Marktwirtschaft ein Mehr oder Weniger an staatlicher Regulierung möglich.

IV. Rechtsordnung als Mittel zur Gestaltung der Wirtschaftsordnung

Das Recht ist ein Mittel zur Gestaltung der Wirtschaftsordnung. Jurisdiktion ist damit ein Ausdruck der wirtschaftlichen Souveränität. Dies kann am Beispiel des Kartellrechts bzw. des Rechts der Zusammenschlusskontrolle illustriert werden: In der Marktwirtschaft wird auf eine staatliche Lenkung des Wirtschaftsprozesses weitgehend verzichtet. Vielmehr bestimmt der Staat lediglich einen Ordnungsrahmen für die Wirtschaft[157]. Ein solcher Ordnungsrahmen wird durch die Rechtsordnung, insbesondere das Wirtschaftsrecht festgelegt.

---

153 Vgl. Meng, Extraterritoriale Jurisdiktion, S. 51.

154 Kunig/ Lau / Meng, International Economic Law, Doc. 22, UN GA Res. A 3202- 3203 (VI), 01.05.1974.

155 Kunig/ Lau/ Meng, International Economic Law, Doc. 23, UN GA Res. A/3281 (XXIX), 12.12.1976.

156 Gabler, Wirtschaftslexikon, Bd. 4, Stichwort „Planwirtschaft", S. 741 f.

157 Vgl. Eucken, Grundsätze der Wirtschaftspolitik, zitiert bei Meng, Extraterritoriale Jurisdiktion, S. 16.

Eine zentrale Aufgabe hat hierbei das Wettbewerbsrecht. Grundlegend für die Marktwirtschaft, die auf der dezentralen Selbstregulierung von Angebot und Nachfrage beruht, ist ein wirksamer Leistungswettbewerbs auf den Märkten. Reine Konkurrenzwirtschaften neigen allerdings zur Konzentration von Marktmacht durch Monopolbildung bzw. Entstehung marktbeherrschender Stellungen oder auch Kartellbildung[158]. Dies birgt die Gefahr des – wettbewerbsbehindernden - Missbrauchs von Marktmacht. Dem entgegenzutreten ist die Aufgabe des Wettbewerbsrechts, das der Erhaltung eines funktionsfähigen Wettbewerbs dient. Im einzelnen können hier die wirtschaftspolitischen Vorstellungen der Staaten mit marktwirtschaftlichem System aber stark voneinander abweichen. Entsprechend unterschiedlich ist auch die Ausgestaltung des Wettbewerbsrechts.

Im Hinblick auf die Kontrolle von Unternehmenszusammenschlüssen sind anlässlich der Diskussion um die Schaffung bzw. Revision der FKVO die unterschiedlichen Gewichtungen von Wettbewerbspolitik auf der einen Seite und Industriepolitik auf der anderen Seite in den einzelnen Mitgliedstaaten zutage getreten[159]. Diese Fragen betreffen vor allem die materielle Beurteilung von Zusammenschlüssen. Aber schon auf der verfahrensrechtlichen Ebene sind unterschiedliche Konzeptionen möglich. Grundlegende Unterschiede bestehen beispielsweise darin, ob eine präventive Kontrolle mit vorheriger Anmeldepflicht und einem vorläufigen Vollzugsverbot oder lediglich eine nachträgliche Kontrolle mit bloßer Anzeigepflicht des Zusammenschlusses und der Möglichkeit des repressiven Einschreitens gewählt wird[160]. Die Staaten können die Zusammenschlusskontrolle verfahrensrechtlich insoweit mit einem stumpferen oder schärferen Eingriffsinstrumentarium ausstatten. Dies richtet sich danach, ob bzw. wie stark der Staat eine spontane Ausübung der unternehmerischen Freiheit, die auch in einer Zusammenschlusstätigkeit bestehen kann, dadurch beschränken will, dass hierfür Genehmigungen einzuholen und gewisse Wartefristen für den Vollzug einzuhalten sind. Die Entscheidung für die eine oder andere Konzeption gehört zu den souveränen Rechten eines Staates.

---

[158] Vgl. Gabler, Wirtschaftslexikon, Bd. 4, Stichwort „Marktwirtschaft", S. 237 f.

[159] Kleinmann, Umsatzschwellen, in FS-Schmidt, S. 131.

[160] Der – veraltete - Überblick über die Staatenpraxis bei Immenga in: Immenga/Mestmäcker, EG-Wettbewerbsrecht, Kapitel zur Fusionskontrolle in den Mitgliedstaaten, Abschnitt VII, Teil B, zeigt, dass diverse Staaten über eine nachträgliche Kontrolle verfügten – dagegen ist die präventive Fusionskontrolle heute im Vordringen begriffen; so hat etwa die Schweiz erst Mitte der Neunziger Jahre eine präventive Fusionskontrolle eingeführt, siehe Scherrer, Fusionskontrolle nach revidiertem Kartellgesetz, AJP 1997, 1381, 1382.; siehe auch alphabetisch geordneter Überblick über die Staatenpraxis bei Campbell/Davies, Merger Control 2003, S. 13 ff.

C. Extraterritoriale Bezüge des Rechts

I. Die Bedeutung des Territoriums

Der moderne Staat ist ein Territorialstaat. So schützt die UN-Charta, die von einem Nebeneinander der Territorialstaaten ausgeht, in Art. 2 Ziff. 4 die territoriale Integrität der Staaten. Nach der Drei – Elementen - Lehre Jellineks ist das staatliche Territorium, das Staatsgebiet, ein konstitutives Element des Staates[161]. Das Staatsgebiet ist „der territoriale Bereich, in dem sich die Staatsgewalt über die dort lebenden Menschen entfaltet“[162].

Der Staat als Territorialstaat ist keineswegs selbstverständlich. Nicht immer hatte das Territorium die Bedeutung, die ihm heute im Hinblick auf die Ausübung der staatlichen Hoheitsgewalt zukommt[163]. Denn in der Vergangenheit wurde der Herrschaftsverband vielfach nicht so sehr durch einen territorialen Bezugsrahmen, sondern durch personale Beziehungen zusammengehalten. Ein mögliches Zuordnungskriterium war dabei die gemeinsame Abstammung, d.h. die Zugehörigkeit zu einem bestimmten Volksstamm[164].

In der Geschichte hat sich die Herrschaft über ein scharf abgegrenztes Territorium und damit einhergehend das Prinzip der Gebietshoheit erst allmählich herausgebildet. Nach diesem Prinzip ist jeder, der sich in diesem Territorium, dem Staatsgebiet, aufhält, der dortigen Staatsgewalt unterworfen. Die Rechtsordnung gilt also sowohl für Staatsangehörige als auch für Ausländer[165].

Während Gebietshoheit auf der einen Seite heißt, dass Personen und Sachen, die sich im Staatsgebiet befinden, der Herrschaft des Staates unterworfen sind[166], bedeutet sie auf der anderen Seite, dass ohne Einwilligung des Territorialstaates oder ohne sonstige völkerrechtliche Ermächtigung in dem jeweiligen Staatsgebiet eine „fremde“ Staatsgewalt nicht hoheitlich tätig werden darf[167]. Das Verbot der Vornahme von Hoheitsakten im Ausland stellt eine Norm des Völker-

[161] Jellinek, Allgemeine Staatslehre, S. 394 ff.

[162] Zippelius, Staatslehre, S. 84.

[163] Kriele, Staatslehre, S. 83f.

[164] Zippelius, Staatslehre, S. 81 ff.

[165] Dass die Rechtsordnung zwischen Staatsangehörigen und Ausländern differenziert und bestimmte Sonderrechte bzw. -pflichten – etwa Wahlrecht oder Wehrpflicht – für Staatsangehörige festlegt, ändert hieran nichts, vgl. Kriele, Staatslehre, S. 85f.; Zippelius, Staatslehre, S. 82 f.

[166] Kriele, Staatslehre, S. 85f..

[167] Verdross/Simma, Universelles Völkerrecht, S. 276; Zippelius, Staatslehre, S. 84.

gewohnheitsrechts dar[168]. Verboten sind danach alle Staatshandlungen im Ausland. Hierzu zählen beispielsweise der Überflug fremden Territoriums durch staatliche Flugzeuge oder auch die Zustellung von Verwaltungsakten im Ausland durch die Post an Privatpersonen[169].

II. Geltungs- und Anwendungsbereich von Recht

Jurisdiktion, d.h. die Befugnis zur Ausübung von Hoheitsgewalt durch Setzung und Durchsetzung von Recht[170] hat in räumlicher Hinsicht zwei Aspekte: Zum einen geht es um den Geltungsbereich, zum anderen um den Anwendungsbereich von Recht.

Der Geltungsbereich bezeichnet das räumliche Gebiet, in welchem das Recht Gegenstand der physischen Durchsetzung werden kann[171]. So ist der Geltungsbereich staatlichen Rechts in der Regel mit dem Staatsgebiet identisch. Der Geltungsbereich des EG-Vertrages umfasst gemäß Art. 299 EGV – mit bestimmten Ausnahmen – das Gebiet der Mitgliedstaaten.

Mit dem territorial beschränkten Geltungsbereich von Recht auf der einen Seite korrespondiert auf der anderen Seite das oben erwähnte völkergewohnheitsrechtliche Verbot der Vornahme von Hoheitsakten auf fremdem Territorium ohne Zustimmung des dortigen Souveräns[172]: Da danach Staatshandlungen im Ausland grundsätzlich verboten sind, darf ein Staat seine Regelungen dort nicht autonom physisch durchsetzen.

Vor der Durchsetzung von Recht steht allerdings dessen Setzung, d.h. der Erlass abstrakt- genereller bzw. konkret-individueller Regelungen selbst. Neben dem Begriff des Geltungsbereichs, der die räumliche Reichweite der Durchsetzbarkeit von Regelungen bezeichnet, steht daher der des Anwendungsbereiches, der die räumliche Reichweite der Regelungen selbst betrifft.

Der Anwendungsbereich[173] bezeichnet den räumlichen Bereich, in dem die Sachverhalte[174], an welche die rechtliche Regelung anknüpft, belegen sind, so-

[168] Urteil des StIGH vom 7.9.1927, („Lotus"), PCIJ, Série A No. 9 (1927), S.18; Urteil des IGH vom 9.4.1949,("Korfu-Kanal-Fall"), ICJ-Reports 1949, 4, 35; Meessen, Völkerrechtliche Grundsätze, S. 15.

[169] Verdross/Simma, Universelles Völkerrecht, S. 276 f.

[170] Meng, Extraterritoriale Jurisdiktion, S. 1, siehe 1. Teil, 2. Abschnitt, B I.

[171] Meng, Extraterritoriale Jurisdiktion, S. 11.

[172] Urteil des StIGH vom 7.9.1927, („Lotus"), PCIJ, Série A No. 9 (1927), S. 18; Meng, Völkerrechtliche Zulässigkeit, ZaöRV 1984, S. 675 (682).

[173] Es existiert keine einheitliche Terminologie. So benutzt Meng, Extraterritoriale Jurisdiktion, S. 11, den Begriff „Regelungsbereich" anstatt von „Anwendungsbereich".

[174] Personen, Sachen, Rechtsverhältnisse.

wie den räumlichen Bereich, in dem die Rechtsfolgen der Regelung eintreten sollen[175]. Anders als der Geltungsbereich endet der Anwendungsbereich von Recht nicht notwendig an den Staatsgrenzen bzw. im Falle der EG an den Grenzen der in Art. 299 EGV genannten Gebiete. Insofern kann der Anwendungsbereich in zweierlei Hinsicht, nämlich erstens auf der Tatbestandsseite und zweitens auf der Rechtsfolgenseite, extraterritorial ausgedehnt sein[176]: Zum einen kann eine Regelung an einen Sachverhalt im Ausland anknüpfen. Zum anderen kann eine Regelung auch bestimmen, dass bestimmte Rechtsfolgen im Ausland eintreten sollen. So kann eine bestimmte Handlung oder Unterlassung außerhalb des eigenen Territoriums angeordnet werden.

Schon der StIGH stellte in der *Lotus*-Entscheidung dem territorial begrenzten Geltungsbereich den extraterritorial ausdehnbaren Anwendungsbereich von Recht gegenüber[177]: „Now the first and foremost restriction imposed by international law upon a State is that - failing the existence of a permissive rule to the contrary - it may not exercise its power in any form in the territory of another State. In this sense jurisdiction is certainly territorial; it cannot be exercised by a State outside its territory except by virtue of a permissive rule derived from international custom or from a convention. It does not, however, follow that international law prohibits a State from exercising jurisdiction in its own territory, in respect of any case which relates to acts which have taken place abroad [...]".

Anders als der Geltungsbereich, dessen Reichweite mit dem staatlichen Territorium feststeht, wird die räumliche Reichweite des Anwendungsbereiches der Regelung durch den Hoheitsträger selbst bestimmt[178]. Wenn also die Gestaltung der staatlichen Ordnung, insbesondere auch der Wirtschaftsordnung, mit den Mitteln des Rechts Ausdruck der souveränen Rechte eines Staates ist, so umfasst dies zunächst auch die Entscheidung über extraterritoriale Bezüge dieses Rechts.

Allerdings ist nicht jede extraterritoriale Ausdehnung des Anwendungsbereiches von Recht zulässig. Zwar lässt sich die Rechtswidrigkeit hier nicht so eindeutig bestimmen wie bei physischer Durchsetzung von Recht im Ausland. Aber auch im Hinblick auf die extraterritoriale Ausdehnung des Anwendungsbereiches von Regelungen sind die Regeln des Völkerrechts maßgeblich. Dies wird Gegenstand der folgenden Ausführungen sein.

---

175 Meng, Extraterritoriale Jurisdiktion, S. 10,13.

176 Meng, Extraterritoriale Jurisdiktion, S. 74 f.

177 Urteil des StIGH vom 7.9.1927, („Lotus"), PCIJ, Série A No. 9 (1927), S.18.

178 Meng, Extraterritoriale Jurisdiktion, S. 10.

D. Völkerrechtliche Zulässigkeit von Regelungen mit extraterritorialen Bezügen

I. Extraterritoriale Regelungsbedürfnisse

Durch seinen extraterritorial ausdehnbaren Anwendungsbereich trägt das Recht der Tatsache Rechnung, dass dem klar abgegrenzten staatlichen Territorium, in dem sich die Staatsgewalt entfaltet, Lebenssachverhalte gegenüberstehen, die sich nicht auf ein solches Territorium begrenzen lassen. Dies trifft schon für die natürliche Umwelt zu, etwa für Luft, Wasser und für Verunreinigungen derselben, die nicht an künstlichen Staatsgrenzen Halt machen. Dies gilt aber gerade auch für Wirtschaftsbeziehungen.

Insofern gibt es auf dem Gebiet des Wirtschaftsrechts ein starkes Bedürfnis, Regelungen nicht nur an Inlandssachverhalte, sondern auch an Auslandssachverhalte anknüpfen bzw. nicht nur ein Verhalten im Inland, sondern auch im Ausland zu bestimmen zu können. Es liegt auf der Hand, dass es hierbei zu Konflikten mit den von diesen Regelungen betroffenen Staaten kommen kann, die ihrerseits ihre Zuständigkeit beanspruchen.

Wie oben ausgeführt, beinhaltet Souveränität unter anderem das Recht des Staates, seine Wirtschaftsordnung selbst zu bestimmen. Hierbei hat das Recht eine wichtige Steuerungs- und Gestaltungsfunktion. Das Wettbewerbsrecht kann beispielsweise je nach der wettbewerbspolitischen Grundauffassung des Staates einen eher weiten oder engen Rahmen erlaubten Verhaltens bei Kartellen oder Zusammenschlüssen abstecken.

Allerdings können Einwirkungen aus dem Ausland das souveräne Recht auf Selbstbestimmung der Wirtschaftsordnung – faktisch – beeinträchtigen. Weltweite wirtschaftliche Beziehungen, etwa durch zunehmend global operierende Großunternehmen, haben dazu geführt, dass sich etwa Kartellabsprachen oder Unternehmenszusammenschlüsse mehr und mehr grenzüberschreitend auswirken. Auf diese Weise können im Ausland stattfindende Transaktionen beispielsweise das restriktive Kartellrecht eines anderen Staates unterlaufen. Um das zu verhindern, hat der Staat ein Interesse daran, sein Kartellrecht auch auf solche Auslandssachverhalte anzuwenden. Denn wenn es Inhalt der materiellen Souveränität eines Staates ist, seine Wirtschaftsordnung selbst zu bestimmen, folgt daraus auch das Recht, diese Ordnung in gewissem Maße vor Beeinträchtigungen von außen schützen zu dürfen. Die grundsätzliche völkerrechtliche Befugnis extraterritorialer Rechtsanwendung stellt sich somit als Ausfluss staatlicher Souveränität dar[179].

[179] Ziegenhain, Extraterritoriale Rechtsanwendung, S. 3; Verdross/Simma, Universelles Völkerrecht, S. 762.

Allerdings darf diese Befugnis nicht isoliert gesehen werden. Aufgrund der souveränen Gleichheit[180] hat auch der Staat, in dem sich die extraterritorial geregelten Sachverhalte, etwa Fusionen oder Kartellabsprachen, ereignen, das Recht, seine Wirtschaftsordnung unabhängig von anderen Staaten zu bestimmen. Dieser Staat kann beispielsweise, dem freien Spiel der marktwirtschaftlichen Kräfte vertrauend, ein bewusst liberales Kartellrecht gewählt haben, das den Unternehmen einen weiten Handlungsspielraum für derlei Transaktionen lässt. Die souveränen Rechte dieses „liberalen" Staates wären somit betroffen, wenn ein anderer Staat in extraterritorialer Rechtsanwendung ein solches Verhalten reglementierte, so dass sich die in dem „liberalen" Staat ansässigen Unternehmen an diese Reglementierungen halten müssten. Wegen des territorial begrenzten Geltungsbereiches von Recht kann ein solches Verbot durch den regelnden Staat zwar nicht mit physischem Zwang unmittelbar im Ausland, wo sich die gerügten Handlungen abspielen, durchgesetzt werden. Der extraterritorial regelnde Staat hat aber eine Durchsetzungsmöglichkeit im Inland, die sich mittelbar auch auf das Verhalten der Unternehmen im Ausland auswirkt. Er kann beispielsweise im Inland belegenes Vermögen der ausländischen Unternehmen, die sich seinen Regelungen widersetzen, beschlagnahmen. Wollen diese Unternehmen weiterhin in dem extraterritorial regelnden Staat tätig sein, werden sie wohl oder übel von diesem Staat verbotene Transaktionen unterlassen. Insofern wirkt sich die Durchsetzungsmöglichkeit im Inland oder bereits deren Androhung faktisch auch auf das Verhalten von Normadressaten im Ausland aus[181].

Das souveräne Recht des einen Staates, sein Recht auch auf extraterritoriale Sachverhalte anzuwenden, kollidiert also möglicherweise mit den souveränen Rechten des Staates, in dem sich diese Sachverhalte abspielen. Dies bedeutet, dass Staaten Auslandssachverhalte nicht unbegrenzt ihrer Regelung unterstellen dürfen. In der Lotus - Entscheidung des StIGH heißt es hierzu[182]: „Far from laying down a general prohibition to the effect that States may not extend the application of their laws and the jurisdiction of their courts to persons, property and acts outside their territory, it leaves them in this respect a wide measure of discretion which is only limited in certain cases by prohibitive rules [...]".

Danach sind die Staaten grundsätzlich frei, auch extraterritoriale Sachverhalte zu regeln, unterliegen dabei aber „prohibitive rules", d.h. völkerrechtlichen Beschränkungen[183]. Um welche „prohibitive rules" es sich dabei konkret handelt,

---

[180] Kodifiziert in Art. 2 Ziff. 1 UN-Charta.

[181] Vgl. Meng, Völkerrechtliche Zulässigkeit, ZaöRV 1984, 675, 727 f.

[182] Urteil des StIGH vom 7.9.1927, („Lotus"), PCIJ, Série A No. 9 (1927), S.19.

[183] Vgl. auch Sondervotum des Richters Fitzmaurice im Barcelona - Traction Case, Urteil des IGH vom 5.2.1970, ICJ-Reports 1970, S. 3, 103 f., Textausschnitt aus Kaffanke, Nationales Wirtschaftsrecht, S. 278.

lässt der StIGH allerdings offen. Freilich hat sich die Staatenwelt seit der Lotus - Entscheidung in den zwanziger Jahren verändert. Das Netz internationaler Beziehungen ist - insbesondere in jüngerer Zeit im Zeichen der Globalisierung - enger geworden. Damit hat auch die völkerrechtliche Regelungsdichte zugenommen[184]. Auf der einen Seite ist somit die Freiheit der Staaten heute vermutlich völkerrechtlich in einem höherem Maße beschränkt als damals. Auf der anderen Seite schaffen gerade die engeren internationalen Verflechtungen ein wachsendes Bedürfnis nach extraterritorialer Jurisdiktion. Dem muss das Völkerrecht Rechnung tragen.

II. Interventions- bzw. Einmischungsverbot als Grenze

1. Bestehen eines gewohnheitsrechtlichen Interventionsverbotes

Als eine im Lotus- Urteil erwähnte „prohibitve rule", d.h. als äußerste völkerrechtliche Grenze der Ausdehnung des Anwendungsbereiches von Recht kommt das Interventions- bzw. Einmischungsverbot in Betracht[185].

Das zwischenstaatliche Interventionsverbot ist gewohnheitsrechtlich anerkannt[186]. Dies wird bestätigt durch speziell hierzu ergangene UN-Resolutionen,

---

[184] Nach der *Lotus*-Entscheidung besteht eine Vermutung für die Freiheit der Staaten, die lediglich durch einzelne Verbotsnormen beschränkt ist. Aufgrund der engeren Verwobenheit der Staatengemeinschaft heute ist denkbar, dass – anders als noch in der *Lotus* – Entscheidung geäußert – die Staaten nicht mehr grundsätzlich frei sind, ihr Recht extraterritorial anzuwenden. Bestünde heute – aufgrund der geänderten Verhältnisse – eine Vermutung gegen die Freiheit der Staaten, bräuchten diese für eine extraterritoriale Anwendung ihres Rechts eine Ermächtigungsnorm. Dieser Frage soll allerdings nicht weiter nachgegangen werden. Festzuhalten ist, dass die extraterritoriale Rechtsanwendung jedenfalls Beschränkungen unterliegt.

[185] Neben dem Begriff des Interventionsverbotes wird häufig der des Einmischungsverbotes verwendet, ohne dass damit ein Unterschied im Bedeutungsgehalt verbunden ist. Nach Oppermann, Nichteinmischung, ArchVR 14 (1969/1970), 321, 326 soll jedoch die Intervention begrifflich dahingehend gegen die Einmischung abgegrenzt werden, dass die Einmischung im Gegensatz zur Intervention Eingriffe betrifft, die unterhalb der Schwelle der „massiveren Gewaltanwendung" liegen. – Hierzu ist anzumerken, dass mit massiver Gewaltanwendung verbundene Eingriffe schon unter das in Art. 2 Ziff. 4 UN-Charta kodifizierte Gewaltverbot fallen. Soll also die Intervention noch außerhalb des Gewaltverbotes eine Bedeutung haben, so muss sie auch Eingriffe beinhalten, die unterhalb der Schwelle massiver Gewaltanwendung liegen. Dann aber ist eine klare Abgrenzung zur Einmischung kaum möglich. Daher sollen die Begriffe Intervention und Einmischung in dieser Untersuchung synonym verwendet werden.

etwa durch die „Declaration on the Inadmissability of Intervention in the Domestic Affairs of States and the Protection of their Independence and Sovereignty“[187] vom 21.12.1965, die von 109 Mitgliedern ohne Gegenstimme, bei einer Enthaltung und sieben abwesenden Staaten angenommen wurde. Wie oben ausgeführt[188], spiegeln die Resolutionen der UN-Generalversammlung jedenfalls eine entsprechende opinio iuris der UN-Mitgliedstaaten wider, so dass bei Hinzukommen korrespondierender Staatenpraxis Völkergewohnheitsrecht vorliegt.

Dass es in der Staatenpraxis immer wieder zu Übergriffen auf andere Staaten kommt, die als Interventionen zu qualifizieren sind, steht der Existenz eines völkerrechtlichen Interventionsverbotes nicht entgegen. Zum einen sprechen einzelne Übertretungen von Normen noch nicht gegen deren Vorhandensein. Zudem bestreiten die Staaten bei solchen Übergriffen in der Regel, dass es sich bei ihrem Vorgehen um eine verbotene Intervention handele. Vielmehr berufen sie sich zu ihrer Rechtfertigung auf traditionelle Ausnahmevorschriften wie etwa der „Verteidigung des Friedens“[189]. Insofern kann von einer allgemeinen Akzeptanz des Interventionsverbotes ausgegangen werden.

2. Anwendbarkeit im Rahmen der extraterritorialen Jurisdiktion

a) Vorbemerkungen

Als Schutznorm der staatlichen Souveränität[190], schützt das zwischenstaatliche Interventionsverbot die Staaten untereinander gegen Eingriffe des einen Staates in die souveränen Rechte eines anderen Staates. Es gewährleistet daher die souveräne Gleichheit der Staaten gemäß Art. 2 Nr. 1 UN-Charta. Wenn Regelungen mit extraterritorialen Bezügen die souveränen Rechte der hiervon betroffenen Staaten tangieren, könnte somit das zwischenstaatliche Interventionsverbot ein-

---

[186] Es ist klarzustellen, dass sich das zwischenstaatliche Interventionsverbot von dem in Art. 2 Nr. 7 UN-Charta geregelten Interventionsverbot unterscheidet. Letzteres ist an die UN als internationale Organisation gerichtet und verbietet Übergriffe der UN auf ihre Mitgliedstaaten.

[187] UN GA OR 20th Session, Suppl. No. 14, 11, Res. 2131 (XX); siehe auch „Friendly-Relations-Declaration (Fußnote149).

[188] Teil 1, 2. Abschnitt, B, III.

[189] Haedrich zu „Intervention“ in: Strupp/Schlochauer, Wörterbuch des Völkerrecht II, S. 146; Ipsen, Völkerrecht, S. 956; siehe auch Urteil des IGH vom 27.6.1986 (Nicaragua/United States of America), ICJ-Report 1986, S. 14, 99, der deutlich macht, dass auf traditionelle Ausnahmevorschriften zurückgegriffen wird, so dass die Staaten kein neues Recht auf Intervention geltend machen.

[190] Teil 1, 2. Abschnitt, B II.

schlägig sein. Indessen sind Inhalt und Reichweite des gewohnheitsrechtlichen Interventionsverbotes im einzelnen nur schwer zu umreißen. *Haedrich*[191] versteht unter Intervention die „Einwirkung von Staaten in ihnen fremde Angelegenheiten anderer Staaten durch Eingriff in deren Rechtssphäre unter Anwendung oder Androhung von Zwang". Das Lehrbuch von Ipsen definiert Intervention als „Einmischung eines Staates in die inneren und äußeren Angelegenheiten eines anderen Staates [...]. Eine verbotene Intervention liegt aber nur dann vor, wenn erstens die Einmischung in Bereiche der staatlichen Angelegenheiten erfolgt, die der ausschließlichen staatlichen Zuständigkeit obliegen, und sie zweitens unter Androhung oder Anwendung von Zwang erfolgt"[192].

Nach diesen exemplarisch aufgeführten Definitionen enthält der klassische Begriff der völkerrechtlichen Intervention zwei wesentliche Elemente: Zum einen wird der Gegenstand bzw. der Schutzbereich der Einmischung beschrieben. Es muss sich dabei um fremde Angelegenheiten handeln, die – ausschließlich – einem anderen Staat zugewiesen sind. Zum anderen geht es um das Einmischungsmittel. Hierbei wird die Anwendung oder Androhung von Zwang gefordert. Zunächst ist zu prüfen, inwieweit sich die Problematik der extraterritorialen Jurisdiktion unter diese Begriffselemente subsumieren lässt.

b) Begriffselemente der verbotenen Intervention

(1) Schutzbereich der Einmischung: Innere Angelegenheit

Nach dem traditionellen Interventionsbegriff muss sich die Einmischung auf Bereiche beziehen, die der alleinigen Zuständigkeit des von der Einmischung betroffenen anderen Staates unterfallen. Zu diesem „vorbehaltenen Bereich", der domaine reservé gehören alle Angelegenheiten, die nicht Gegenstand völkerrechtlicher Regelungen sind[193]. In seiner oben genannten Definition spricht *Haedrich* von der „Rechtssphäre" der betroffenen Staaten.

Zu prüfen ist, ob extraterritoriale Regelungen im Wirtschaftsrecht, insbesondere im Kartellrecht bzw. Recht der Zusammenschlusskontrolle in eine domaine reservé, d.h. in eine ausschließliche Zuständigkeit der von diesen Regelungen betroffenen Staaten eingreifen können.

Wie oben aufgezeigt wurde, gehört es zu den souveränen Rechten von Staaten, ihre Wirtschaftsordnung, insbesondere mit den Mitteln des Wirtschaftsrechts, zu gestalten. Dies beinhaltet, den – gewaltunterworfenen - Wirtschaftssubjekten

---

[191] Haedrich zu „Intervention" in : Strupp/Schlochauer, Wörterbuch des Völkerrechts II, S. 145.

[192] Ipsen, Völkerrecht, S. 955.

[193] Ipsen, Völkerrecht, S. 957.

gewisse Rechte und Pflichten zuzuweisen. Das Wirtschaftsrecht ist also eine Angelegenheit des Staates. Wenn extraterritoriale Regelungen anderer Staaten denselben Wirtschaftssubjekten in der Hoheitssphäre des betroffenen Staates abweichende Rechte und Pflichten zuweisen und sich hieraus abweichende Verhaltensanforderungen ergeben, so ist dies ein Eingriff in die Angelegenheiten des von dieser Regelung betroffenen Staates.

Es stellt sich jedoch die Frage, ob es sich um eine alleinige Angelegenheit des betroffenen Staates handelt. Dies kann von Fall zu Fall unterschiedlich zu beurteilen sein. Denn auch der extraterritorial regelnde Staat kann ein berechtigtes Interesse daran haben, auf ausländische Sachverhalte, die sich in seinem Territorium auswirken, rechtlich Einfluss nehmen zu können. Die extraterritoriale Regelung kann also – wie schon oben aufgezeigt - Ausdruck seiner souveränen Rechte und daher auch seine Angelegenheit sein. Es wird unten dargestellt werden, dass es völkerrechtliche Regeln über die Anknüpfung von Jurisdiktion gibt, die unter bestimmten Voraussetzungen auch dem extraterritorial regelnden Staat eine Zuständigkeit zuweisen können. In dem Fall, in dem eine solche völkerrechtliche Anknüpfung gegeben ist, handelte es sich nicht um eine alleinige Zuständigkeit des betroffenen Staates, so dass nach der klassischen Definition keine Intervention vorläge. In dem anderen Fall, in dem der extraterritorial regelnde Staat dagegen keine völkerrechtliche Anknüpfung für seine Regelungen hätte, läge ein Eingriff in eine alleinige Zuständigkeit des betroffenen Staates vor[194]. Das erste Begriffselement einer Intervention, die innere Angelegenheit, wäre damit gegeben.

(2) Mittel der Einmischung

(i) Klassisches Verständnis

Die Einmischung in den Hoheitsbereich anderer Staaten mit militärischen Mitteln wird heute (auch) vom in Art. 2 Nr. 4 UN-Charta geregelten Gewaltverbot erfasst. In welchem Verhältnis Gewaltverbot und Interventionsverbot stehen, soll hier beiseite gelassen werden. Denn die Abgrenzung der Intervention „nach oben“ [195] zu solchen Übergriffen, die (auch) unter das Gewaltverbot subsumierbar wären, spielt für das Thema dieser Untersuchung keine Rolle.

Für das vorliegende Thema „jurisdiktioneller Einmischung“[196] ist dagegen die Abgrenzung „nach unten“ von Bedeutung. Hier stellt sich die Frage, inwieweit weniger schwere oder weniger direkte Formen der Einmischung auch unter den

---

[194] Meng, Extraterritoriale Jurisdiktion, S. 551.

[195] Siehe die Systematik der Abgrenzung des Interventionsverbotes „nach oben“ und „nach unten“ bei Gerlach, Intervention, S. 107ff., 126ff.

[196] Kaffanke, Wirtschaftsrecht, S. 340.

– traditionellen – Interventionsbegriff fallen. Der Interventionsbegriff ging schon früh über die Anwendung oder Androhung physischer, insbesondere militärischer Gewalt hinaus[197]. Dabei ist das Gewalterfordernis durch das Erfordernis des Zwanges als Abgrenzungskriterium zur erlaubten Einflussnahme auf andere Staaten ersetzt worden. Die Umrisse des Interventionsverbotes sind dadurch unschärfer geworden. Nach *Haedrich*[198] muss die Einmischung „gebieterisch, autoritativ, also durch Ausübung oder Androhung von Zwang [...]" erfolgen[199]. Extraterritoriale Regelungen, die ja eine eher indirekte Einflussnahme darstellen, passen nicht in dieses von *Haedrich* gezeichnete Bild der Intervention. Es ist also problematisch, ob extraterritoriale Regelungen im Hinblick auf Einmischungsmittel unter den klassischen Interventionsbegriff fallen.

(ii) Erweitertes Verständnis

In der Literatur gibt es nicht wenige Stimmen, die das Interventionsverbot als einschlägige Norm auch für jurisdiktionelle Einmischungen durch extraterritoriale Jurisdiktion betrachten[200]. So nimmt *Kaffanke*[201] vom klassischen Bild der „gebieterischen, autoritativen Einmischung" Abstand. Der Inhalt des Interventionsverbotes sei von seinem Schutzgut her, nämlich der staatlichen Souveränität, zu bestimmen. Nicht entscheidend seien die Art und Weise oder das Mittel der Einmischung. Vielmehr komme es allein auf deren Wirkung an. Hierbei sei entscheidend, dass „Belange der inneren Selbstbestimmung eines anderen Staates durch – gleich welches – Mittel so tangiert werden, dass der betroffene Staat in der Freiheit der Willensbildung, -entscheidung und -betätigung fühlbar betroffen ist"[202]. Früher sei das Interventionsverbot im wesentlichen auf den

---

197 Vattel, zitiert bei Meng, Extraterritoriale Jurisdiktion, S. 63, Fußnote 299 und bei Kaffanke, Wirtschaftsrecht, S. 291 .

198 Haedrich zu „Intervention" in: Strupp/Schlochauer, Wörterbuch des Völkerrechts II, S. 145.

199 Vgl. auch Ipsen, Völkerecht, S. 955, 957f.; Verdross/Simma, Universelles Völkerrecht, S. 300.

200 Vgl. etwa Meng, Extraterritoriale Jurisdiktion, S. 72; ders., Völkerrechtliche Zulässigkeit, ZaöRV 1984, 675, 749; Meessen, Völkerrechtliche Grundsätze, S. 200 ff., Kaffanke, Wirtschaftsrecht, S. 319 ff.; Ziegenhain, Extraterritoriale Rechtsanwendung, S. 35; a.A. Rehbinder in: Immenga/Mestmäcker, EG-Wettbewerbsrecht Bd. I, Einleitung, Abschnitt I, Teil E, Geltungs- und Anwendungsbereich, Rn. 66, der bei Jurisdiktionskonflikten das Einmischungsverbot für nicht einschlägig hält. Die bloße Wirkung auf ordnungs- und wirtschaftspolitische Entscheidungen des Veranlasserstaates stelle noch keine Einflussnahme im Sinne des Einmischungsverbotes dar.

201 Z. B. Kaffanke, Wirtschaftsrecht, S. 315 ff.

202 Kaffanke, a.a.O., S. 315 f.

Schutz der territorialen Integrität der Staaten beschränkt gewesen[203]. Die tatsächlichen Verhältnisse der Staatenwelt hätten sich jedoch verändert. Mit den wachsenden internationalen wirtschaftlichen Verflechtungen und der damit einhergehenden Interdependenz der Staaten seien neue Einwirkungsmöglichkeiten auf die inneren Strukturen der Staaten entstanden. Der Schutz der Souveränität durch das Interventionsverbot müsse daher auch die neuen Einmischungsformen erfassen.

(iii) Stellungnahme

Es wird zu Recht angenommen, dass sich der Inhalt des Interventionsverbotes – korrespondierend mit einer veränderten Staatenwelt – weiterentwickelt hat. Wenn das Schutzgut, die staatliche Souveränität, heute nicht mehr nur den (territorialen) Bestand des Staates umfasst, sondern auch materielle Inhalte hat, muss das Interventionsverbot als „negative Kehrseite der völkerrechtlich geschützten Souveränität"[204] diese entsprechend schützen.

Souveränität stellt gleichsam die Freiheit des Staates dar, zu entscheiden, wie seine innere Struktur, etwa die Rechts- und Wirtschaftsordnung gestaltet werden soll. Diese Freiheit kann nicht nur durch direkte, „gebieterische", sondern auch durch indirekte Einflussnahme gestört werden. Der von extraterritorialen Regelungen betroffene Staat kann zwar selbst Regelungen treffen, diese können jedoch durch die extraterritorial wirkenden Regelungen unterlaufen werden. So kann der betroffene Staat den in seinem Gebiet ansässigen Unternehmen größtmöglichen Freiraum bei Kartellen lassen und diese – etwa Strukturkrisenkartelle – tolerieren. Wenn jedoch ein anderer Staat diese Kartelle verbietet und sich das Verbot auch auf die in dem betroffenen Staat ansässigen Unternehmen bezieht, kann die Entscheidung des betroffenen Staates, größtmöglichen Freiraum zu lassen, zunichte gemacht werden. Denn Unternehmen, die weiterhin auch in dem anderen Staat tätig sein wollen, werden sich an dessen Kartellverbot halten müssen. Das Interventionsverbot als Schutznorm für staatliche Souveränität „passt" also im Rahmen der Problematik extraterritorialer Jurisdiktion.

Kritisch zu prüfen ist allerdings, ob ein derartig erweitertes Interventions- bzw. Einmischungsverbot nicht lediglich einen Rechtszustand, wie er sein sollte, sondern einen schon bestehenden Rechtszustand darstellt: Dafür, dass sich das gewohnheitsrechtliche Interventionsverbot weiterentwickelt hat und nunmehr einen mit materiellen Inhalten gefüllten Souveränitätsbegriff schützt, der nicht nur die „klassischen" Formen der Einmischung umfasst, sprechen UN-Resolutionen, die eine entsprechende opinio iuris der Staaten anzeigen. In der

---

[203] Kaffanke, a.a.O., S. 294 ff.

[204] Ziegenhain, Extraterritoriale Rechtsanwendung, S. 35; siehe auch Kunig, Nichteinmischungsprinzip, S. 241.

"Friendly-Relations"-Deklaration[205] heißt es: „ No state or group of states has the right to intervene, directly or indirectly, for any reason whatever, in the internal or external affairs of any other state. Consequently, armed intervention and all other forms of interference or attempted threats against the personality of a state or against its political, economic and cultural elements, are in violation of international law. No state may use or encourage the use of economic, political or any other type of measures to coerce another state in order to obtain from it the subordination of the exercise of its sovereign rights and to secure from it advantages of any kind . [...] Every state has an inalienable right to choose its political, economic, social and cultural systems without interference in any form by another state".

Unter den hier weiter gefassten Interventionsbegriff könnte auch die beschriebene jurisdiktionelle Einmischung fallen. Freilich ist zu beachten, dass diese Resolution unter dem besonderen Einfluss der Entwicklungsländer entstanden ist und eine erhöhte Sensibilität dieser Länder gegen Einmischungen jeglicher Form widerspiegelt[206]. Insofern steht sie in einem anderen Kontext als die hier betrachtete Thematik. Andererseits steht sowohl diese Resolution als auch die Problematik der extraterritorialen Rechtsanwendung vor dem Hintergrund neuartiger Einflussmöglichkeiten der Staaten untereinander.

Auch die Staatenpraxis, zumindest die Praxis wichtiger Kartellrechtsnationen wie auch der Europäischen Gemeinschaften, belegt, dass eine Verletzung des Einmischungs- bzw. Interventionsverbotes bei der extraterritorialen Anwendung von Recht in Betracht kommt, weil hierdurch die Souveränität anderer Staaten berührt wird[207]. Im Ergebnis lässt sich daher feststellen, dass das Interventionsverbot auf extraterritoriale Regelungen anwendbar ist.

---

[205] UN GA OR, 25th Session, Supp. No. 18, Res. 2625 (XXV), abgedruckt in AJIL 65 (1971), 243, 248; fast wortgleich schon in „ Declaration on the inadmissability of intervention..."UN GA OR 20th Session, Suppl. No. 14, 11, Res. 2131 (XX).

[206] Oppermann, Nichteinmischungsprinzip, ArchVR 14, S. 321, 332 f.

[207] Ausdrückliche Berufung auf das Einmischungs- bzw. Interventionsverbot im Beschluss des KG vom 1.07.1983, WUW/E OLG 3051, 3052, 3057 f. („Morris-Rothmans"); Beschluss des KG vom 26.11.1980, WUW/E OLG 2419, 2421(„Synthetischer Kautschuk II"); Beschluss des BKartA vom 15.04.1993, WUW/E BKartA 2521, 2540 f. („Zahnradfabrik Friedrichshafen/Allison"); siehe auch BverfGE 63, 343, 369 zum Abgabenrecht; Einmischungsverbot erwähnt imUrteil des EuGH vom 27.09.1988, Rs 89/85 u.a. -, Slg. 1988, 5233, 5244 („Zellstoff"); erwähnt auch im Urteil des EuGH vom 25.03.1999, Rs T-102/96, Slg. 1999 II, S. 753, 788 („Gencor Ltd/Kommission der Europäischen Gemeinschaften"); auch wenn in den US-amerikanischen Entscheidungen der Begriff des Einmischungs- bzw. Interventionsverbotes nicht ausdrücklich genannt wird, wird auch hier ausgeführt, dass die Reglementierung von Verhalten im Ausland die Rechte der betroffenen

c) Zusammenfassung

Das Einmischungs- bzw. Interventionsverbot ist auch bei jurisdiktioneller Einmischung durch Regelungen mit extraterritorialem Anwendungsbereich einschlägig. Allerdings stellt nicht jede extraterritoriale Ausdehnung des Anwendungsbereichs von Regelungen schon eine Verletzung dieses Verbotes dar. Es ist aber jedenfalls dann verletzt, wenn der extraterritorial regelnde Staat über keine völkerrechtlich anerkannte Anknüpfung für seine Regelungen verfügt[208]. In diesem Fall liegt – im Verhältnis zum extraterritorial regelnden Staat – eine ausschließliche Zuständigkeit des betroffenen Staates vor, so dass eine Einmischung in dessen „inneren Angelegenheiten" gegeben ist.

III. Grundsatz der sinnvollen Anknüpfung

Es ist allgemein anerkannt, dass ein Staat nur dann extraterritoriale Regelungen treffen darf, wenn hierfür ein sinnvoller Anknüpfungspunkt, ein „genuine link"[209], zu dem geregelten Auslandssachverhalt vorliegt[210]. Ohne eine solche Anknüpfung würde nach dem oben Gesagten dagegen eine völkerrechtswidrige Einmischung vorliegen.

Staaten berührt. In den Entscheidungen wird daher ein Ausgleich der Interessen des extraterritorial regelndes Staates mit den Interessen des von der Regelung betroffenen Staates durch einen „balancing test" als erforderlich angesehen. Dass extraterritoriale Rechtsanwendung eine Verletzung souveräner Rechte anderer Staaten und damit eine Einmischung im Sinne des Einmischungsverbotes darstellen kann, wird also auch hier implizit anerkannt; vgl. Timberlane Lumber Co. v. Bank of America, 549 F. 2d 597, 611-615 (9th Cir. 1976); Mannington Mills v. Congoleum Corp. 595 F. 2d, 1287, 1291, 1994-1298, 1301-1302 (3rd Cir. 1979); United States v. First National Bank, 396 F. 2d 897, 902, 903 (2d Cir. 1968).

208 Meng, Extraterritoriale Jurisdiktion, S. 551.

209 Begriff des „genuine link" stammt aus dem Urteil des IGH vom 6.04.1955 („Nottebohm – Case"), ICJ - Reports 1955, S. 4, 23, siehe hierzu auch Ziegenhain, Extraterritoriale Rechtsanwendung, S. 1.

210 Verdross/Simma, Universelles Völkerrecht, S. 778; Ziegenhain, Extraterritoriale Rechtsanwendung, S. 47.

1. Anknüpfungsprinzipien

a) Herkömmliche Anknüpfungsprinzipien

Aus der grundsätzlichen Regelungsfreiheit der Staaten[211] ergibt sich, dass der Staat einen Sachverhalt seinen Regeln unterwerfen darf, soweit er ein Anknüpfungsmerkmal wählt, das die Grenzen des Völkerrechts nicht verletzt[212]. Mit anderen Worten sind Staaten in der Wahl ihrer Anknüpfungsprinzipien grundsätzlich frei. Als typisierte Anknüpfungsprinzipien dienen – im Sinne eines nicht abgeschlossenen Kataloges – [213] herkömmlicherweise das Territorialitätsprinzip, das Personalitätsprinzip sowie das Schutzprinzip. Dass das Territorium, in dem sich das geregelte Verhalten abspielt oder in der die einer Regelung unterworfene Sache belegen ist, ein Anknüpfungskriterium darstellt, versteht sich aufgrund der Gebietshoheit des Territorialstaates von selbst. Denn der Territorialstaat hat die Hoheitsgewalt innerhalb seines Staatsgebietes. Beim Personalitätsprinzip wird die Beziehung zwischen dem regelnden Staat und dem geregelten Sachverhalt durch die Staatsangehörigkeit der beteiligten Personen hergestellt[214]. Nach dem im Strafrecht relevanten Schutzprinzip kann ein Staat Delikte, die seine Existenz oder wichtige Interessen bedrohen, unabhängig von ihrem Begehungsort und der Staatsangehörigkeit der handelnden Personen bestrafen[215].

b) Das Auswirkungsprinzip als sinnvolle Anknüpfung

(1) Geltung

Im Bereich des internationalen Wirtschaftsrechts spielt die Anknüpfung mittels des Auswirkungsprinzips eine zentrale Rolle. Danach darf ein Staat sein Recht auch auf Verhalten im Ausland anwenden, wenn es sich im Inland wettbewerbsbeschränkend auswirkt[216]. Das Auswirkungsprinzip trägt der Tatsache Rechnung, dass im Ausland veranlasste Wettbewerbsbeschränkungen die Wirtschaft im gleichen Maße beeinträchtigen können wie im Inland veranlasste. Das Regelungsinteresse kann in beiden Fällen vergleichbar hoch sein.

---

[211] Urteil des StIGH vom 7.9.1927, („Lotus"), PCIJ, Série A No. 9 (1927), S.19.
[212] Vgl. Kaffanke, Wirtschaftsrecht, S. 282.
[213] Meng, Extraterritoriale Jurisdiktion, S. 542.
[214] Meng, Extraterritoriale Jurisdiktion, S. 181ff.
[215] Verdross/Simma, Universelles Völkerrecht, S. 779.
[216] Verdross/Simma, Universelles Völkerrecht, S. 783.

Die Staatenpraxis[217] erkennt das Auswirkungsprinzip überwiegend an. Zwar gab es diplomatische Proteste gegen die extraterritoriale Anwendung des US - amerikanischen und des EG - Kartellrechts[218]. Diese Proteste dienten jedoch in ihrer jeweiligen Situation vor allem dem Schutz konkreter wirtschaftlicher Interessen, so dass sie nicht notwendig als grundsätzliche Ablehnung des Auswirkungsprinzips zu verstehen sind[219]. Darüber hinaus erließen zahlreiche Staaten Abwehrgesetze, welche die Befolgung extraterritorialer Regelungen erschweren sollen (sogenannte „blocking statutes")[220]. Geht man jedoch mit der Lotus - Entscheidung davon aus, dass die Staaten in der extraterritorialen Anwendung ihres Rechts grundsätzlich frei sind und darin lediglich völkerrechtlichen Beschränkungen unterliegen, sind solche Abwehrgesetze und Proteste einiger Staaten nicht erheblich: Denn ein völkerrechtliches Verbot eines bestimmten Anknüpfungsprinzips würde den Konsens der Staatengemeinschaft voraussetzen. Auch wenn einige Staaten das Auswirkungsprinzip ablehnen, führt das somit nicht zu dessen Verbot. Auch in der völkerrechtlichen Lehre wird das Auswirkungsprinzip weitgehend anerkannt [221]. Das Auswirkungsprinzip wird in der weiteren Betrachtung als eine im Grundsatz sinnvolle Anknüpfung vorausgesetzt.

(2) Konkretisierte Anforderungen an die Auswirkungen

Das Auswirkungsprinzip als solches unterliegt allerdings völkerrechtlichen Grenzen. Nicht jede Auswirkung vermittelt eine sinnvolle Anknüpfung. Ansonsten wäre dieses Anknüpfungsprinzip uferlos. In der Staatenpraxis sind die Anforderungen an die Auswirkungen in bestimmten Punkten konkretisiert worden. Zum einen muss es sich um sogenannte „qualifizierte" Auswirkungen han-

---

217 In der amerikanischen Praxis seit „ALCOA": United States v. Aluminium Co. of America, 148 F. 2[d] 416, 443 (2[d] Cir. 1945); zur Praxis der EG siehe Aufsatz von Schwarze, Extraterritoriale Anwendbarkeit, WuW 2001, 1190 ff.; zur Staatenpraxis allgemein siehe Rehbinder in: Immenga/Mestmäcker, GWB, § 130 Abs. 2, Rn. 19 m.w.N.; Rehbinder in: Immenga/Mestmäcker, EG-Wettbewerbsrecht Bd. I, Einleitung, Abschnitt I, Teil E, Rn. 64 m.w.N.

218 Rehbinder in: Immenga/Mestmäcker, EG-Wettbewerbsrecht Bd. I, Einleitung, Abschnitt I, Teil E, Rn. 64 m.w.N.; Basedow, Entwicklungslinien, NJW 89, 636.

219 Rehbinder in: Immenga/Mestmäcker, EG-Wettbewerbsrecht Bd. I, Einleitung, Abschnitt I, Teil E, Rn. 64 m.w.N.

220 Siehe Rehbinder in: Immenga/Mestmäcker EG-Wettbewerbsrecht Bd. I, Einleitung, Abschnitt I, Teil E, Rn. 64 m.w.N sowie Rn. 72; Herdegen, Intern. Wirtschaftsrecht, S. 35 f.; Basedow, Entwicklungslinien, NJW 1989, 627, 636; Verdross/Simma, Universelles Völkerrecht, S. 785.

221 Siehe z. B. Meng, Extraterritoriale Jurisdiktion, S. 527 f. m.w.N.; Rehbinder in: Immenga/Mestmäcker, EG-Wettbewerbsrecht Bd. I, Einleitung, Abschnitt I, Teil E, Rn. 63 m.w.N.

deln[222]. Dabei geht es insbesondere um die Intensität sowie die Zurechenbarkeit von Auswirkungen. Zum anderen stellt sich das Problem der Anknüpfung an nur potentielle Auswirkungen. Qualifizierte Auswirkungen setzen eine gewisse Intensität voraus. So hat die US-Praxis auf „substantial effects“ abgestellt[223]. Auch in der Praxis des Gemeinschaftsrechts werden „beträchtliche“ oder „wesentliche“ Auswirkungen vorausgesetzt[224]. In der Praxis der Bundesrepublik Deutschland ist das Kriterium der Spürbarkeit von Inlandsauswirkungen angewendet worden[225]. Auch die Lehre geht von völkerrechtlichen Mindestanforderungen an die Intensität der Wirkungen aus[226].

In der Staatenpraxis ist das Auswirkungsprinzip zudem hinsichtlich der Zurechenbarkeit der Wirkungen konkretisiert worden. Adressaten kartellrechtlicher Regelungen sollen nur Personen sein, deren Verhalten die Wettbewerbsbeschränkungen verursacht hat. Die Ursachenkette kann jedoch lang sein. Es kann daher viele (Mit-) Verursacher geben. Bei extraterritorialer Anwendung von Kartellrecht ist daher das Eingrenzungskriterium der Unmittelbarkeit der Verursachung herangezogen worden, um die Zurechnung von Fernwirkungen zu vermeiden. Außerdem sollen nur vorhersehbare Auswirkungen zugerechnet werden. Denn nur solche hätte der Adressat bewusst verhindern können, so dass ihm ein normgerechtes Verhalten möglich gewesen wäre[227]. Auch in der Literatur ist

---

[222] Hierzu Fleischer/Körber, Einfluss des US-Antitrustrechts, WuW 2001, 6, 12.

[223] Überblick über die US- Praxis im Hinblick auf Legislative, Exekutive und Judikative bei Schirmer, Auswirkungsprinzip, S. 86 ff., 88 ff., 175.

[224] Durch das materiellrechtliche Spürbarkeitserfordernis im EG-Kartellrecht werden Bagatellauswirkungen ausgeschlossen, vgl. Rehbinder in: Immenga/Mestmäcker, EG-Wettbewerbsrecht Bd. I, Einleitung, Abschnitt I, Teil E, Rn. 69; - vgl. auch Art. 2 Abs. 2, 3 FKVO, der eine „erhebliche“ Wettbewerbsbehinderung verlangt; - Generalanwalt Mayras, abgedruckt im Anschluss an das Urteil des EuGH vom 14.07.1972, Rs 48/69 Slg. 1972, 619, 703 („Imperial Chemical Industries Ltd/ Kommission der EG“): wesentliche“ Auswirkungen; EuG vom 25.03.1999, WuW/E EU-R 213, 217 f. („Gencor/Kommission“): „substantial effect“.

[225] Z.B. Beschluß des KG vom 5.04. 1989 („Organische Pigmente“), WuW/E OLG 1993, 1996 f.

[226] Meessen, Völkerrechtliche Grundsätze, S. 158; Rehbinder in: Immenga/Mestmäcker, EG-Wettbewerbsrecht Bd. I, Einleitung, Abschnitt I, Teil E, Rn. 69; Basedow, Entwicklungslinien, NJW 1989, 627, 637; US-amerikanische Autoren haben im Restatement of the Law (Third), Foreign Relations Law of the United States in § 402 (1 c) einen „substantial effect“ gefordert.

[227] Zum Kriterium der Unmittelbarkeit und der Vorhersehbarkeit („direct and foreseeable effect“) in der US-Praxis siehe Schirmer, Auswirkungsprinzip, S. 93 f., 176 f.; Praxis der Gemeinschaft: Generalanwalt Mayras, abgedruckt im Anschluss an das Urteil des EuGH vom 14.7.1972, Rs 48/69 Slg. 1972, 619, 703 („Imperial Chemical Industries Ltd/ Kom-

das Auswirkungsprinzip zudem hinsichtlich der Zurechenbarkeit der Wirkungen konkretisiert worden[228].

Weiter stellt sich das Problem, ob und inwieweit die Anknüpfung an die bloße Möglichkeit oder Wahrscheinlichkeit von Auswirkungen völkerrechtlichen Bedenken begegnet[229]. Dies spielt insbesondere eine Rolle bei einer präventiv ausgestalteten Fusionskontrolle wie der Europäischen Fusionskontrollverordnung, die an die Erwartung einer wettbewerbsbeschränkenden Marktbeherrschung anknüpft[230]. Auf diese Frage wird an späterer Stelle einzugehen sein.

2. Ausgleich souveräner Rechte durch das Verhältnismäßigkeitsprinzip

a) Vorbemerkungen

Die genauen Anforderungen an eine sinnvolle Anknüpfung können nicht abstrakt bestimmt werden. Vielmehr ist dabei zum einen das Interesse des einen Staates an der Regelung und zum anderen das Ausmaß der Betroffenheit des anderen Staates abzuwägen. So können extraterritoriale Regelungen in einigen Fällen einer engeren, in anderen Fällen einer loseren Anknüpfung an den geregelten Sachverhalt bedürfen. Wie zu zeigen sein wird, geschieht ein solcher Ausgleich der Interessen des regelnden und des betroffenen Staates mittels des Verhältnismäßigkeitsgrundsatzes.

b) Verhältnismäßigkeitsprinzip im Völkerrecht allgemein

Es stellt sich die Frage, ob und inwieweit der Verhältnismäßigkeitsgedanke und das darin enthaltene Abwägungsgebot im Völkerrecht verankert ist. Der Verhältnismäßigkeitsgrundsatz fand zunächst im Rahmen des Völkergewohnheitsrechts, nämlich des Selbstverteidigungsrechts und der Repressalie, Anerkennung. So müssen Maßnahmen der Selbstverteidigung im Verhältnis zum Angriff

---

mission der EG"); EuG vom 25.03.1999, WuW/E EU-R 213, 217 f. („Gencor/Kommission"); Praxis der Bundesrepublik Deutschland: z. B. Beschluß des BGH vom 29.05.1979 WuW/E BGH 1613, 1615 („Organische Pigmente").

228 Meessen, Völkerrechtliche Grundsätze, S. 159ff.; Rehbinder in: Immenga/Mestmäcker, EG-Wettbewerbsrecht Bd. I, Einleitung, Abschnitt I, Teil E, Rn. 69; Meng, Extraterritoriale Jurisdikiton, S. 536, 538 f.

229 Rehbinder in: Immenga/Mestmäcker, EG-Wettbewerbsrecht Bd. I, Einleitung, Abschnitt I, Teil E, Rn. 70; Meng Extraterritoriale Jurisdiktion, S. 535.

230 Siehe Art. 2 FKVO, „[...] beherrschende Stellung [...],durch wirksamer Wettbewerb [...] behindert würde"; vgl. auch Rehbinder in: Immenga/Mestmäcker, EG-Wettbewerbsrecht Bd. I, Einleitung, Abschnitt I, Teil E, Rn. 70.

stehen, Maßnahmen der Repression im Verhältnis zum begangenen Unrecht[231]. Mittlerweile hat der Proportionalitätsgedanke auch in viele andere Gebiete des Völkerrechts Eingang gefunden[232].

Der Verhältnismäßigkeitsgrundsatz zählt zu den fundamentalen Prinzipien der Gerechtigkeit. Laut *Delbrück*[233] „ there is hardly any branch of it (international law) where the applicability of this principle (proportionality) could be denied“. Er könnte sich in der internationalen Gemeinschaft damit schon so weit verfestigt haben, dass er einen allgemeinen Grundsatz des Völkerrechts[234] darstellte und mithin dem Völkergewohnheitsrecht gemäß Art. 38 Nr. 1 lit. b IGH-Statut zuzuordnen wäre. Es könnte sich aber auch um einen allgemeinen Rechtsgrundsatz nach Art. 38 Nr. 1 lit. c IGH-Statut handeln. Denn der Verhältnismäßigkeitsgrundsatz ist in staatlichen Rechtsordnungen universell[235] anzutreffen.

Auch in Entscheidungen des Internationalen Gerichtshofes, und zwar im *North Sea Continental Shelf* – Fall[236] sowie im *Fisheries Jurisdiction*- Fall[237] fanden Proportionalitätserwägungen Eingang. In beiden Fällen ging es darum, durch Abwägung zu einem gerechten Ausgleich der Staateninteressen zu kommen. Zwar wirken die Entscheidungen des IGH gemäß Art. 59 IGH-Statut lediglich inter partes, doch wird in ihnen die Geltung von Völkerrechtsnormen des Vertrags- und Gewohnheitsrechts sowie der allgemeinen Rechtsgrundsätze nach Art. 38 Nr. 1 lit. a bis c IGH - Statut bestätigt und deren genauer Inhalt be-

---

[231] Verdross/Simma, Universelles Völkerrecht, S. 906, 911.

[232] Vgl. Delbrück, Proportionality, in: Bernhard, EPIL III, S. 1140, 1141 ff., der feststellt, dass sich der Proportionalitätsgedanke z. B. im humanitären Völkerrecht sowie im Menschenrechtsschutz, aber auch im Recht der Verträge im Rahmen der zulässigen Reaktionen auf eine Vertragsverletzung nach. Art. 60 der Wiener Vertragsrechtskonvention findet.

[233] Delbrück, Proportionality, in: Bernhard, EPIL III, S. 1140, 1143 f.

[234] Zur Rechtsnatur der allgemeinen Grundsätze des Völkerrechts: Ipsen, Völkerrecht, S. 198ff.

[235] Nach dem Wortlaut des Art. 38 Nr. 1 c genügt es, wenn es sich um einen „von den Kulturvölkern anerkannten allgemeinen Rechtsgrundsatz“ handelt. Insofern kommt es nicht darauf an, dass alle Staaten den Verhältnismäßigkeitsgrundsatz in ihrer Rechtsordnung inkorporiert haben. Dass etwa in Unrechtsregimen das Verhältnismäßigkeitsprinzip keine Geltung hat, steht insofern seiner Qualifizierung als allgemeinem Rechtsgrundsatz nicht entgegen.

[236] Urteil des IGH vom 29.02.1969, ICJ Reports 1969, S. 3, 50 (“North Sea Continental Shelf-Case”).

[237] Urteil des IGH vom 25.07.1974, ICJ Reports 1974, S. 175, 200 (“Fisheries Jurisdiction-Case”).

stimmt. Insofern sind sie gemäß Art. 38 Nr. 1 lit. d IGH-Statut Hilfsmittel zur Feststellung von Rechtsnormen.

Es spricht somit vieles für die allgemeine Geltung des Verhältnismäßigkeitsgrundsatzes und des damit verbundenen Abwägungsgebotes im Völkerrecht. Eine abschließende Entscheidung hierüber braucht indessen nicht getroffen werden. Denn im Folgenden wird zu zeigen sein, dass der Verhältnismäßigkeitsgrundsatz jedenfalls auch für die Beurteilung der völkerrechtlichen Zulässigkeit extraterritorialer Regelungen maßgeblich ist.

c) Verhältnismäßigkeitsprinzip und Abwägungsgebot im Bereich extraterritorialer Regelungen

(1) Geltung

Im Bereich extraterritorialer Regelungen kann eine Abwägungspflicht aus dem Grundsatz der souveränen Staatengleichheit abgeleitet werden. Wie oben aufgezeigt[238], ist die Rechtsordnung einschließlich der Regelungen mit extraterritorialen Bezügen Ausdruck der Souveränität eines Staates. Souveränität wird als „Staatengrundrecht" bezeichnet[239]. So wie allen Menschen in einer auf Freiheits- und Gleichheitsrechten beruhenden Verfassung Grundrechte gleichermaßen zustehen, folgt aus dem Grundsatz der souveränen Gleichheit der Staaten, dass allen Staaten gleichermaßen Souveränität zusteht. Dies bedeutet aber auch, dass die Ausübung dieser souveränen Rechte dort ihre Grenze findet, wo der „Souveränitätsbereich" eines anderen Staates beginnt.

Es ist ausgeführt worden, dass extraterritoriale Regelungen in Konflikt stehen können mit der Rechtsordnung des von der Regelung betroffenen Staates. Dies ist schon dann der Fall, wenn diese bewusst belassene rechtliche „Freiräume" des betroffenen „Territorialstaates" unterlaufen. Zur Lösung solcher Jurisdiktions- und damit Souveränitätskonflikte kann – wie im Verfassungsrecht – der Gedanke der praktischen Konkordanz herangezogen werden[240]. Wo Kollisionen zwischen verfassungsrechtlich geschützten Rechtsgütern entstehen, darf nicht eines auf Kosten des anderen realisiert werden. Vielmehr gebietet das Prinzip der Einheit der Verfassung die weitest mögliche Verwirklichung beider Rechtsgüter. Hierfür müssen beiden Gütern Grenzen gezogen werden, damit beide zu optimaler Wirksamkeit gelangen können. Die Grenzziehungen müssen verhält-

---

[238] Siehe Teil I, 2. Abschnitt, B IV, D I.

[239] Verdross/Simma, Universelles Völkerrecht, S. 274 ff.

[240] Ziegenhain, Extraterritoriale Rechtsanwendung, S. 36 ff.

nismäßig sein. Dies bedeutet, dass sie nicht weiter gehen dürfen als notwendig[241].

Auf die Staatensouveränität übertragen heißt dies, dass jeder Staat seine souveränen Rechte zwar soweit wie möglich, im Verhältnis zu anderen Staaten (mit kollidierenden Interessen) aber nur soweit wie nötig ausüben darf[242]. Wie weit der Staat in der Ausübung seiner souveränen Rechte gehen darf, kann durch Abwägung der widerstreitenden Interessen des regelnden und des betroffenen Staates mittels des Verhältnismäßigkeitsgrundsatzes gelöst werden.

Die Pflicht zur Beachtung von Proportionalitätserwägungen im Bereich der extraterritorialen Anwendung von Kartellrecht bzw. des Rechts der Zusammenschlusskontrolle wird bestätigt durch die US-amerikanische und bundesdeutsche Judikatur, in der sich die Abwägung von Staateninteressen etabliert hat[243]. Im Ergebnis lässt sich somit feststellen, dass die extraterritoriale Ausdehnung des Anwendungsbereiches von Recht verhältnismäßig sein muss.

(2) Abwägung im Rahmen der sinnvollen Anknüpfung

In der Literatur wird vielfach zwischen der Begründung der Regelungszuständigkeit und ihrer Ausübung differenziert[244]. Die Völkerrechtmäßigkeit einer extraterritorialen Regelung wird damit in einem „zweistufigen Aufbau" geprüft: Die Zuständigkeit für eine extraterritoriale Regelung sei begründet, wenn der Staat über eine Verbindung zu dem Regelungsgegenstand im Ausland, nämlich über eine sinnvolle Anknüpfung verfüge. Dabei richtet sich der Blick nach den Vertretern des zweistufigen Aufbaus einseitig auf den extraterritorial regelnden Staat. Der von der Regelung betroffene Staat wird dagegen noch außer Acht gelassen, so dass auf dieser ersten Stufe noch keine Abwägung der Staateninteressen stattfindet. Dies geschieht erst auf der Stufe der Ausübung der Zuständigkeit. Die Begründung der Kompetenz, so die Vertreter des zweistufigen Aufbaus, bedeute noch nicht, dass der Staat diese auch ausüben dürfe. Denn hier könnten kollidierende Interessen anderer Staaten entgegenstehen. Daher wird nunmehr mittels einer Interessenabwägung, bei der die souveränen Rechte des

---

241 Hesse, Verfassungsrecht, S. 28, 142.

242 Vgl. Ziegenhain, Extraterritoriale Rechtsanwendung, S. 36.

243 Abwägung durch „balancing test" in der US-amerikanische Rechtsprechung in Timberlane Lumber Co. v. Bank of America, 549 F. 2d 597, 611-615 (9th Cir. 1976); Mannington Mills v. Congoleum Corp. 595 F. 2d, 1287, 1291, 1994-1298, 1301-1302 (3rd Cir. 1979); United States v. First National Bank, 396 F. 2d 897, 902, 903 (2d Cir. 1968); Beachtung des Verhältnismäßigkeitsgrundsatzes in der bundesdeutschen Rspr durch Beschluß des KG vom 01.07.1983, WUW/E OLG 3051, 3052, 3057 f. („Morris-Rothmans").

244 Z. B. Meng, Extraterritoriale Jurisdiktion, S. 458 ff., 556 ff.; Meessen, Völkerrechtliche Grundsätze, S. 87 ff., S. 173 ff.

regelnden und des von der Regelung betroffenen Staates gegenübergestellt werden, entschieden, ob die Ausübung der Zuständigkeit rechtmäßig sei.

Richtigerweise muss dagegen eine Abwägung der Staateninteressen schon für die Frage der sinnvollen Anknüpfung vorgenommen werden[245]. Dafür spricht, dass sich das Erfordernis einer sinnvollen Anknüpfung letztlich auf das Einmischungsverbot gründet, welches die Souveränität der von der Regelung betroffenen Staaten schützt. Damit wohnt dem Begriff der sinnvollen Anknüpfung die Berücksichtigung und der Ausgleich souveräner Rechte des regelnden und des von der Regelung betroffenen Staates inne[246].

Müssen die souveränen Rechte des regelnden und des betroffenen Staates schon im Rahmen der sinnvollen Anknüpfung im Sinne des Auswirkungsprinzips berücksichtigt werden, bedeutet dies, dass die Anforderungen an eine solche Anknüpfung nicht pauschal festgelegt werden können. Vielmehr müssen je nach extraterritorialer Regelung unterschiedliche Anforderungen an die Qualität der Auswirkungen gestellt werden. Für eine extraterritoriale Regelung, die stark in die Rechte des davon betroffenen Staates eingreift, sind die Anforderungen an die Anknüpfung, d.h. an die Auswirkungen im regelnden Staat höher. Denn nur, wenn von einem Auslandssachverhalt starke Inlandsauswirkungen ausgehen, hat der regelnde Staat auch ein berechtigtes Interesse, diesen Auslandssachverhalt mit – im Hinblick auf den von der Regelung betroffenen Staat – eingriffsintensiven Mitteln zu regeln. Umgekehrt hat ein Staat bei weniger starken Inlandsauswirkungen von Auslandsachverhalten ein geringeres Regelungsinteresse, diese Auslandssachverhalte zu regeln[247]. Daher läge hier für eine extraterritoriale Regelung, die stark in die Rechte des davon betroffenen Staates eingriffe, keine sinnvolle Anknüpfung vor.

Für die Frage, welchen Anforderungen die Inlandsauswirkungen genügen müssen, um eine sinnvolle Anknüpfung für eine extraterritoriale Regelung herzustellen, muss somit eine Abwägung im oben beschriebenen Sinne vorgenommen werden. Insoweit sind Gesichtspunkte der Verhältnismäßigkeit (schon) im Rahmen des „genuine link“ maßgeblich.

(3) Ergebnis

Die extraterritoriale Regelung muss verhältnismäßig sein, d.h. sie darf nicht übermäßig in die souveränen Rechte des betroffenen Staates eingreifen. Mithin müssen Rechtssätze mit Auslandsbezug und deren Anwendung einer bestimm-

---

245 In diese Richtung auch Ziegenhain, Extraterritoriale Rechtsanwendung, S. 48 ff.

246 Ziegenhain, Extraterritoriale Rechtsanwendung, S. 47.

247 Vgl. Meessen, Völkerrechtliche Grundsätze, S. 158.

ten Relation zwischen Zweck und Mittel genügen[248]. Im Kartellrecht bzw. im Recht der Zusammenschlusskontrolle dient das Mittel der extraterritorialen Regelung dem Zweck, Wettbewerbsbeschränkungen, die im Ausland veranlasst wurden, zu verhindern oder zu beseitigen. Letztlich soll die selbstbestimmte Wirtschaftsordnung des Staates – hier dessen Wettbewerbsordnung – geschützt werden.

Der Verhältnismäßigkeitsgrundsatz verlangt erstens, dass die extraterritoriale Regelung geeignet ist, um den angestrebten Zweck zu erreichen. Sie muss zweitens erforderlich sein, d.h. sie darf souveräne Rechte des betroffenen Staates so wenig wie möglich berühren. Es muss, mit anderen Worten, das mildeste Mittel gewählt werden. In seiner Morris - Rothmanns - Entscheidung hält beispielsweise das Kammergericht die Untersagung des gesamten ausländischen Zusammenschlusses für unnötig, weil eine Entflechtung der Inlandstöchter die Belange der innerstaatlichen Wettbewerbsordnung hinreichend schützte[249].

Geeignetheit und Erforderlichkeit sind die Grundelemente des Verhältnismäßigkeitsgrundsatzes. Hinzu kommt die – im nationalen Recht als Angemessenheit oder Verhältnismäßigkeit im engeren Sinne bezeichnete – eigentliche Güterabwägung. Im Rahmen der extraterritorialen Jurisdiktion handelt es sich um die Abwägung der betroffenen Staateninteressen. Dabei wird das eingesetzte Mittel, hier die extraterritoriale Regelung, und der damit verbundene Eingriff in souveräne Rechte anderer Staaten in Relation gesetzt zu dem angestrebten Regelungszweck. Denn auch eine an sich erforderliche Maßnahme ist unzulässig, wenn sie außer Verhältnis zu dem mit ihr verfolgten Zweck steht.

Der mit der Regelung verfolgte Zweck ist umso gewichtiger, je stärker die wirtschaftliche Ordnung durch wettbewerbsbeschränkende Auswirkungen bedroht oder bereits beeinträchtigt ist. Nur wenn der Wettbewerb des regelnden Staates durch wettbewerbsbeschränkende Auswirkungen stark bedroht oder bereits beeinträchtigt ist, ist auch eine extraterritoriale Regelung, die in hohem Maße in einen anderen Staat „hineinregelt", gerechtfertigt. Allgemein gesprochen heißt dies: Je intensiver die Regelung in die wirtschaftliche Souveränität eines anderen Staates eingreift, desto höhere Anforderungen müssen an die sinnvolle Anknüpfung, d.h. an die Qualität der Auswirkungen, gestellt werden.

E. Bindung der EG an völkerrechtliche Regeln über die Abgrenzung von Jurisdiktion

Die völkerrechtlichen Regeln über die extraterritoriale Rechtsanwendung haben sich für die Abgrenzung von Jurisdiktionsbereichen von Staaten herausgebildet.

---

248 Meessen, Völkerrechtliche Grundsätze, S. 199.

249 Beschluß des KG vom 1.07.1983, WuW/E, OLG 3051, 3057 („Morris/Rothmans").

Jurisdiktion ist ein Ausfluss von staatlicher Souveränität. Die völkerrechtlichen Regeln über die Jurisdiktion beruhen letztlich auf dem Grundsatz der souveränen Gleichheit der Staaten und dem Interventionsverbot als Schutznorm der Souveränität.

Die Gemeinschaft hat keine Staatsqualität; sie stellt aufgrund des großen Ausmaßes selbständiger Befugnisse allerdings eine staatsähnliche Gemeinschaft sui generis dar[250]. Fraglich ist, ob sie an die völkerrechtlichen Regeln über die extraterritoriale Rechtsanwendung gebunden ist. Dies setzt voraus, dass sie völkerrechtsfähig, d.h. Träger eigener völkerrechtlicher Rechte und Pflichten ist. Die Mitgliedstaaten haben die Gemeinschaft im EG-Vertrag in Art. 281 mit Völkerrechtsfähigkeit ausgestattet. Nach dem Wortlaut dieser Vorschrift besitzt die Gemeinschaft „Rechtspersönlichkeit". Dass hierunter die Völkerrechtspersönlichkeit der Gemeinschaft zu verstehen ist, ergibt sich bei systematischer Auslegung aus dem Zusammenhang von Art. 281 mit der folgenden Vorschrift: Da Art. 282 die Rechts- und Geschäftsfähigkeit der EG in den Mitgliedstaaten regelt, kann mit „Rechtspersönlichkeit" in Art. 281 nicht die innerstaatliche Rechtssubjektivität, sondern nur die Völkerrechtssubjektivität gemeint sein[251]. Dass die Gemeinschaft ein von den Mitgliedstaaten gekorenes Völkerrechtssubjekt ist, bindet indessen Drittstaaten noch nicht. Diese müssen die Gemeinschaft vielmehr als Völkerrechtssubjekt ausdrücklich oder konkludent anerkennen. Da solche Anerkennungsakte durch Staaten auf der ganzen Welt stattgefunden haben, dürfte die Völkerrechtsfähigkeit der Gemeinschaft heute universell wirksam sein[252].

Da die Gemeinschaft anders als der Staat nicht über eine originäre, sondern über eine von den Mitgliedstaaten abgeleitete Völkerrechtsfähigkeit verfügt, ist diese nicht allumfassend, sondern funktionell begrenzt. Grundsätzlich beschränkt sie sich nach dem in Art. 5 Abs. 1 EGV niedergelegten Prinzip der begrenzten Einzelermächtigung auf die Bereiche, die der Gemeinschaft durch die Mitgliedstaaten im EGV eingeräumt wurden[253]. Im Bereich des Wettbewerbsrechts haben die Mitgliedstaaten der Gemeinschaft Kompetenzen in den Artt. 81 ff. EGV über-

---

[250] Oppermann, Europarecht, S. 743.

[251] Krück in: Schwarze, EU-Kommentar, Art. 281, Rn. 1; Urteil des EuGH vom 31.03. 1971, Rs 22/70, Slg. 1971, 263 („Kommission der EG/ Rat der EG") - Die abstrakte Verleihung der Völkerrechtsfähigkeit wird zudem bestätigt in Art. 111 Abs. 3, 133, 170, 174 Abs. 4, 181 und 310 EGV, die der EG konkrete völkerrechtliche Kompetenzen übertragen, vgl. Simma/Vedder in: Grabitz/Hilf, EGV, Art. 281, Rn. 3.

[252] Simma/Vedder in: Grabitz/Hilf, EGV, Art. 281, Rn. 10.

[253] Grundlegend: Urteil des EuGH vom 31.03.1971, Rs. 22/70, Slg. 1971, 263, Rn. 14 („Kommission der EG/ Rat der EG"); Ukrow in: Callies/Ruffert, EUV/EGV, Art. 281, Rn. 4.

tragen. Während die Mitgliedstaaten weiter für Wettbewerbsbeschränkungen auf den mitgliedstaatlichen Märkten zuständig sind, ist der Gemeinschaft die Zuständigkeit für Wettbewerbsbeschränkungen auf dem Gemeinsamen Markt übertragen worden. Auf diesem Gebiet ist die Gemeinschaft daher mit Völkerrechtsfähigkeit ausgestattet.

Eine Konsequenz der Völkerrechtsfähigkeit in den „vergemeinschafteten" Bereichen ist, dass die Gemeinschaft nicht nur an Völkervertragsrecht, sondern auch an Völkergewohnheitsrecht und die allgemeinen Rechtsgrundsätze gebunden ist, soweit diese ihrem Wesen nach auf die Gemeinschaft anwendbar sind[254]. Hierzu zählt etwa das Interventionsverbot. In diesem Rahmen ist insbesondere die Achtung des souveränen Rechts von Drittstaaten auf eine eigenständige Rechtsordnung und damit Freiheit von jurisdiktioneller Einmischung von Bedeutung. Bei der extraterritorialen Anwendung des EG-Wettbewerbsrechts ist die Gemeinschaft daher an die völkerrechtliche Regeln über die Abgrenzung der Jurisdiktion gebunden[255]. Tatsächlich kommt die Problematik der Abgrenzung der Jurisdiktionsbereiche im Wettbewerbsrecht zwischen Staaten derjenigen zwischen der EG und Drittstaaten gleich.

Die grundsätzliche Bindung der Gemeinschaft an die völkerrechtlichen Regeln über die extraterritoriale Jurisdiktion hat der EuGH im Zellstoff- Fall, dessen Gegenstand die Anwendung des EG-Kartellrechts auf Drittstaaten- Unternehmen war, stillschweigend bestätigt[256].

---

[254] Simma/Vedder in: Grabitz/Hilf, EGV, Art. 281, Rn. 12.

[255] Oppermann, Europarecht, S. 744, Simma/Vedder in: Grabitz/Hilf, EGV, Art. 281, Rn. 12; vgl. auch Schlussanträge des Generalanwalts Mayras zum Farbstoffe Verfahren, abgedruckt im Anschluss an das Urteil des EuGH, vom 14.7.1972, Rs. 48/69, Slg. 1972, 619 ff., 667, 699 („Imperial Chemical Industries Ltd/ Kommission der EG).

[256] Urteil des EuGH vom 17.09.1988. Rs. 89/85 u.a., Slg. 1988, 5193, 5203 f., 5214 ff., 5243 f. („Zellstoff").

2. Teil: Die extraterritoriale Anwendbarkeit der Fusionskontrolle in der Staatenpraxis

Im Folgenden soll dargestellt werden, ob und in welcher Weise Staaten den Anwendungsbereich ihrer Fusionskontrolle extraterritorial ausdehnen[257]. Hierfür wird zunächst ein Überblick über die diesbezügliche Staatenpraxis gegeben. Daraufhin wird die extraterritoriale Anwendbarkeit der Fusionskontrolle an ausgewählten Länderbeispielen, nämlich den USA, der Schweiz sowie der Bundesrepublik Deutschland gezeigt werden.

1. Abschnitt: Überblick über die Staatenpraxis

A. Territorialitäts- und Personalitätsprinzip

In nur noch wenigen Staaten ist für die Anwendbarkeit der Fusionskontrolle Voraussetzung, dass Zusammenschlussbeteiligte oder zumindest deren Tochtergesellschaften im Inland ansässig sind oder der Zusammenschluss im Inland vollzogen wird, dass also eine Anknüpfung über das Personalitäts- bzw. Territorialitätsprinzip hergestellt werden muss.

So werden etwa Transaktionen außerhalb **Indonesiens** nicht vom Indonesischen Recht erfasst[258]. In **Neuseeland** bezieht sich zwar der Anwendungsbereich der relevanten gesetzlichen Bestimmungen auch auf Verhalten außerhalb Neuseelands „to the extent that such conduct affects a market in New Zealand“; indessen hat die zuständige Behörde hierzu erklärt, dass sie wahrscheinlich nur Ermittlungen einleiten werde, wenn wenigstens eines der beteiligten Unternehmen ein Inlandsunternehmen darstelle oder zumindest im Inland präsent sei[259]. Ähnlich verhält es sich in **Brasilien**[260], wo prinzipiell zwar ebenfalls jeder Zusammenschluss, der den Brasilianischen Markt berühren könnte, erfasst wird, die zuständige Behörde jedoch die brasilianische Zuständigkeit verneint, wenn bei ausländischen Zusammenschlussbeteiligten die Verbindung zum Inland nur durch Exporte nach Brasilien hergestellt wird. Insofern ist auch hier eine – territoriale – Präsenz der Unternehmen in Brasilien erforderlich.

Einige Staaten verlangen zumindest über Tochtergesellschaften im Inland eine Anknüpfung nach dem Prinzip der Unternehmenseinheit[261]. Danach ist für eine Anknüpfung einer Regelung von Auslandssachverhalten nicht notwendig, dass

[257] Siehe hierzu im Folgenden alphabetisch geordneter Überblick über die Staatenpraxis bei Campbell/Davies, Merger Control 2003, S. 13 ff.

[258] Campbell/Davies, Merger Control 2002, S. 102f.

[259] Campbell/Davies, Merger Control 2003, S. 159.

[260] Campbell/Davies, Merger Control 2003, S. 35.

[261] Zum Prinzip der Unternehmenseinheit: Meng, Extraterritoriale Jurisdiktion, S. 520.

das beteiligte Unternehmen selbst im Inland ansässig ist. Vielmehr wird der Bezug zum regelnden Staat durch Inlandsunternehmen, die unter der Kontrolle des ausländischen Beteiligten stehen, hergestellt. Aufgrund seiner Leitungsmacht sei das beteiligte Unternehmen im Ausland – vermittelt durch das kontrollierte Inlandsunternehmen, auf dessen Entscheidungen es Einfluss nehmen könne – gewissermaßen auch im Inland präsent. So sind Zusammenschlüsse zwischen ausländischen Unternehmen in **Japan** nur dann anmeldepflichtig, wenn – neben der Erfüllung der Aufgreifschwellenwerte – beide ausländische Beteiligte entweder über Zweigniederlassungen oder über Tochtergesellschaften in Japan verfügen[262]. **Finnland** verlangt, dass entweder das Zielunternehmen der Transaktion selbst oder ein Unternehmen, welches vom Zielunternehmen kontrolliert wird, „Geschäftstätigkeiten in Finnland ausübt". Dies setzt nach einer Mitteilung der finnischen Kartellbehörde eine physische Präsenz auf finnischem Territorium voraus. Damit sind z. B. eine Zweigniederlassung oder auch die Ausübung von Wartungs- oder anderen Dienstleistungen gemeint. Nicht ausreichend sei dagegen der bloße Import von Gütern[263].

B. Auswirkungsprinzip

Bei der überwiegenden Mehrheit der Staaten spielt es keine Rolle, ob die Beteiligten oder von ihnen kontrollierte Unternehmen im Inland ihren Sitz haben, dort in sonstiger Weise physisch präsent sind, oder der Zusammenschluss dort realisiert wird. Vielmehr sollen auch reine Auslandszusammenschlüsse von der Fusionskontrolle erfasst und – gegebenenfalls – untersagt werden können. Eine Anknüpfung wird dabei durch das Auswirkungsprinzip begründet. Demnach kommt es lediglich auf – tatsächliche oder potentielle – wettbewerbsbeschränkende Auswirkungen des Auslandszusammenschlusses im Inland an.

Allerdings ist zwischen dem Vorliegen der Untersagungsvoraussetzungen, der Eingreifkriterien, und – ggf. vorgelagerten – Anwendbarkeitskriterien, mit denen erst die Zuständigkeit begründet wird, zu unterscheiden. Das Vorliegen dieser Kriterien löst in vielen Staaten die Anmeldepflicht und – bei präventiver Fusionskontrolle – das Verbot aus, den Zusammenschluss vor der Freigabe zu vollziehen. Gegenstand sollen hier die Anwendbarkeitskriterien sein. Dabei soll untersucht werden, ob die Staaten schon die extraterritoriale Anwendbarkeit ihrer Fusionskontrolle an das Vorliegen materieller wettbewerbsbeschränkender Auswirkungen knüpfen.

---

262 Campbell/Davies, Merger Control 2003, S. 127 f.

263 Schulze Steinen, Finnisches Gesetz gegen Wettbewerbsbeschränkungen, EuZW 1999, 303, 305.

I. Materielle Kriterien

Lediglich vereinzelt spielen schon für die Frage, ob der Anwendungsbereich der jeweiligen Zusammenschlusskontrollvorschriften eröffnet ist, materielle Erwägungen eine Rolle, nämlich die Frage, ob der Zusammenschluss negative Auswirkungen auf den inländischen Wettbewerb hat. Insofern stellen die nachfolgend behandelten Staaten eher Ausnahmen dar. In **Norwegen** sollen alle Auslandszusammenschlüsse erfasst werden, die norwegische Märkte berühren. Es gibt keine formalisierten Schwellenwerte als Aufgreifkriterien, bei denen die Wettbewerbsbehörde Ermittlungen aufnehmen muss, sondern lediglich für die Behörde unverbindliche Leitlinien. Danach sollen wettbewerbsrechtliche Untersuchungen nur dann aufgenommen werden, wenn in Folge einer Transaktion ein gemeinsamer Marktanteil der Zusammenschlussbeteiligten von über 40% entsteht, oder der Marktanteil der drei größten Marktteilnehmer (einschließlich der Zusammenschlussbeteiligten) 60% überschreitet[264]. Es besteht weder eine vorherige Anmeldepflicht noch ein generelles Vollzugsverbot. Es handelt sich damit um ein System der nachträglichen Zusammenschlusskontrolle, bei denen sich die Unternehmen nicht selbst melden müssen, sondern die Behörde in der Regel erst einschreitet, wenn zumindest Anzeichen für eine Wettbewerbsbeschränkung vorliegen[265].

Anders liegen die Dinge in der **Slowakischen** Republik, welche über eine präventive Fusionskontrolle mit vorheriger Anmeldepflicht und Vollzugsverbot bis zur Freigabe verfügt. Hier sind die Vorschriften der Fusionskontrolle, d.h. auch schon Anmeldepflicht und Vollzugsverbot, dann extraterritorial anwendbar, wenn der Zusammenschluss nicht nur die Umsatz- oder Marktanteilsschwellen erfüllt, sondern auch zu einer Wettbewerbsbeschränkung im Inland führen könnte. Dieses Kriterium hat jedoch aufgrund seiner Unschärfe für die Unternehmen zu Rechtsunsicherheit geführt. Auch aus diesem Grund sieht das Wettbewerbsrecht jetzt vor, dass die Parteien im Vorfeld ihrer geplanten Transaktion von der Wettbewerbsbehörde eine Erklärung darüber verlangen können, ob ihr Zusammenschluss in den Anwendungsbereich der Zusammenschlusskontrolle fällt und damit der zwingenden Notifizierung (und dem vorläufigen Vollzugsverbot) unterliegt[266].

---

264 Campbell/Davies, Merger Control 2003, S. 164.

265 Die Behörde kann allerdings bei begründetem Verdacht einer Wettbewerbsbeschränkung den Vollzug eines Zusammenschlusses verbieten, Campbell/Davies, Merger Control 2003, S. 164.

266 Campbell/Davies, Merger Control 2003, S. 190 ff.

II. Formale Kriterien

1. Vorbemerkungen

Die meisten Staaten wenden indessen auf der Stufe der Anwendbarkeit ihrer Zusammenschlusskontrolle auch für Auslandszusammenschlüsse keine materiellen Kriterien an. Ob ein Zusammenschluss materiell wettbewerbsbeschränkende Auswirkungen hat oder haben könnte, wird erst auf der Stufe der Prüfung der Untersagungsvoraussetzungen entschieden. Stattdessen sind für die Anwendbarkeit, die in den meisten Fällen die Anmeldepflicht und die Pflicht zur Aussetzung des Vollzuges des Zusammenschlusses zur Folge hat, pauschale Kriterien ausschlaggebend. In den meisten Fällen müssen bestimmte Schwellenwerte, und zwar in Bezug auf Umsätze, Marktanteile oder Vermögenswerte („assets") überschritten werden. Wenn Auslandszusammenschlüsse die betreffenden Kriterien erfüllen, fallen auch sie unter die Anmeldepflicht und das Vollzugsverbot.

2. Umsatzschwellen

So stellen etwa **Belgien**[267], **Dänemark**[268], **Österreich**[269], **Italien**[270], die **Niederlande**[271], **Schweden**[272], **Tschechien**[273] und **Litauen**[274] – auch für Auslandszusammenschlüsse – ausschließlich auf zu überschreitende Umsatzschwellen ab. In dieselbe Kategorie fällt die **Bundesrepublik Deutschland**[275], auf die noch ausführlich eingegangen wird.

3. Umsatzschwellen oder Marktanteilsschwellen

Andere Staaten wie **Spanien**[276], **Griechenland**[277], **Bulgarien**[278] verwenden als Aufgreifkriterien auch für Auslandszusammenschlüsse alternativ Marktanteils-

---

267 Campbell/Davies, Merger Control 2003, S. 30.
268 Campbell/Davies, Merger Control 2003, S. 66 f.
269 Campbell/Davies, Merger Control 2003, S. 26 f.
270 Campbell/Davies, Merger Control 2003, S. 122.
271 Campbell/Davies, Merger Control 2003, S. 153 f.
272 Campbell/Davies, Merger Control 2003, S. 205 f.
273 Walkerová/Zwetkow, Das neue tschechische Kartellgesetz, ZvglRWiss 101 (2002), 75, 78.
274 Campbell/Davies, Merger Control 2003, S. 140 f.
275 Campbell/Davies, Merger Control 2003, S. 94.
276 Campbell/Davies, Merger Control 2003, S. 200 f.
277 Campbell/Davies, Merger Control 2002, S. 90 f.
278 Campbell/Davies, Merger Control 2003, S. 39 f.

schwellen oder Umsatzschwellen. Es reicht also, wie bei der FKVO, die Überschreitung bestimmter Umsätze.

4. Umsatzschwellen und Marktanteilsschwellen

Das 2001 in **Polen**[279] in Kraft getretene revidierte Kartellgesetz setzt für die vorherige Anmeldepflicht und das Vollzugsverbot voraus, dass die Beteiligten weltweit einen bestimmten Umsatzschwellenwert überschreiten. Darüber hinaus müssen gewisse Fallgruppen von Zusammenschlüssen auch einen bestimmten Inlandsumsatz erzielen[280]. Unabhängig vom Umsatz besteht aber dann keine Anmeldepflicht, wenn der zusammengerechnete Marktanteil der Beteiligten einen bestimmten Wert nicht übersteigt. Insofern müssen kumulativ Umsatz- und Marktanteilsschwellen überschritten werden.

Die polnische Zusammenschlusskontrolle ist auf Auslandszusammenschlüsse anwendbar, wenn sich diese in Polen auswirken oder auswirken könnten. Das Auswirkungsprinzip wird dahingehend ausgelegt, dass – tatsächliche oder potentielle – Auswirkungen dann angenommen werden, wenn zumindest ein am Zusammenschluss beteiligtes Unternehmen Verkäufe in Polen tätigt[281]. Bei den Zusammenschlusskategorien, bei denen, wie oben gesagt, neben einem weltweiten Gesamtumsatz zusätzlich ein gewisser Inlandsumsatz erreicht werden muss, wären auch immer Verkäufe in Polen gegeben. Bei Auslandszusammenschlüssen dieser Kategorien wären nach der obigen Auslegung also gleichzeitig immer auch Auswirkungen anzunehmen, so dass die polnische Zusammenschlusskontrolle anwendbar wäre, und eine Anmeldepflicht sowie ein vorläufiges Vollzugsverbot bestünde.

5. Auf Vermögenswerte („assets“) bezogene Schwellen und/oder Umsatzschwellen

Neben Umsätzen und Marktanteilen stellen einige Staaten auf das formale Aufgreifkriterium der Vermögenswerte („assets“) ab. Es sind dies etwa die USA und Südafrika. Die Aufgreifkriterien der Fusionskontrolle in den USA und deren extraterritoriale Reichweite werden im nächsten Abschnitt behandelt werden. In

[279] Siehe Überblick bei Zinser, Fusionskontrolle im polnischen Recht, WuW 2002, 25 ff.; Campbell/Davies, Merger Control 2003, S. 168 ff.

[280] Es handelt sich dabei um folgende Fallgruppen: Erlangung der Kontrolle durch den Erwerb von Anteilsrechten oder Vermögenswerten; Anteilserwerb an einem weiteren Unternehmen und dadurch Erlangung von mindestens 25% der Stimmrechte, vgl. Zinser, a.a.O., 28; Campbell/Davies, Merger Control 2003, S. 168.

[281] Campbell/Davies, Merger Control 2003, S. 169.

Südafrika[282] werden bedeutsame Zusammenschlüsse alternativ mittels Umsatzschwellenwerten oder Schwellenwerten hinsichtlich der Vermögenswerte („assets“) erfasst. Je nachdem, welchen Betrag die Umsatzerlöse „into or from the Republic“ (d.h. Südafrika) oder Vermögenswerte (in Südafrika) erreichen, handelt es sich um einen kleinen, mittleren oder großen Zusammenschluss. Mittlere und große Zusammenschlüsse unterliegen im Unterschied zu kleinen Zusammenschlüssen der Anmeldepflicht vor ihrem Vollzug und dem Vollzugsverbot bis zu ihrer Freigabe. Kleine Zusammenschlüsse dürfen die Unternehmen ohne behördliche Zustimmung vollziehen. Sie müssen auch nicht angemeldet werden, es sei denn, dass die Behörde dazu auffordert. Die Wettbewerbsbehörde vertritt informell die Ansicht, dass der Anwendungsbereich der Fusionskontrolle auch für Auslandszusammenschlüsse eröffnet sei, wenn eines der am Zusammenschluss beteiligten Unternehmen Umsatz in Südafrika erziele.

2. Abschnitt: Ausgewählte Staaten

A. USA

Die USA gehörten bis in die jüngste Vergangenheit zu den Staaten, die Auslandszusammenschlüsse, und zwar den Erwerb von Vermögenswerten im Ausland durch eine ausländische Person, von der Anmeldepflicht und dem Vollzugsverbot ausnahmen. Damit entfiel die präventive Fusionskontrolle für Zusammenschlüsse, für die weder über das Personalitätsprinzip noch über das Territorialitätsprinzip eine Anknüpfung hergestellt werden konnte. Heute können Zusammenschlüsse, wie nachfolgend dargestellt wird, auch ohne eine solche personale oder territoriale Anbindung der Anmeldepflicht oder dem Vollzugsverbot unterfallen .

I. Grundsätze

Bei der Zusammenschlusskontrolle ist vor allem Section 7 des Clayton Acts[283] einschlägig[284]. Danach ist der Erwerb von Aktien oder anderen Gesellschaftsanteilen („stock or other share capital“) oder Vermögenswerten („assets“) untersagt, „where [...] the effect of such acquisition may be substantially to lessen competition, or to tend to create a monopoly“.

---

282 Campbell/Davies, Merger Control 2003, S. 195 ff.

283 15 U.S.C. § 18.

284 Daneben können Zusammenschlüsse als „unreasonable restraints of trade or as attempts at monopolisation“ auch unter Section 1 oder 2 des Sherman Acts fallen, vgl. Campbell/Davies, Merger Control 2003, S. 234.

Im Unterschied zu diesen Eingreifkriterien, die eine materielle Prüfung erfordern, verwendet das US-amerikanische Recht für die Anmeldepflicht und das Vollzugsverbot pauschale Aufgreifkriterien, und zwar die Überschreitung formaler Schwellenwerte. Diese sind in Section 7 A Clayton Act[285] geregelt: Nach dieser Vorschrift hängen Anmeldepflicht und vorläufiges Vollzugsverbot grundsätzlich erstens davon ab, ob das erwerbende oder erworbene Unternehmen im (US-) Handel tätig ist oder seine Tätigkeit den (US-) Handel in irgendeiner Weise berühren könnte („[...] engaged in commerce or in any activity affecting commerce", sog. „commerce test")[286]. Hierfür reichen etwa Verkäufe in den USA.

Zweitens ist die Größe der Transaktion selbst maßgeblich („size-of-transaction test"). Dabei kommt es auf die Menge der Vermögenswerte („assets") und der stimmberechtigten Aktien („voting securities") an, die das erwerbende Unternehmen weltweit nach dem Erwerb im Ergebnis innehaben wird[287]. Wenn der „size-of-transaction test" einen bestimmten Schwellenwert, und zwar derzeit 200 Mio. US-$[288], überschreitet, unterliegt der Zusammenschluss ohne weitere Prüfung der Anmeldepflicht und dem Vollzugsverbot. Beträgt die Größe der Transaktion lediglich 50 Mio. US-$ oder weniger, fällt der Zusammenschluss aus der präventiven Kontrolle mit Anmeldepflicht und Vollzugsverbot, den sog. „premerger requirements", gänzlich heraus. Überschreitet die size-of-transaction" den Schwellenwert von 50 Mio. US-$, unterschreitet sie aber den Schwellenwert von 200 Mio. US-$, ist drittens kumulativ die Größe der Beteiligten entscheidend. Der sog. „size-of-parties test" berücksichtigt sowohl die Größe des erwerbenden als auch die des erworbenen Unternehmens. Die Voraussetzungen sind erfüllt, wenn das erworbene und das erwerbende Unterneh-

---

[285] 15 U.S.C. § 18 a, sog. Hart-Scott-Rodino Antitrust Improvements Act.

[286] Der Wortlaut des § 7 A Clayton Act, 15 U.S.C. § 18a spricht lediglich von „commerce", d.h. nicht vom Handel bezogen auf die Vereinigten Staaten. Indessen kann „commerce" nur im letzteren Sinne verstanden werden. Denn es versteht sich von selbst, dass bei jedem Zusammenschluss das erwerbende und das erworbene Unternehmen aufgrund ihrer Eigenschaft als Unternehmen in irgendeiner Weise im Handel tätig sind. Der „commerce test" stellt somit nur dann einen Test, d.h. ein bestimmtes zu erfüllendes Aufgreifkriterium dar, wenn entweder das erwerbende oder das erworbene Unternehmen eine Berührung zum US-Handel aufweisen.

[287] Es müssen somit die „voting securies" sowie „assets", die das erwerbende Unternehmen vor der Transaktion innehatte, und diejenigen „voting securities" und „assets", die das Unternehmen durch die Transaktion erwerben wird, in die Berechnung einbezogen werden, vgl. Campbell/Davies, Merger Control 2003, S. 235.

[288] Alle in § 7 A Clayton Act vorgesehenen Schwellenwerte werden, wie in der Vorschrift selbst geregelt ist, in Zukunft dem Wachstum des Bruttosozialproduktes angepasst.

men weltweit jeweils bestimmte Umsatzerlöse erreichen oder über Vermögenswerte („assets“) in bestimmter Höhe verfügen.

Weder der „commerce test“ noch der „size-of-transaction test“ oder der „size-of-parties test“ setzen voraus, dass es sich bei den Beteiligten um US-Unternehmen handeln muss oder diese Tochtergesellschaften in den USA haben müssen. Auch kommt es nicht darauf an, dass der Zusammenschluss in den USA realisiert wird oder dass sich dort etwa Produktionsstätten oder Niederlassungen befinden müssen.

II. Ausnahmeregelung für Auslandszusammenschlüsse

Section 7 A (d) Clayton Act ermächtigt die Federal Trade Commission „with the concurrence of the Assistent Attorney General“[289], sogenannte „rules“ zu erlassen. Danach sollen bestimmte Kategorien von Zusammenschlüssen, die das Fusionskontrollrecht wahrscheinlich nicht verletzen, von den „premerger requirements“ ausgenommen werden[290]. Die Federal Trade Commission hat von dieser Ermächtigung in ihren sog. „Premerger Notification Rules“[291] Gebrauch gemacht, indem sie „Exemption Rules“ erlassen hat, die Ausnahmeregelungen für Auslandszusammenschlüsse vorsehen.

1. Bisherige Regelung

Vor der Neufassung der „Premerger Notification Rules“ hieß es in Section 802.51 a. F. der „Rules“ unter der Überschrift „acquisitions by foreign persons“: „An acquisition by a foreign person shall be exempt from the requirements of the act, if (a) The acquisition is of assets located outside the United States;...”[292].

Damit waren ausländische Unternehmen, welche Vermögenswerte („assets“) im Ausland erwarben, von der Notifizierungspflicht und der Wartezeit bis zum Vollzug des Zusammenschlusses befreit. Mithin war eine – territoriale – Verbindung durch in den USA befindliche Vermögenswerte Voraussetzung für das Eingreifen des Instrumentariums der präventiven Zusammenschlusskontrolle.

---

[289] Die Rules müssen damit im Einvernehmen mit dem Abteilungsleiter der Kartellrechtsabteilung im Justizministerium erlassen werden.

[290] § 7 A Clayton Act, 15 U.S.C. § 18 a, (d).

[291] 16 CFR (Code of Federal Regulations) Part 801 and 802; es braucht hier nicht entschieden zu werden, ob die „Rules“ Verordnungscharakter haben, oder es sich um Verwaltungsvorschriften handelt.

[292] 16 CFR, Section 802.

Die frühere „Blankofreistellung“ für den Erwerb von „assets“ im Ausland durch ausländische Unternehmen beruhte auf der Annahme, dass solche Transaktionen die US-Wirtschaft nicht beeinflussen könnten. Die von den US-Antitrust-Behörden, der Federal Trade Commission sowie der Antitrust-Abteilung des Justizministeriums, gesammelten Erfahrungen haben jedoch diese Annahme widerlegt. Nach jetziger Ansicht der Behörden können auch solche Auslandstransaktionen negative Wirkungen auf die US-Wirtschaft haben. Dies sei insbesondere der Fall, wenn die Vermögenswerte im Ausland Verkäufe „in or into the U.S.“ im Wert von über $ 50 Mio. generierten[293].

2. Neue Regelung

In den erst kürzlich revidierten[294] „Premerger Notification Rules“ sind die Ausnahmeregelungen für Zusammenschlüsse mit Auslandsbezug daher neu gefasst worden[295]: In Sec. 802.50 (a) der „Rules” heißt es unter der Überschrift „Acquisitions of foreign assets“: „The acquisition of assets located outside the United States shall be exempt from the requirements of the act unless the foreign assets the acquiring person would hold as a result of the acquisition generated sales in or into the U.S. exceeding $50 million during the acquired person`s most recent fiscal year”.

Mit dieser Vorschrift werden Transaktionen im Ausland, die den US-bezogenen Umsatzschwellenwert von 50 Mio. US-$ unterschreiten, von der Anmeldepflicht und dem Vollzugsverbot ausgenommen. Umgekehrt bedeutet dies, dass der Erwerb von Vermögenswerten im Ausland der präventiven Fusionskontrolle unterliegt, falls der besagte Schwellenwert überschritten wird. Zwar kann ein solcher Zusammenschluss gemäß Section 802.50 (b) der „Premerger Notification Rules“ trotz Überschreitens dieses Schwellenwertes von den „premerger

[293] Notice on proposed rulemaking der Federal Trade Commission, im Internet abrufbar unter http://www.ftc.gov/os/2001/01/hrsprpamndfrn.htm sowie Federal Trade Commission, Final Rules, http://www.ftc.gov./os/2002/03/frn16cfrparts801and802.htm., Stand Mai 2002.

[294] Nach Auskunft der Federal Trade Commission sind die revidierten „Rules“ am 17.04.2002 in Kraft getreten.

[295] 16 CFR Part 802.50, siehe auch die im Internet veröffentlichten Fallbeispiele, abrufbar unter: http://www.ftc.gov/os/2002/03/frn16cfrparts801and802.htm, Stand Mai 2002 - neben der Ausnahmeregelung für die „acquisition of foreign assets” in Part 802.50 enthält Part 802.51 eine entsprechende Ausnahmeregelung für „acuisitions of voting securities of a foreign issuer“. Wie beim Erwerb von Vermögenswerten im Ausland hängt die Befreiung von der Anmeldepflicht und dem Vollzugsverbot unter anderem von der Unterschreitung bestimmter, auf die USA bezogener Umsatzschwellenwerte durch Verkäufe „in or into the United States“ ab, auch wenn es sich bei den Beteiligten um ausländische Unternehmen handelt.

requirements" befreit sein, indessen setzt eine solche Befreiung unter anderem voraus, dass das erwerbende und das erworbene Unternehmen durch Verkäufe „in or into the U.S." weniger als 110 Mio. U.S.-$ erzielt haben.

Somit unterfallen auch Zusammenschlüsse, deren Gegenstand Vermögenswerte im Ausland sind, selbst wenn es sich bei den Beteiligten um ausländische Unternehmen handelt, der Anmeldepflicht und dem Vollzugsverbot, wenn gewisse auf die USA bezogene Umsatzschwellen überschritten werden.

Statt einer territorialen oder personalen Anbindung lassen nunmehr auch die USA für die extraterritoriale Anwendbarkeit der präventiven Fusionskontrolle die Überschreitung bestimmter, USA-bezogener Umsatzschwellenwerte ausreichen. Wie andere Staaten wenden sie damit pauschalierende Kriterien an, bei deren Vorliegen Auswirkungen auf die US-Wirtschaft und damit ein hinreichender „nexus" angenommen werden.

B. Bundesrepublik Deutschland

In der Bundesrepublik Deutschland[296] sind gemäß § 35 Abs. 1 des Gesetzes über Wettbewerbsbeschränkungen (GWB) die Vorschriften über die Zusammenschlusskontrolle anwendbar, wenn – erstens – die beteiligten Unternehmen insgesamt weltweit Umsatzerlöse in bestimmter Höhe erzielen und – zweitens – mindestens ein Unternehmen im Inland bestimmte Umsätze erzielt. Erfüllt ein Zusammenschlussvorhaben diese Aufgreifkriterien, muss es gemäß § 39 GWB angemeldet werden. Außerdem besteht nach § 41 GWB ein grundsätzliches[297] vorläufiges Vollzugsverbot.

Bei den hier in Frage stehenden Auslandszusammenschlüssen ist zusätzlich zu der Frage, ob die Umsatzschwellen gemäß § 35 Abs. 1 überschritten werden, zu prüfen, ob Inlandsauswirkungen gemäß Art. 130 Abs. 2 GWB vorliegen. In dieser Vorschrift ist die Anknüpfung der Regelung von Auslandssachverhalten durch das Auswirkungsprinzip ausdrücklich niedergelegt: Nach § 130 Abs. 2 findet das GWB auch auf außerhalb des Geltungsbereiches dieses Gesetzes veranlasste Wettbewerbsbeschränkungen Anwendung, wenn diese sich im Geltungsbereich des Gesetzes, d.h. in der Bundesrepublik Deutschland, auswirken.

In einem „Merkblatt zur Inlandsauswirkung" [298], das sich an Unternehmen richtet, die einen Zusammenschluss planen, erläutert das Bundeskartellamt, wie es den Begriff der Inlandsauswirkungen im Bereich der Fusionskontrolle auslegt. Das Merkblatt stellt zunächst zwar klar, dass das Vorliegen solcher Inlandsaus-

[296] Campbell/Davies, Merger Control 2003, S. 94 ff.

[297] Befreiungen können gemäß § 41 Abs. 2 GWB unter bestimmten Voraussetzungen erteilt werden.

[298] Abrufbar unter: http://www.bundeskartellamt.de/Inlandsauswirkung.pdf.

wirkungen von den Umständen des Einzelfalles abhänge. Jedoch geht aus dem Merkblatt hervor, dass Inlandsauswirkungen im Sinne des § 130 Abs. 2 GWB bei im Ausland realisierten Zusammenschlüssen in der Regel insbesondere dann angenommen würden, wenn beide Unternehmen schon vor dem Zusammenschluss in Deutschland tätig waren. Dabei reicht eine Tätigkeit über Importeure. Als Beispiel wird der Erwerb eines US-amerikanischen Unternehmens durch ein anderes US-amerikanisches Unternehmen angeführt, wobei beide Unternehmen keine Niederlassungen in Deutschland haben, sondern lediglich den deutschen Markt mit ihren Produkten beliefern. Wenn also bei einem im Ausland realisierten Zusammenschluss beide beteiligten Unternehmen in Deutschland Umsätze erzielt haben, ist dies regelmäßig ausreichend für die Annahme von Inlandsauswirkungen i.S.d. § 130 Abs. 2 GWB mit der Folge, dass die Vorschriften des GWB anwendbar sind. Dies bedeutet, dass ein solcher Auslandszusammenschluss – falls daneben die weiteren Aufgreifkriterien erfüllt sind – gemäß § 39 GWB vor seinem Vollzug angemeldet werden muss und gemäß § 41 GWB dem Vollzugsverbot bis zur Freigabe unterliegt.

Es lässt sich somit feststellen, dass jedenfalls im Hinblick auf Anmeldepflicht und Vollzugsverbot die Anforderungen des Bundeskartellamtes an die Qualität der Inlandsauswirkungen gering sind. Eine materielle Prüfung, ob wettbewerbsbeschränkende Auswirkungen von dem Zusammenschlussvorhaben drohen, wird an dieser Stelle noch nicht durchgeführt. Es reichen vielmehr Inlandsumsätze zweier beteiligter Unternehmen. Dabei ist zu berücksichtigen, dass § 35 Abs. 1 Nr. 2 ohnehin bei allen Zusammenschlüssen Inlandsumsätze mindestens eines beteiligten Unternehmens voraussetzt. Im Ergebnis gestaltet sich die extraterritoriale Anwendbarkeit der Zusammenschlusskontrolle nach dem GWB in der Verwaltungspraxis des Bundeskartellamtes damit letztlich ähnlich wie die extraterritoriale Anwendbarkeit der FKVO: Die FKVO setzt gemäß Art. 1 Abs. 2 lit. b bzw. Art. 1 Abs. 3 lit. d „innergemeinschaftlichen Umsatz“ voraus, nämlich dass mindestens zwei beteiligte Unternehmen jeweils einen gewissen gemeinschaftsweiten Umsatz erzielen. Aus dem Merkblatt des Bundeskartellamtes geht hervor, dass Inlandsauswirkungen in aller Regel jedenfalls dann angenommen werden, wenn beide Zusammenschlussbeteiligte Inlandsumsätze erzielt haben.

C. Schweiz

Auch die Schweiz verwendet Umsatzschwellen als Aufgreifkriterien. Im Hinblick auf einen Auslandszusammenschluss ist hier eine bemerkenswerte Entscheidung des Schweizerischen Bundesgerichts zur Reichweite des Auswirkungsprinzips ergangen. Bevor hierauf eingegangen wird, soll zunächst ein Überblick über die hier relevanten gesetzlichen Grundlagen gegeben werden.

I. Gesetzliche Grundlagen

Mit dem Mitte 1996 in Kraft getretenen neuen Kartellgesetz verfügt die Schweiz erstmalig über eine präventive Zusammenschlusskontrolle. Bis dahin gab es zwar auch in der Schweiz eine Fusionskontrolle, jedoch erwies sich diese „als wenig praktikables Instrument“ [299]: Zusammenschlüsse wurden mangels einer vorherigen Anmeldepflicht nur nachträglich, d.h. wenn sie schon vollzogen waren, untersucht. Eine Untersuchung konnte erst eingeleitet werden, wenn durch einen Zusammenschluss eine den Markt maßgeblich beeinflussende Stellung begründet oder verstärkt wurde und überdies Anhaltspunkte für volkswirtschaftlich oder sozial schädliche Auswirkungen bestanden. War dies der Fall, konnte die Kartellkommission Empfehlungen an die Beteiligten richten. Es konnte dagegen weder verbindlich ein Verbot ausgesprochen noch eine Entflechtung angeordnet werden.

Die mit der Revision des Kartellgesetzes neugefasste Fusionskontrolle orientiert sich stark an der europäischen Fusionskontrollverordnung[300]. Wie in der FKVO und in vielen Staaten wurde auch in der Schweiz ein System eingeführt, das zwischen den Aufgreifkriterien, bei deren Erfüllung die Zusammenschlussvorhaben der Anmeldepflicht und dem Vollzugsverbot unterliegen, und den Eingreifkriterien, bei deren Vorliegen der Zusammenschluss untersagt bzw. unter Auflagen genehmigt werden kann[301], differenziert.

Nach Art. 9 Abs. 1 des Kartellgesetzes fällt ein Zusammenschluss unter die Zusammenschlusskontrolle, wenn im letzten Geschäftsjahr

---

[299] Hofstetter/Schiltknecht, Fusions- und Marktmachtkontrolle, SJZ 93 (1997), 121, 122f.

[300] Scherrer, Fusionskontrolle nach revidiertem Kartellgesetz, AJP 1997, 1381, 1382.

[301] Nach Art. 10 Abs. 2 des Kartellgesetzes kann die Wettbewerbskommission den Zusammenschluss untersagen, wenn er a) eine marktbeherrschende Stellung, durch die wirksamer Wettbewerb beseitigt werden kann, begründet oder verstärkt und b) keine Verbesserung der Wettbewerbsverhältnisse in einem anderen Markt bewirkt, welche die Nachteile der marktbeherrschenden Stellung überwiegt.

a) die beteiligten Unternehmen einen (weltweiten) Umsatz von insgesamt mindestens 2 Milliarden Franken oder einen auf die Schweiz entfallenden Umsatz von insgesamt mindestens 500 Millionen Franken erzielten; und
b) mindestens zwei der beteiligten Unternehmen einen Umsatz in der Schweiz von je mindestens 100 Millionen Franken erzielten.[302]

Die Meldepflicht wird damit von materiellen wettbewerbsrechtlichen Erwägungen abgekoppelt. Sie besteht unabhängig davon, ob der Zusammenschluss voraussichtlich negative Auswirkungen auf den Wettbewerb haben wird[303]. Dies gilt auch für das nach Art. 32 Abs. 2 Kartellgesetz grundsätzliche Vollzugsverbot während der auf einen Monat befristeten vorläufigen Prüfung. Erst während dieses Vorprüfungsverfahrens findet – wie nach der FKVO – eine summarische materielle Prüfung statt, mittels derer entschieden werden soll, ob der Zusammenschluss unbedenklich ist oder ob ein – vertieftes – Prüfungsverfahren eingeleitet werden muss[304].

Für die Anwendbarkeit der schweizerischen Fusionskontrolle kommt es nicht auf einen Sitz der beteiligten Unternehmen in der Schweiz an[305]. Vielmehr ist das Kartellgesetz gemäß Art. 2 Abs. 2 auf Sachverhalte anwendbar, die sich in der Schweiz auswirken, auch wenn sie im Ausland veranlasst werden. Wie in Deutschland wurde damit das Auswirkungsprinzip gesetzlich verankert.

II. Rechtsprechung zum Auswirkungsprinzip im Hinblick auf die Aufgreifkriterien

Zur Frage der Rechtmäßigkeit, Auslandszusammenschlüsse allein aufgrund der Überschreitung der im Kartellgesetz festgelegten Umsatzschwellen zu erfassen und sie damit der Anmeldepflicht und dem vorläufigen Vollzugsverbot zu unterwerfen, hat im Jahr 2001 das Schweizerische Bundesgericht entschieden[306]: Gegenstand dieser Entscheidung war ein Zusammenschluss zwischen der Ge-

---

[302] Unabhängig von den durch die beteiligten Unternehmen erzielten Umsätzen besteht nach Art. 9 Abs. 4 Kartellgesetz auch dann eine Meldepflicht für Zusammenschlüsse, an denen ein Unternehmen beteiligt ist, welches aufgrund einer früheren Verfügung der schweizerischen Wettbewerbskommission für marktbeherrschend auf einem bestimmten Markt erklärt wurde, sofern der Zusammenschluss diesen Markt betrifft oder einen solchen, der ihm vor- oder nachgelagert oder benachbart ist; vgl. auch Scherrer, Fusionskontrolle nach revidiertem Kartellgesetz, AJP 1997, 1381, 1389.

[303] Scherrer, Fusionskontrolle nach revidiertem Kartellgesetz, AJP 1997, 1381, 1384.

[304] Scherrer, Fusionskontrolle nach revidiertem Kartellgesetz, AJP 1997, 1381, 1394 f.

[305] Scherrer, Fusionskontrolle nach revidiertem Kartellgesetz, AJP 1997, 1381, 1384.

[306] In: Entscheidungen des Schweizerischen Bundesgerichts, Amtliche Sammlung, 127. Band, III. Teil, S. 219 ff. (im Folgenden: BGE 127 III).

sellschaft Rhône-Poulenc SA mit Sitz in Frankreich und der Gesellschaft Merck & Co Inc. mit Sitz in Amerika im Jahre 1997. Beide Unternehmen hatten keinerlei Betriebsanlagen, Filialen oder sonstige Vermögenswerte in der Schweiz[307]. Sie erreichten indessen die Umsatzschwellen nach Art. 9 Abs. 1 Kartellgesetz. Die Unternehmen erzielten in der Schweiz jeweils über 100 Millionen Franken. Zwar erreichten sie in der Schweiz insgesamt keinen Umsatz in Höhe von 500 Millionen Franken, jedoch erzielten sie weltweit einen hohen Umsatz, so dass die Voraussetzung eines Umsatzes von insgesamt über 2 Milliarden Franken erfüllt war.

Der Zusammenschluss wurde von den Beteiligten 1997 bei der Wettbewerbskommission angemeldet. Er ist noch vor seiner Freigabe durch die schweizerische Kartellbehörde vollzogen worden. Dabei erklärten die Beteiligten, dass sie ihre Verkäufe in die Schweiz aussetzen würden. Noch während des einmonatigen Vorprüfungsverfahrens hat die Behörde den Zusammenschluss freigegeben.

Trotzdem erlegte die Wettbewerbskommission den Beteiligten einige Monate später wegen des Verstoßes gegen das Vollzugsverbot eine Geldbuße auf. Hiergegen legten die Beteiligten Beschwerde bei der Rekurskommission für Wettbewerbsfragen („Commission de recours pour les questions de concurrence“) ein. Diese gab den beteiligten Unternehmen Recht und hob die Entscheidung der Wettbewerbskommission auf: Die Regeln über das mit der Anmeldung verbundene Vollzugsverbot seien nicht anwendbar gewesen, weil kein Grund zu der Annahme bestand, dass der Zusammenschluss den Wettbewerb in der Schweiz „de manière sensible“ beeinflussen könnte[308]. Nach der Entscheidung der Rekurskommission war somit die Überschreitung der Umsatzschwellen kein hinreichender Nachweis für wettbewerbsbeeinträchtigende Auswirkungen in der Schweiz im Sinne von Art. 2 Abs. 2 Kartellgesetz[309].

Letztlich wurde diese Entscheidung aber durch ein höchstrichterliches Urteil des schweizerischen Bundesgerichts aufgehoben[310]. Das Bundesgericht stellte fest, dass auch für Auslandszusammenschlüsse immer dann eine Anmeldepflicht und ein Vollzugsverbot bestehe, wenn die Umsatzschwellen nach Art. 9 Abs. 1 Kartellgesetz überschritten seien[311]. Die Schwellenwerte in der Schweiz seien im Verhältnis zur räumlichen Dimension ihres Marktes auf einem vergleichsweise hohen Niveau festgesetzt. Dies zeige der Vergleich mit den Schwellenwerten der Gemeinschaft, die über eine viel größere räumliche Ausdehnung verfüge: „Les montants relativement élevés des valeurs seuils ont pour résultat de limiter

[307] BGE 127 III, S. 219, 222, 223f.

[308] BGE 127 III, S. 219, 221.

[309] Zum Sachverhalt und zur Prozessgeschichte vgl. BGE 127 III, 219, 220 f.

[310] BGE 127 III, S. 219, 228 f.

[311] BGE 127 III, S. 219, 227 .

le contrôle de la Commission de concurrence aux entreprises qui ont une certaine puissance financière et sont à même d`acquérir une position dominante sur le marché suisse.“[312] Damit fielen – grundsätzlich – diejenigen Zusammenschlüsse durch das Sieb der Kontrolle, die keinen Einfluss auf den schweizerischen Markt hätten. „[...] en ce qui concerne l`obligation d`annoncer, les valeurs seuils ainsi fixée par l`art. 9 al. 1 LCart concrétisent le principe des effets ... contenu à l`art. 2 al. 2 LCart .“[313] Dies gelte auch dann, wenn, wie im vorliegenden Fall, auf den zusammengenommenen weltweiten Umsatz der Unternehmen von über 2 Milliarden abgestellt werde, der Umsatzschwellenwert von 500 Millionen Franken in der Schweiz indessen verfehlt werde[314].

III. Stellungnahme

Das Schweizerische Bundesgericht hat sich ausführlich damit beschäftigt, welche Anforderungen an eine Anknüpfung nach dem Auswirkungsprinzip für Anmeldepflicht und Vollzugsverbot zu stellen sind. Dabei ist es zu dem Ergebnis gekommen, dass im Einzelfall nicht geprüft werden muss, ob von dem Auslandszusammenschluss eine reale Gefahr wettbewerbsbeschränkender Auswirkungen ausgeht. Vielmehr bestehen diese Pflichten aus schweizerischer Sicht auch bei Auslandszusammenschlüssen, welche die Schwellenwerte erfüllen, unabhängig von deren tatsächlichen oder potentiellen Auswirkungen auf den schweizerischen Markt. Denn im Fall Rhône-Poulenc/Merck hat sich ja gerade im Vorprüfungsverfahren herausgestellt, dass der Zusammenschluss trotz Überschreitung der Umsatzschwellenwerte wettbewerbsrechtlich unbedenklich war. Gleichwohl konstatierte das Bundesgericht hier eine Anmeldepflicht sowie ein Vollzugsverbot.

Nach Ansicht des Gerichts „konkretisieren“ die Umsatzschwellenwerte das Auswirkungsprinzip im Hinblick auf die extraterritoriale Anwendbarkeit der Anmeldepflicht und des Vollzugsverbotes. Das Gericht weist allerdings darauf hin, dass die Schwellenwerte vergleichsweise hoch angesetzt seien. Tatsächlich sollen mit den so gewählten Werten nur „dicke Fische“ im Netz der Kontrolle hängen bleiben[315]. Die Erfüllung der Schwellenwerte stellt daher für das Gericht eine Art Vermutung dar, dass der Zusammenschluss aufgrund der Finanzkraft der beteiligten Unternehmen imstande sei, eine beherrschende Stellung auf dem schweizerischen Markt zu begründen und so zu wettbewerbswidrigen Auswirkungen zu führen. Diese Vermutung ist im Falle Rhône-Poulenc/Merck in der folgenden materiellen Fusionskontrolle widerlegt worden. Im Ergebnis werden

[312] BGE 127 III, S. 219, 225.
[313] BGE 127 III, S. 219, 226.
[314] BGE 127 III, S. 219, 228.
[315] Hofstetter/Schiltknecht, Fusions- und Marktmachtkontrolle, SJZ 93 (1997), 121, 124.

somit formale, pauschale Umsatzschwellen als Kriterien für die extraterritoriale Anwendbarkeit der schweizerischen Fusionskontrolle bejaht.

3. Abschnitt: Auswertung

A. Tendenz zu Umsatzschwellen

Die überwiegende Mehrheit der Staaten mit einer Fusionskontrolle stützt deren extraterritoriale Anwendbarkeit auf das Auswirkungsprinzip. Hier ist gleichgültig, ob sich der Zusammenschluss vollkommen im Ausland abspielt, ob Vermögenswerte im Inland belegen sind, oder ob es sich bei den Beteiligten bzw. deren Tochtergesellschaften um ausländische Unternehmen handelt. Unter diesen Staaten lässt sich zwar keine einheitliche Praxis feststellen, indessen knüpft die Mehrheit die Anwendbarkeit der Fusionskontrollvorschriften an formale (Aufgreif-) Kriterien an. Deren Vorliegen hat meist die Anmeldepflicht und – bei präventiver Kontrolle – das Vollzugsverbot zur Folge. Dies gilt auch für Auslandszusammenschlüsse. Lediglich einige wenige Staaten machen schon die extraterritoriale Anwendbarkeit ihrer Fusionskontrolle vom Vorliegen materieller Kriterien, d.h. potentieller oder tatsächlicher Wettbewerbsbeschränkungen, abhängig.

Bei den formalen Aufgreifkriterien haben sich Umsatzschwellen in der Staatenpraxis mehr und mehr durchgesetzt. In vielen Staaten ist für die extraterritoriale Anwendbarkeit ihrer Fusionskontrollvorschriften – wie bei der FKVO – ausreichend, dass bestimmte Umsätze überschritten werden. Im Einzelnen legen die Staaten bei den Umsatzschwellen auf unterschiedliche Aspekte Wert. Dies betrifft zum einen die räumliche Zuordnung der Umsätze. Ähnlich wie die Gemeinschaft in Art. 1 FKVO, setzt das Recht der Zusammenschlusskontrolle vieler Staaten voraus, dass sowohl weltweit als auch im Inland bestimmte Umsatzschwellenwerte überschritten werden[316]. Andere Staaten stellen ausschließlich auf die erzielten Inlandsumsätze ab[317]. Durch das Erfordernis eines Inlandsumsatzes wird ein gewisser Inlandsbezug des Zusammenschlusses zum regelnden Staat hergestellt. Neben einer räumlichen Zuordnung der erzielten Umsätze lässt sich danach differenzieren, ob es, wie bei den meisten Staaten, auf die Umsätze der an dem Zusammenschluss beteiligten Unternehmen, d.h. aller beteilig-

---

[316] Etwa die Niederlande, Österreich, Schweden, Bundesrepublik Deutschland, vgl. Kurzüberblick bei Campbell/Davies, Merger Control 2003, S. 245 ff.

[317] Etwa Belgien, Griechenland, Italien, Spanien, Südafrika, USA, vgl. Kurzüberblick bei Campbell/Davies, Merger Control 2003, S. 245 ff.

ten Unternehmen insgesamt oder der größten beteiligten Unternehmen[318] ankommt, oder auf den Umsatz des Zielunternehmens bzw. den Umsatz, den die erworbenen Vermögenswerte generieren[319].

An dem zusammengenommenen Umsatz aller beteiligten Unternehmen lässt sich die Gesamtgröße und damit die Gesamtbedeutung des Zusammenschlussvorhabens festmachen. Mit der am Umsatz festgemachten Mindestgröße einzelner beteiligter Unternehmen wird sichergestellt, dass es sich nicht um die Übernahme unbedeutender Unternehmen handelt. Eine Schwelle für den Umsatz des Zielunternehmens bzw. den durch die erworbenen Vermögenswerte generierten Umsatz stellt auf die Größe der Transaktion selbst ab.

B. Aufgreifkriterien – Eingreifkriterien

Die Fusionskontrollvorschriften der meisten Staaten unterscheiden wie die europäische Fusionskontrollverordnung zwischen den Aufgreifkriterien, die als eine Art Vorfilter bestimmte Zusammenschlüsse aussortieren und den Eingreifkriterien, bei deren Vorliegen der Zusammenschluss untersagt werden kann[320]. Erst auf der Ebene der Eingreifkriterien sind materielle Erwägungen maßgeblich. Hier gibt es im wesentlichen drei Konzepte: das Konzept der „market dominance", das „substantial lessening of competition"-Konzept sowie das Konzept des „public interest"[321]. Auf der Aufgreifebene werden dagegen in der Regel pauschalierende Kriterien, zum Beispiel überschrittene Umsatzschwellen, zu Grunde gelegt. Dies gilt nach dem oben Gesagten auch für Auslandszusammenschlüsse, ohne dass hier schon auf der Aufgreifebene zusätzlich geprüft würde, ob der in Frage stehende Zusammenschluss tatsächlich wettbewerbsbeschränkende Auswirkungen hat oder die reale Gefahr solcher Auswirkungen besteht.

Das Fusionskontrollrecht der meisten Staaten knüpft an die Erfüllung der Aufgreifkriterien nicht nur die Anmeldepflicht, sondern unterwirft die Zusammen-

---

318 Etwa Belgien, Bundesrepublik Deutschland, Dänemark, Griechenland, Niederlande, Österreich, Schweden, Spanien, Taiwan, vgl. Kurzüberblick bei Campbell/Davies, Merger Control 2003, S. 245 ff.

319 Etwa Südafrika, USA sowie Italien, welches aber alternativ zum Umsatz des Zielunternehmens in Italien auch auf den Umsatz aller beteiligten Unternehmen in Italien abstellt, vgl. Campbell/Davies, Merger Control 2003, S. 245 ff.

320 Vgl. Übersicht bei Campbell/Davies, Merger Control 2003, S. 245 ff.

321 Das „market dominance" Konzept wird etwa in der Bundesrepublik Deutschland in § 36 Abs. 1 i.V.m. § 19 Abs. 2 GWB zu Grunde gelegt, das „substantial lessening of competition"-Konzept in den USA in Section 7 des Clayton Acts, das „public interest"-Konzept im Fusionskontrollrecht Großbritanniens; vgl. Fn. 320 sowie Campbell/Davies, Merger Control 2002, S. 3f.

schlussvorhaben grundsätzlich auch dem Vollzugsverbot bis zur Freigabe[322]. Immer mehr Staaten verfügen damit über eine präventive Fusionskontrolle und wenden diese auch extraterritorial an. Da es sich bei den Aufgreifkriterien um formale Kriterien handelt, werden, je nach Höhe der Schwellenwerte, immer auch mehr oder weniger Zusammenschlüsse erfasst, die zwar formal die Schwellenwerte erfüllen, von denen materiell aber keine Gefahren ausgehen. So zeigt der Überblick über die Staatenpraxis, dass beispielsweise in Belgien, Deutschland, den Niederlanden, Spanien, der Schweiz sowie den Vereinigten Staaten, welche alle auf Umsatzschwellen abstellen, nur ein Bruchteil der angemeldeten Zusammenschlüsse vertieft überprüft, geschweige denn untersagt wird[323]. Angesichts der durch die Anmeldepflicht und das Vollzugsverbot entstehenden Kosten[324] ist dies gerade im Hinblick auf Auslandszusammenschlüsse nicht unproblematisch.

Allerdings verfügen viele Staaten wie die Gemeinschaft über ein zweiphasiges Prüfungssystem. Der Zweck der ersten, häufig einmonatigen Phase ist eine vorläufige, summarische Prüfung, an deren Ende materiell unbedenkliche Zusammenschlüsse freigeben werden. Nur im Falle eines problematischen Zusammenschlusses wird eine zweite, meist längere Prüfungsphase eingeleitet, in der das Vorhaben detailliert untersucht wird[325]. Insofern werden die hier in Frage stehenden unproblematischen Zusammenschlüsse, die zwar die Aufgreifschwellenwerte erfüllen, von denen aber keine Gefahr wettbewerbsbeschränkender Auswirkungen ausgehen kann, schon nach der ersten, meist relativ kurzen Phase freigegeben, so dass die Wartezeit durch das Vollzugsverbot nur kurz ist. Die durch die Umsatzschwellen aufgestellte „Vermutung", dass von dem anzumeldenden Zusammenschluss Gefahren für den Wettbewerb ausgehen könnten, kann daher rasch „widerlegt" werden.

C. Spezielles Recht zur Fusionskontrolle als Novität

Zu bedenken ist, dass in vielen Staaten ein spezielles Recht zur Zusammenschlusskontrolle verhältnismäßig neu ist. Korrespondierend zur Fusionswelle der

---

322 Viele Staaten sehen unter gewissen Umständen, z.B. wenn durch das Vollzugsverbot großer Schaden entstehen könnte, Befreiungen vom Vollzugsverbot vor. Zum Vollzugsverbot und möglichen Ausnahmen z. B. in Dänemark, Deutschland, Spanien, Schweden, Schweiz, USA siehe Campbell/Davies, Merger Control 2003, S. 67, 95, 201, 206, 211, 236.

323 Siehe Campbell/ Davies, Merger Control 2003, S. 9 ff.

324 Etwa durch umfassende Auskünfte oder Einhaltung der Wartezeit, Campbell/Davies, Merger Control 2002, S. 4.

325 Vgl. zum Beispiel der Schweiz Scherrer, Fusionskontrolle nach revidiertem Kartellgesetz, AJP 1997, 1381,1389.

Neunziger Jahre ist in vielen Staaten auch ein Bedürfnis entstanden, wegen der mit den Fusionen möglicherweise verbundenen Gefahren für den Wettbewerb eine wirksame Zusammenschlusskontrolle zu schaffen. Während 1990 nur wenige Staaten über eine Zusammenschlusskontrolle verfügten, waren es ein halbes Jahrzehnt später schon 25 bis 30 Staaten. Heute sind es wenigstens 60 bis 70 Staaten. Außerdem haben derzeit zahlreiche weitere Staaten Gesetze zur Zusammenschlusskontrolle in Vorbereitung[326]. Andere Staaten, etwa die Schweiz, verfügten zwar über ein Fusionskontrollrecht, jedoch war lediglich ein nachträgliches Eingreifen möglich, welches sich als wenig effektiv erwies. Viele dieser Staaten haben ihr Fusionskontrollrecht daher novelliert.

Damit ist auch die vielen Zusammenschlusskontrollregimen eigene verfahrensmäßige Unterscheidung zwischen formalen Aufgreifkriterien, die als „Vorfilter" dienen, und materiellen Eingreifkriterien relativ neu. Insofern hat sich auch eine „neue" Praxis hinsichtlich der Anwendbarkeit des jeweiligen Fusionskontrollrechts auf Auslandszusammenschlüsse herausgebildet. So unterscheiden viele Staaten auf der Aufgreifebene nicht zwischen Inlands- und Auslandszusammenschlüssen. Die formalen Aufgreifkriterien und die daraus resultierenden Rechtsfolgen werden – ohne dies zu problematisieren – auch auf Auslandszusammenschlüsse angewendet. Die USA sehen zwar Ausnahme-, d.h. Befreiungstatbestände für bestimmte Auslandszusammenschlüsse vor. Diese greifen aber wiederum nicht ein, wenn gewisse Schwellenwerte überschritten werden.

Demnach geht die Praxis der Staaten im Bereich der – präventiven – Fusionskontrolle dahin, die Anwendbarkeit ihrer Zusammenschlusskontrolle auf Auslandszusammenschlüsse nicht vom Vorliegen materieller Auswirkungen oder der realen Gefahr solcher Auswirkungen abhängig zu machen, sondern formale Kriterien ausreichen zu lassen.

---

[326] Siehe Campbell/Davies, Merger Control 2002, S. 3.

3. Teil: Überblick über die extraterritoriale Anwendbarkeit der FKVO

1. Abschnitt: Geltungsbereich der FKVO

A. Art. 299 EGV

Der räumliche Geltungsbereich der FKVO, d.h. der Bereich, in dem sie hoheitlich durchsetzbar ist[327], ist in der FKVO selbst nicht geregelt. Da sie aber sekundäres Gemeinschaftsrecht darstellt, nämlich auf Art. 83 (ex Artikel 87) EGV und Art. 308 (ex Art. 235) EGV beruht, ergibt sich ihr Geltungsbereich aus Art. 299 EGV. Danach „gilt" der EGV und damit die Wettbewerbsregeln gemäß Art. 81 und Art. 82 EGV sowie das sekundäre Wettbewerbsrecht – mit gewissen Ausnahmen – im Gebiet der Mitgliedstaaten[328].

B. Exkurs: EWR-Abkommen

Das 1994 in Kraft getretene Abkommen über den Europäischen Wirtschaftsraum (im Folgenden: EWR-Abkommen) enthält eigene Wettbewerbsregeln. Allerdings wurden hierfür die Wettbewerbsregeln des EGV (Artt. 53, 54 des EWR-Abkommens) sowie die Regeln der FKVO (Art. 57 des EWR-Abkommens) materiell übernommen[329]. Bei der Fusionskontrolle bleibt gemäß Art. 57 EWR-Abkommen grundsätzlich die Kommission[330] zuständig. Sie muss in ihre Prüfung aber zusätzlich die Auswirkungen des Zusammenschlusses auf die Wettbewerbsbedingungen im EWR-Gebiet einbeziehen. Damit erstreckt sich der Geltungsbereich der – übernommenen – Regeln der FKVO über die Mitgliedstaaten der Gemeinschaft hinaus auch auf die EFTA-Staaten (mit Ausnahme der Schweiz). Nachdem Finnland, Österreich und Schweden 1995 der Gemeinschaft beigetreten sind, handelt es sich noch um Norwegen, Island und Liechtenstein[331].

Für die Zusammenschlusskontrolle nach dem EWR-Abkommen müssen als Aufgreifkriterium die gemeinschaftsweiten Umätze innerhalb des EWR erreicht

---

327 Zum Begriff des Geltungsbereiches im Unterschied zum Anwendungsbereich von Recht siehe oben, Teil 1, 2. Abschnitt, C., II.

328 Rehbinder in: Immenga/Mestmäcker, EG-Wettbewerbsrecht Bd. I, Einleitung, Abschnitt I, Teil E., Rn. 2,

329 Gugerbauer, EWR-Kartellrecht, S. 14.

330 Ausnahmsweise ist die EFTA-Überwachungsbehörde zuständig, Art. 57 Abs. 2 b EWR-Abkommen.

331 Wiedemann in: Wiedemann, Handbuch Kartellrecht, § 4, Rn. 8.

werden. Eingreifkriterium ist die Behinderung des Wettbewerbs in einem wesentlichen Teil des EWR[332].

2. Abschnitt: Anwendungsbereich der FKVO

A. Kontrolle von Zusammenschlüssen in Drittstaaten

I. Extraterritoriale Reichweite gemäß Art. 1: EuG-Urteil *„Gencor/Kommission"*

Vom Geltungsbereich unterscheidet sich der Anwendungsbereich der FKVO. Letzterer ist der räumliche Bereich, in dem die Sachverhalte belegen sind, an welche die FKVO anknüpft, sowie der räumliche Bereich, in dem ihre Rechtsfolgen eintreten sollen[333]. Den Anwendungsbereich der FKVO legt Art. 1 fest: Nach Art. 1 Abs. 1 ist die europäische Fusionskontrolle auf Unternehmenszusammenschlüsse „von gemeinschaftsweiter Bedeutung" anwendbar. Der Begriff der „gemeinschaftsweiten Bedeutung" ist in Art. 1 Abs. 2 bzw. Art. 1 Abs. 3 legaldefiniert. Das Vorliegen von gemeinschaftsweiter Bedeutung richtet sich allein danach, ob bestimmte Umsätze erzielt werden. Der Sitz der Unternehmen, d.h. ihre „Nationalität" oder der Ort, an dem der Zusammenschluss stattfindet, ist dagegen nicht maßgeblich. Die FKVO knüpft damit auch an Sachverhalte – Zusammenschlussvorhaben – in Drittstaaten an. Darüber hinaus sollen auch die Rechtsfolgen für solche Zusammenschlüsse in Drittstaaten eintreten: So müssen beteiligte Unternehmen in Drittstaaten der Anmeldepflicht gemäß Art. 4 nachkommen sowie gemäß Art. 7 Abs. 1 eine Wartefrist einhalten, bevor sie den Zusammenschluss vollziehen dürfen. Wenn sich herausstellt, dass diese Zusammenschlüsse die Untersagungskriterien gemäß Art. 2 erfüllen, müssen die beteiligten Drittstaaten-Unternehmen gänzlich von der Realisierung ihres Vorhabens Abstand nehmen. Bei Nichtbefolgung der beschriebenen Handlungs- bzw. Unterlassungspflichten drohen empfindliche Geldbußen. Die FKVO schreibt damit ein bestimmtes Verhalten – auch – in Drittstaaten vor. Demnach ist der Anwendungsbereich der FKVO auch für Unternehmenszusammenschlüsse in Drittstaaten eröffnet und geht somit über ihren Geltungsbereich hinaus.

Der EuG bestätigt in seinem Urteil *„Gencor/Kommission"*[334] den extraterritorialen Anwendungsbereich der FKVO. Gegenstand der Entscheidung war Untersa-

---

332 Rehbinder in: Immenga/Mestmäcker, EG-Wettbewerbsrecht Bd. I, Einleitung, Abschnitt I, Teil E., Rn. 4, 100.

333 Zum Begriff des Anwendungsbereiches siehe oben, Teil 1, 2. Abschnitt, C., II.

334 Urteil des EuG vom 25.03.1999, Rs T-102/96 („Gencor Ltd/Kommission der Europäischen Gemeinschaften"), WuW/E EU-R 213 ff.

gung der Zusammenlegung der Platinaktivitäten des südafrikanischen Unternehmens *Gencor* und des britischen Unternehmens *Lonrho* durch die Kommission. *Gencor* hatte seinen betreffenden Geschäftsbereich in seiner Tochter *Implats* gebündelt; *Lonrhos* Platinaktiviäten wurden von der *Lonrho Platin Division (LPD)* wahrgenommen. Die *LPD* gehörte zu 73% *Lonrho*, zu 23% *Implats*. Sowohl *Implats* als auch *LPD* waren nach südafrikanischem Recht gegründete Gesellschaften. *Gencor* und *Lonrho* sollten die gemeinsame Kontrolle über *Implats* erwerben; *Implats* wiederum sollte die alleinige Kontrolle über *LPD* haben. Die Produktionstätigkeit der zusammenzuführenden Unternehmen fand in Südafrika statt.

Das Gericht bestätigte ausdrücklich den extraterritorialen Anwendungsbereich der FKVO. Gemäß Art. 1 sei die Verordnung auf alle Zusammenschlüsse von gemeinschaftsweiter Bedeutung anwendbar, d.h. auf alle Zusammenschlüsse, welche die in Art. 1 geregelten Umsatzschwellenwerte überschritten. Art. 1 setze nicht voraus, dass es sich um Unternehmen aus der Gemeinschaft handele, oder die von dem Zusammenschluss betroffene Produktionstätigkeit der beteiligten Unternehmen sich innerhalb des Territoriums der Gemeinschaft abspiele[335]. Insbesondere spreche Erwägungsgrund 11 der FKVO[336] nicht gegen die Anwendbarkeit der FKVO in diesem drittstaatenbezogenen Fall. Nach diesem Erwägungsgrund liegt ein Zusammenschluss von gemeinschaftsweiter Bedeutung vor, wenn es sich um einen Zusammenschluss von Unternehmen handelt, die zwar ihren Haupttätigkeitsbereich nicht in der Gemeinschaft haben, dort jedoch im erheblichen Umfang tätig sind. Für eine Tätigkeit, so der EuG, komme es nicht so sehr auf eine Produktionstätigkeit in der Gemeinschaft an. Art. 1, der die gemeinschaftsweite Bedeutung an weltweite und gemeinschaftsweite Umsätze knüpfe, zeige vielmehr, dass die Verordnung der Verkaufstätigkeit größeren Wert beimesse für die Entscheidung, ob eine Verbindung zwischen der Gemeinschaft und dem Zusammenschluss bestehe. Dass die beteiligten Unternehmen beträchtliche gemeinschaftsweite Umsätze erzielten (jeweils über 250 Mio. €), sei unbestritten[337].

Auch das Durchführungsprinzip, auf das der EuGH in seinem *Zellstoff*-Urteil abstellt[338], führt nach der *Gencor*-Entscheidung des EuG zu keiner weiteren Einschränkung der aus Art. 1 folgenden Anwendbarkeit der FKVO auf extraterritoriale Sachverhalte. Das Kriterium der Durchführung sei erfüllt durch bloße

---

335 A.a.O. (Fußnote 334), Tz. 79 ff.

336 ABl. EG. Nr. L 257 vom 21.09.1990, S. 14.

337 A.a.O. (Fußnote 334), Tz. 83 ff.

338 Urteil des EuGH vom 27.09.1988, verbundene Rs. 89/85, 104/85, 114/85, 116/85, 117/85, 125/85, 129/85, Slg. 1988, 5193, 5242, Tz. 12 ff. („Zellstoff").

Verkäufe in der Gemeinschaft[339]. Mit dieser Interpretation des EuG liegt bei Überschreitung der Schwellenwerte gemäß Art. 1 – weil diese auch eine Schwelle für gemeinschaftsweiten Umsatz beeinhalten – immer auch eine Durchführung vor. Das Durchführungs-Kriterium besitzt in der Zusammenschlusskontrolle somit keine eigenständige Bedeutung[340].

II. Völkerrechtliche Problematik

Die Regelung von Drittstaatensachverhalten ist nur dann völkerrechtsgemäß, wenn die Gemeinschaft über eine sinnvolle Anknüpfung hierfür verfügt. Da in der FKVO weder der Ort des Zusammenschlusses noch der Sitz der beteiligten Unternehmen entscheidend für ihre Anwendbarkeit sind, also weder das Territorialitäts- noch das Personalitätsprinzip als Anknüpfungsprinzip eine Rolle spielt, kommt eine Anknüpfung nach dem Auswirkungsprinzip in Betracht.

Das *Gencor*-Urteil des EuG setzt sich mit der Frage auseinander, ob die Untersagung eines drittstaatenbezogenen Zusammenschlusses mit Völkerrecht, und zwar mit dem Auswirkungsprinzip, vereinbar war[341]. Zur – vorgelagerten – Frage der Völkerrechtmäßigkeit der extraterritorialen Anwendbarkeit der FKVO nach Art. 1 und der dadurch ausgelösten Rechtsfolgen der Anmeldepflicht und des Vollzugsverbotes nimmt das Gericht indessen nicht Stellung[342].

Gegenstand dieser Arbeit ist die Untersuchung, ob die Überschreitung der Umsatzschwellen eine sinnvolle Anknüpfung im Sinne des Auswirkungsprinzip für Anmeldepflicht und Vollzugsverbot (im Vorverfahren) herstellt. Umsatz ist ein rein formales Kriterium, das, wie zu zeigen sein wird, nicht notwendig die Gefahr wettbewerbsbeschränkender Auswirkungen eines Zusammenschlusses widerspiegelt. Insofern ist fraglich, ob das Umsatzkriterium als völkerrechtliche

---

339 A.a.O. (Fußnote 334), Tz. 87.

340 Schwarze, Extraterritoriale Anwendbarkeit, WuW 2001, 1190, 1198; vgl. auch Fox, The Merger Regulation and its Territorial Reach, ECLR 1999, 334, 336, nach deren Urteilsanmerkung der EuG mit dieser Interpretation im Bereich der Zusammenschlusskontrolle das Durchführungsprinzip und das Auswirkungsprinzip gleichsetzt.

341 Urteil des EuG vom 25.03.1999, Rs T-102/96 („Gencor Ltd/Kommission der Europäischen Gemeinschaften"), WuW/E EU-R 213, 217 ff., Tz. 90 ff.: Das Gericht stellt auf das Auswirkungsprinzip ab, obwohl aufgrund des britischen (und damit gemeinschaftsangehörigen) beteiligten Unternehmens Lonrho auch eine Berufung auf das Personalitätsprinzip zu erwägen gewesen wäre.

342 Broberg, The Commission`s Extraterritorial Powers, ICLQ 2000, 172, 177 f. kritisiert, dass durch die weite Interpretation des Durchführungsprinzips, nach der bloße Verkäufe der Zusammenschlussbeteiligten in der Gemeinschaft ausreichten, Drittstaatenzusammenschlüsse der Anmeldepflicht nach FKVO unterlägen, die keine qualifizierten Auswirkungen im Sinne des völkerrechtlichen Auswirkungsprinzips hätten.

Anknüpfung für Anmeldepflicht und Vollzugsverbot ausreichend ist, oder ob nach dem Auswirkungsprinzip nicht zusätzlich materielle Anknüpfungskriterien erforderlich sind.

Anmeldepflicht und Vollzugsverbot dürfen jedoch nicht isoliert betrachtet werden. Sie sind vielmehr vorbereitende bzw. flankierende Maßnahmen für die eigentliche Fusionskontrolle, die insbesondere die Befugnis, bestimmte Zusammenschlüsse zu untersagen, einschließt. Als Vorfrage soll daher geklärt werden, ob die Untersagung von Zusammenschlüssen in Drittstaaten nach der FKVO dem völkerrechtlichen Auswirkungsprinzip genügt.

B. Insbesondere: Untersagung von Drittstaatenzusammenschlüssen

I. Norm

Zu untersuchen ist zunächst, ob die FKVO-Normen, welche die Untersagung von Zusammenschlüssen, d.h. auch solchen in Drittstaaten regeln, den Anforderungen des Auswirkungsprinzips entsprechen. Rechtsgrundlage für die Unvereinbarkeitserklärung und damit Untersagung von Zusammenschlüssen bildet Art. 8 Abs. 3. Er verweist auf die in Art. 2 Abs. 3 geregelten Unvereinbarkeitskriterien.

1. Beträchtliche, unmittelbare, vorhersehbare Auswirkungen

Nach dem gewohnheitsrechtlich anerkannten Auswirkungsprinzip darf Kartellrecht dann extraterritoriale Sachverhalte regeln, wenn diese Sachverhalte qualifizierte Auswirkungen im Geltungsbereich dieses Rechts haben. Die Auswirkungen sind qualifiziert, wenn sie erstens von einer gewissen Intensität („spürbar", „wesentlich", „substantial") und zweitens dem Adressaten der kartellrechtlichen Regelung zurechenbar sind, nämlich unmittelbar durch sein Verhalten verursacht werden sowie für ihn vorhersehbar sind[343].

Zunächst werden von den Untersagungskriterien nur Zusammenschlüsse erfasst, deren Auswirkungen in der Gemeinschaft von der durch das Auswirkungsprinzip geforderten gewissen Intensität sind. Denn Art. 2 Abs. 3 setzt voraus, dass der Zusammenschluss zu der Begründung oder Verstärkung einer beherrschenden Stellung und infolgedessen zu erheblichen Wettbewerbsbehinderungen im Gemeinsamen Markt führen muss.

Auch dem Erfordernis der Unmittelbarkeit der Auswirkungen wird durch die Unvereinbarkeitskriterien gemäß Art. 2 Abs. 3 Genüge getan. Denn diese Vor-

---

343 Siehe oben 1. Teil, 2. Abschnitt, D., III., 1., b, (2).

schrift setzt voraus, dass mit dem Zusammenschluss eine beherrschende Stellung begründet oder verstärkt und dadurch der Wettbewerb erheblich behindert wird. Der Zusammenschluss selbst muss somit nach Art. 2 Abs. 3 unmittelbare wettbewerbsbehindernde Auswirkungen haben.

Schließlich wird das Erfordernis der Vorhersehbarkeit der Auswirkungen für den Normadressaten durch Art. 2 Abs. 3 erfüllt. Art. 8 Abs. 3 i.V.m. Art. 2 Abs. 3 sehen eine präventive Untersagung vor. Insoweit ist aus einer ex-ante-Perspektive zu beurteilen, ob ein Zusammenschluss zu einer wettbewerbsbehindernden beherrschenden Stellung innerhalb des Gemeinsamen Marktes führen wird. Eine solche Prognose beinhaltet das vom Auswirkungsprinzip geforderte Element der Vorhersehbarkeit der wettbewerbsbehindernden Auswirkungen.

Zusammenfassend kann somit gesagt werden, dass Art. 8 Abs. 3 i.V.m. Art. 2 Abs. 3 für die Untersagung von Zusammenschlüssen qualifizierte Auswirkungen im obigen Sinne innerhalb des Gemeinsamen Marktes voraussetzt[344].

2. Noch nicht eingetretene Auswirkungen

Allerdings müssen die beschriebenen Auswirkungen nach Art. 8 Abs. 3 i.V.m. Art. 2 Abs. 3 noch nicht eingetreten sein: Die FKVO ist als präventive Fusionskontrolle ausgestaltet, so dass eine Untersagung eines Zusammenschlusses vor seinem Vollzug vorgesehen ist und davon ausgehende wettbewerbsbeschränkende Auswirkungen von vornherein verhindert werden.

Es ist völkerrechtlich anerkannt, dass bei Bestehen einer realen Gefahr qualifizierter Auswirkungen auch präventive extraterritoriale Regelungen ergriffen werden dürfen. Denn dem Staat kann nicht zugemutet werden, abwarten zu müssen, dass sich diese Gefahr in einem Schaden verwirklicht. Er hat vielmehr ein erhebliches Regelungsinteresse daran, Wettbewerbsbehinderungen gar nicht erst eintreten zu lassen[345]. Gerade in der Staatenpraxis zur Fusionskontrolle setzt sich die präventive Fusionskontrolle mehr und mehr durch. Da zugleich die Anwendbarkeit der Fusionskontrollvorschriften in vielen dieser Staaten weder vom Sitz der Unternehmen noch vom Ort des Zusammenschlusses abhängt,

---

[344] Vgl. Bourgeois, EEC Control Over International Mergers, YEL 1990, 103, 119.

[345] Jungbluth in: Langen/Bunte, Kartellrecht, Bd. I, § 130 Abs. 2 Rn. 109, 124; Meng, Extraterritoriale Jurisdiktion, S. 535 f.; Meessen, Völkerrechtliche Grundsätze, S. 158 f.; Rehbinder in: Immenga/Mestmäcker, EG-Wettbewerbsrecht Bd. I, Einleitung, Abschnitt I, Teil E, Rn. 70; ders. in Immenga/Mestmäcker, GWB, § 130 Abs. 2. Rn. 32.

schließt dies auch die Befugnis zur präventiven Untersagung von Auslandszusammenschlüssen ein[346].

Eine Untersagung nach Art. 8 Abs. 3 i.V.m. Art 2 Abs. 3 setzt die Erwartung einer beherrschenden Stellung und daraus resultierender erheblicher Wettbewerbsbehinderungen im Gemeinsamen Markt voraus. Die Untersagungsvoraussetzungen greifen somit nur, wenn eine reale Gefahr wettbewerbsbeschränkender Auswirkungen vorliegt. Aus völkerrechtlicher Sicht bestehen also keine Bedenken gegen die durch die FKVO eröffnete präventive Untersagungsbefugnis.

Schließlich müssen für eine sinnvolle Anknüpfung nach dem Auswirkungsprinzip die Intensität der – zu erwartenden – Auswirkungen und die Schwere des Eingriffs durch die extraterritoriale Regelung in einem angemessenen Verhältnis stehen[347]. Für die Untersagung, die einen schweren Eingriff darstellt, sind hohe Anforderungen an die Anknüpfung zu stellen. Dies bedeutet, dass durch das Zusammenschlussvorhaben starke Auswirkungen in der Gemeinschaft zu befürchten sein müssen. Die Untersagungsvoraussetzungen nach Art. 2 Abs. 3 gewährleisten dies. Schon dadurch, dass der Zusammenschluss eine beherrschende Stellung begründen oder verstärken muss, sind starke Einwirkungen auf die Marktstruktur des Gemeinsamen Marktes mit hoher Wahrscheinlichkeit zu erwarten. Art. 2 Abs. 3 setzt insoweit zu erwartende erhebliche Behinderungen des wirksamen Wettbewerb im Gemeinsamen Markt voraus. Zusammenfassend lässt sich feststellen, dass die Untersagungsnormen als solche den Anforderungen des Auswirkungsprinzips entsprechen.

II. Normanwendung

1. Vorbemerkungen

Im Folgenden werden exemplarisch Zusammenschlussvorhaben von Unternehmen aus Drittstaaten vorgestellt, bei denen ein Hauptverfahren gemäß Art. 6 Abs. 1 lit. c eingeleitet wurde. Neben einem Untersagungsfall gemäß Art. 8 Abs. 3 handelt es sich um solche Fälle, in denen der Zusammenschluss gemäß Art. 8 Abs. 2 nur unter Auflagen für mit dem Gemeinsamen Markt vereinbar erklärt wurde. Häufig kann eine Untersagung mit einer solchen Entscheidung abgewendet werden. Eine Genehmigung unter Auflagen kommt indessen hinsichtlich der Schwere des damit verbundenen Eingriffs einer Untersagung nahe.

---

346 Zur dt. Rspr. vgl. Beschluß des KG vom 1.07.1983 („Morris/ Rothmans") WuW/E OLG 3051, 3062; zur entsprechenden Rechtslage im tschechischen Kartellgesetz Walkerová/Zwetkow, Das neue tschechische Kartellgesetz, ZVglRWiss 101 (2002), 75, 75- 80.

347 Siehe oben Teil 1, 2. Abschnitt, D, III, 2, c, (2), (3).

Denn auch in diesem Fall sind die beteiligten Unternehmen gezwungen, von ihrem ursprünglich geplanten Zusammenschluss Abstand zu nehmen.

2. Fallpraxis

a) Kimberly-Clark/Scott

Im Falle „*Kimberly-Clark/Scott*“[348] handelte es sich um zwei maßgebende US-amerikanische Unternehmen der Papierindustrie (Sitz der *Kimberley-Clark Corporation* in Dallas, Sitz der *Scott Paper Company* in Philadelphia), die weltweit im Bereich der Tissue-Erzeugnisse aktiv waren. Die fusionierenden Beteiligten hatten große Produktionsanlagen auf dem Gebiet des Gemeinsamen Marktes. Sie besaßen die größten Werke in Großbritannien, wo sie zusammen über 50-60 % der gesamten Produktionskapazitäten verfügten. Auf dem sachlich relevanten Markt für Toilettenpapier erreichten die Beteiligten insgesamt im Vereinigten Königreich und Irland einen Marktanteil in Höhe von 50-60%. Das aus dem geplanten Zusammenschluss hervorgehende Unternehmen war der größte Hersteller von Tissue-Erzeugnissen sowohl weltweit als auch in Europa, dessen Marktposition durch die Kombination umsatzstarker Marken und bedeutsamer Produktions- und Marketingressourcen erheblich gestärkt war.

Die Kommission hatte gemäß Art. 6 Abs. 1 lit. c festgestellt, dass das Zusammenschlussvorhaben Anlass zu ernsthaften Bedenken hinsichtlich seiner Vereinbarkeit mit dem Gemeinsamen Markt gab und mithin das Hauptverfahren eingeleitet. Im Rahmen der materiellen Prüfung kam die Kommission zu dem Ergebnis, dass durch den geplanten Zusammenschluss wettbewerbsbeschränkende Auswirkungen auf den Gemeinsamen Markt, nämlich die Märkte für Tissue-Erzeugnisse im Vereinigten Königreich und in Irland zu befürchten seien. Sie erklärte daher den Zusammenschluss nur unter dem Vorbehalt der Erfüllung bestimmter Auflagen (Ausgliederung von Marken, Geschäftsbereichen, Produktionskapazitäten etc.) gemäß Art. 8 Abs. 2 für mit dem Gemeinsamen Markt vereinbar.

b) Ciba-Geigy/ Sandoz

Die Schweizer Chemiekonzerne *Ciba-Geigy AG* und *Sandoz AG* – beide hatten ihren Sitz in Basel – fusionierten zu dem weltweit zweitgrößten Anbieter phar-

[348] Entscheidung der Kommission vom 16.01.1996, Sache Nr. IV/M. 623, ABl. EG Nr. L 183 vom 23.7.1996, S. 1ff.

mazeutischer Produkte, der *Novartis AG*[349]. Die Beteiligten waren in sich überschneidenden Bereichen, d.h. zum Teil auf denselben Märkten tätig. Aus diesem Grunde hatte die Kommission Bedenken hinsichtlich der Vereinbarkeit des Zusammenschlusses mit dem Gemeinsamen Markt, so dass sie das Hauptverfahren einleitete. Dabei setzte sie sich mit den wettbewerblichen Auswirkungen des Zusammenschlusses auf die mitgliedstaatlichen bzw. europäischen Märkte in den Bereichen Gesundheitswesen, Pflanzenschutz, Saatgut und Tiergesundheit auseinander. Die beteiligten Unternehmen hielten in einer Reihe von Produktmärkten innerhalb der Gemeinschaft erhebliche Marktanteile, so dass die Kommission insbesondere die durch die Fusion bewirkten Marktanteilsadditionen untersuchte. Da durch den Zusammenschluss die Entstehung einer marktbeherrschenden Stellung auf einem der Märkte zu erwarten war, gab die Kommission das Vorhaben gemäß Art. 8 Abs. 2 nur unter der Bedingung frei, dass die Beteiligten zugesagte Verpflichtungen (Lizenzvergabe an Konkurrenten) erfüllten.

c) Boeing/ McDonnel Douglas

Anders als etwa im Falle *„Kimberly-Clark/Scott“* verfügten die beiden US-amerikanischen Flugzeughersteller *Boeing* und *McDonnel Douglas*[350] praktisch über keine Produktionsanlagen im Gebiet des Gemeinsamen Marktes[351]. Dennoch lag auf der Hand, dass dieses Zusammenschlussvorhaben, an dem der weltgrößte Verkehrsflugzeughersteller beteiligt war, Auswirkungen auf den Gemeinsamen Markt haben würde, zumal *Boeing* nach dem Zusammenschluss nur noch ein Wettbewerber, *Airbus*, gegenüberstand. Der hier in Frage stehende Produktmarkt für große düsengetriebene Verkehrsflugzeuge war – wie die Kommission im Rahmen des von ihr eingeleiteten Hauptverfahrens feststellte – in räumlicher Hinsicht nicht auf die Gemeinschaft beschränkt. Vielmehr handelte es sich dabei um einen Weltmarkt. Insofern äußerte sich die Kommission ausdrücklich zu den Auswirkungen des Zusammenschlusses auf den Europäischen Wirtschaftsraum (EWR): Der EWR stelle einen wesentlichen Teil des besagten weltweiten Produktmarktes dar und weise eine diesem ähnliche Wettbewerbsstruktur (z. B. ähnliche Marktanteile) auf. Die Kommission gelangte zu der Auffassung, dass die bereits bestehende marktbeherrschende Stellung von *Boeing* durch den Zusammenschluss verstärkt werde, so dass sie das Vorhabens beinahe untersagt hätte. Dies konnte unter anderem dadurch abgewendet wer-

---

[349] Entscheidung der Kommission vom 17.07.1996, Sache Nr. IV/M. 737, ABl. EG Nr. L 201 vom 29.7.1997, S. 1ff.

[350] Entscheidung der Kommission vom 30. 07.1997, Sache Nr. IV/M. 877, ABl. EG Nr. L 336 vom 08.12.1997, S. 16ff.

[351] Vgl. Montag/Kaessner, Entwicklungen in der Fallpraxis der europäischen Fusionskontrolle, WuW 1997, 781, 786.

den, dass *Boeing* auf Exklusivlieferverträge mit drei der größten Fluggesellschaften verzichtete. In diesen Verträgen hatten sich die Gesellschaften verpflichtet, ausschließlich *Boeing*-Maschinen abzunehmen.

Nachdem die US-amerikanische Federal Trade Commission am 1. Juli 1997 beschlossen hatte, keinen Einwand gegen den Zusammenschluss zu erheben, genehmigte ihn nach langem Tauziehen am 30. Juli 1997 auch die Europäische Kommission.

Im Falle *Boeing/Mc Donnel Douglas* wurde deutlich, dass die Entscheidung der Gemeinschaft über das Zusammenschlussvorhaben der beiden US-Unternehmen nationale Belange der USA berührte, die über rein wettbewerbspolitische Interessen hinausgingen: Im Rahmen der bilateralen Zusammenarbeit der Behörden, die das Abkommen zwischen den Europäischen Gemeinschaften und der Regierung der Vereinigten Staaten über die Anwendung ihrer Wettbewerbsregeln[352] vorschreibt, äußerten das US-Verteidigungsministerium und das US-Justizministerium ihre Bedenken gegen eine Untersagung des Zusammenschlussvorhabens durch die Europäischen Kommission. So könne ein Verbot des Zusammenschlusses bedeutenden US-Rüstungsinteressen schaden und Arbeitsplätze in den USA vernichten[353]. Tatsächlich hatte die US-Regierung nach dem Ende des Kalten Krieges den Wunsch, die Wehrbeschaffungskosten zu senken, gleichzeitig aber eine leistungsfähige US-Luftfahrtindustrie zu erhalten. Vor diesem Hintergrund hat die Clinton-Administration den Zusammenschluss von *Boeing/Mc Donnel Douglas,* der beiden wichtigsten Flugzeughersteller, gefördert[354].

d) General Electric/Honeywell

Die Befassung der Kommission mit dem Zusammenschluss der beiden US-Unternehmen *General Electric* und *Honeywell*[355] erregte wiederum über die Grenzen der Gemeinschaft hinausgehendes Aufsehen. Während im Fall *Boeing/Mc Donnel Douglas* der transatlantische Eklat noch einmal abgewendet werden konnte, weil der Zusammenschluss – wenn auch unter Auflagen – von der Kommission letztlich genehmigt wurde, kam es im Fall *General Electric/ Honeywell* zu divergierenden Entscheidungen und damit zum offenen Konflikt,

---

[352] ABl. EG Nr. L 95 vom 27.04.1995, S. 45 ff.

[353] ABl. EG Nr. L 336 vom 08.12.1997, S. 17 f.

[354] Banks, Concept of Extraterritoriality, ECLR 1998, 306, 309; Bavasso, Boeing/Mc Donnel Douglas, ECLR 1998, 243, 243.

[355] Entscheidung der Kommission vom 03.07.2001, COMP/M.2220, auszugsweise abgedruckt in WuW/E EU-V, 631 ff.(„General Electric/Honeywell").

nachdem die US-Behörde den Zusammenschluss genehmigt hatte, die Kommission ihn aber untersagte[356].

General Electric und *Honeywell* waren teilweise auf denselben, teilweise in einer Reihe von vor- und nachgelagerten sowie benachbarten Märkten im Bereich des Flugzeugsektors tätig. Bei allen diesen Märkten handelte es sich in räumlicher Hinsicht um Weltmärkte.

Beide Unternehmen stellten Flugzeugmotoren her. Auf einem dieser Märkte, dem Markt für Flugzeugmotoren für große Regionalflugzeuge, wäre durch den Zusammenschluss mit *Honeywell* die bereits bestehende beherrschende Stellung von *General Electric* zu einer Monopolstellung ausgebaut worden. Auch auf Märkten für andere Flugzeugklassen wäre eine beherrschende Stellung *General Electric* entstanden bzw. verstärkt worden. Neben der Herstellung von Flugzeugmotoren war *General Electric* über eine Tochtergesellschaft, die als Leasing-Unternehmen tätig war, der weltweit größte Abnehmer von Flugzeugen und verfügte so über eine größere Flugzeugflotte als jede Fluggesellschaft. Diese vertikale Integration stützte die oben beschriebene beherrschende Stellung von *General Electric*.

Das zu übernehmende Unternehmen *Honeywell* war führender Anbieter für Flugzeugausrüstung, unter anderem für Avionik-Produkte (Fluginstrumente). Da *Honeywell* auch eine führende Position bei den Flugzeugmotor-Startern einnahm, wies der Zusammenschluss mit dem Flugzeugmotorenhersteller *General Electric* auch vertikale Aspekte auf.

Neben den oben beschriebenen Marktanteilsadditionen auf horizontaler Ebene sowie der zu erwartenden vertikalen Integration hatten die beiden Beteiligten auch konglomerate Beziehungen. Wettbewerbsbeschränkende Wirkungen durch den Zusammenschluss waren insbesondere auch deswegen zu erwarten, weil sich das Produktangebot von *General Electric* auf der einen Seite und *Honeywell* auf der anderen Seite ergänzte. Die Parteien wären daher in besonderer Weise in der Lage gewesen, für den Kunden Produktpakete zu schnüren und bestimmte Produkte quer zu subventionieren, so dass noch verbliebene Wettbewerber verdrängt worden wären.

Anders als im Fall *Boeing/Mc Donnel Douglas* ging die Kommission im Fall *General Electric/Honeywell* in ihrer Entscheidung nicht darauf ein, dass es sich um einen Zusammenschluss von zwei Unternehmen aus Drittstaaten handelte. Insofern wird die Problematik der extraterritorialen Anwendbarkeit und Anwendung der FKVO nicht angesprochen. In beiden Fällen waren die relevanten Produktmärkte in räumlicher Hinsicht Weltmärkte. Während sich aber die Kommission beim Zusammenschluss *Boeing/Mc Donnel Douglas*, bei dem es ebenfalls

[356] Vgl. Meessen, Kommentar, WuW 2001, 1027, 1027.

um weltweite Märkte ging, mit den Auswirkungen des Vorhabens im Europäischen Wirtschaftsraum auseinandersetzte[357], wird offensichtlich beim Zusammenschluss *General Electric/Honeywell* wie selbstverständlich von solchen Auswirkungen ausgegangen. Freilich hätte es bei dem beschriebenen Sachverhalt im Falle der Realisierung des Zusammenschlussvorhabens mit sehr hoher Wahrscheinlichkeit erhebliche wettbewerbsbeschränkende Auswirkungen auch auf den Gemeinsamen Markt gegeben.

3. Bewertung

Bei einer Auswertung der exemplarisch aufgeführten Entscheidungen zeigt sich, dass die Kommission Zusammenschlussvorhaben in Drittstaaten nur dann untersagt bzw. lediglich unter Auflagen freigegeben hat, wenn starke wettbewerbsbehindernde Auswirkungen im Gemeinsamen Markt zu erwarten waren. Im Falle der „Beinahe-Untersagung" *„Boeing/Mc Donnel Douglas"* und im Untersagungsfall *„General Electric/Honeywell"* war sogar mit massiven Auswirkungen zu rechnen. Zu diesen mit hoher Wahrscheinlichkeit eintretenden starken Auswirkungen der Drittstaatenzusammenschlüsse in der Gemeinschaft stand der mit der Untersagung bzw. mit der Genehmigung unter Auflagen verbundene intensive Eingriff nicht außer Verhältnis. Eine sinnvolle Anknüpfung nach dem Auswirkungsprinzip war in diesen Anwendungsfällen somit an sich gegeben.

4. Exkurs

Obwohl in den Fällen *Boeing/Mc Donnel Douglas* sowie *General Electric/ Honeywell* die sichere Erwartung starker wettbewerbsbeschränkender Auswirkungen in der Gemeinschaft bestand, ist diskutiert worden, ob die Kommission diese Drittstaatenzusammenschlüsse untersagen bzw. lediglich unter Auflagen genehmigen durfte. Dies lag vor allem daran, dass die Entscheidung der Gemeinschaft mit der des betreffenden Drittstaates, in dem die besagten Unternehmen ihren Sitz hatten und den Zusammenschluss vollzogen – hier der USA – , in Konflikt stand: Der Zusammenschluss *Boeing/Mc Donnel Douglas*, über dem für die Dauer des Kontrollverfahrens die Untersagung „schwebte" und der von der Kommission bekanntlich nur unter Auflagen genehmigt wurde, war von den US-Behörden zuvor ohne derartige Auflagen oder Bedingungen freigeben worden. Im Fall *General Electric/Honeywell* stand die Freigabe durch die US-Behörden sogar gegen die Untersagung durch die Kommission.

---

[357] Entscheidung der Kommission vom 30. Juli 1997, Sache Nr. IV/M. 877, ABl. EG Nr. L 336 vom 08.12.1997, S. 16, 17, Ziff. 8.

a) Zustandekommen divergierender Entscheidungen

Wie die Fälle *Boeing/Mc Donnel Douglas* sowie *General Electric/Honeywell* zeigen, sind auch bei Megafusionen, die weltweite Dimensionen und damit auch weltweite Auswirkungen haben, voneinander abweichende Entscheidungen in unterschiedlichen Jurisdiktionen möglich. Ursache hierfür kann erstens sein, dass sich der Sachverhalt in unterschiedlichen Gebieten der Welt auch unterschiedlich darstellen kann. So kann ein Zusammenschluss in dem einen Staat erhebliche wettbewerbsbehindernde Auswirkungen haben, in einem anderen Staat hingegen nur geringfügige oder gar keine. Dies kann etwa daher rühren, dass Wettbewerbsbehinderungen gerade auf solchen Märkten auftreten, die räumlich auf einen der beiden Staaten begrenzt sind.

Zweitens können dieselben Sachverhalte in unterschiedlichen Jurisdiktionen unterschiedlich rechtlich bewertet werden. Die Wegnahme fremder Sachen in Zueignungsabsicht mag weltweit rechtlich als Diebstahl geächtet werden. Die wettbewerbsrechtliche Bewertung von Sachverhalten ist indessen weniger einheitlich in den verschiedenen Jurisdiktionen, weil diesen Bewertungen unterschiedliche wettbewerbstheoretische Ansätze zu Grunde liegen können: Als Beispiel hierfür kann der Fall *General Electric/Honeywell* angeführt werden: Die EG-Kommission stellte vor allem darauf ab, dass *General Electric* seine ohnehin schon starke Position auf bestimmten Märkten durch den Zusammenschluss noch verstärken und in der Folge noch verbliebene Konkurrenten gänzlich verdrängen könne. Demgegenüber kam es für das amerikanische Department of Justice nicht so sehr auf die Wirkungen auf andere Wettbewerber an, sondern auf die möglichen Vor- und Nachteile für den Verbraucher. Dieser unterschiedliche Ansatz ist vielfach dahingehend zusammengefasst worden, dass das US-Kartellrecht, anders als das EG-Kartellrecht, „den Wettbewerb und nicht die Wettbewerber schütze“[358].

b) Problematik divergierender Entscheidungen

Die Problematik unterschiedlicher Entscheidungen stellt sich bei der Untersagung von Zusammenschlüssen in Drittstaaten mit besonderer Schärfe. Auch bei der Anmeldepflicht und dem Vollzugsverbot können Konflikte auftreten, wie an späterer Stelle noch ausgeführt werden wird[359]. Die Untersagung ist aber im Gegensatz zu den eben genannten Eingriffen etwas Endgültiges. Zwar gibt es

---

[358] Vgl. Schwarze, Extraterritoriale Anwendbarkeit, WuW 2001, 1190, 1201.

[359] So können für Drittstaatenunternehmen durch die Beachtung der FKVO-Vorschriften Wartezeiten entstehen, welche die Unternehmen ansonsten nicht einhalten müssen, weil in dem betreffenden Drittstaat im Unterschied zur Gemeinschaft kein Vollzugsverbot besteht, vgl. 4. Teil, 2. Abschnitt, C.

die Möglichkeit, eine Untersagung abzuwenden, indem das Vorhaben so verändert wird, dass es unter Auflagen genehmigt werden kann. Das Zusammenschlussvorhaben in seiner ursprünglich geplanten Form wird jedoch nicht mit dem Gemeinsamen Markt für vereinbar erklärt.

Ist ein Zusammenschluss in Drittstaaten zwar dort genehmigt, wird er in der Gemeinschaft jedoch untersagt, müssen die beteiligten Unternehmen, die ja zumindest durch Verkäufe im Gemeinsamen Markt tätig sind, die Entscheidung der Kommission befolgen. Wenn auch die Kommission ihre Entscheidung wegen des Verbots der Vornahme von Hoheitsakten auf dem Gebiet der Drittstaaten nicht durchsetzen kann, könnte sie diese im Gebiet des Gemeinsamen Marktes, nämlich gemäß Art. 256 EGV nach den Zwangsvollstreckungsvorschriften der Mitgliedstaaten in deren Hoheitsgebieten durchsetzen[360]. Im Übrigen würde auch eine Untersagungsentscheidung der Kommission, die faktisch nicht durchgesetzt werden könnte, in der Regel befolgt werden. Normalerweise werden die Unternehmen den Wunsch haben, sich rechtmäßig zu verhalten, d.h. nicht gegen die Verbotsentscheidung zu verstoßen, zumal die EG-Kommission als Wettbewerbsbehörde eines der bedeutendsten Handelräume weltweit Autorität besitzt. Schließlich werden die Drittstaaten-Unternehmen eine Untersagung durch die Gemeinschaft auch deswegen befolgen, um handelspolitische Konflikte zu vermeiden.

Die Untersagungsentscheidung wirkt damit auch in dem betreffenden Drittstaat. Dies bedeutet, dass sich – bei ungehinderter Ausübung der Jurisdiktion – das schärfere Recht letztlich durchsetzen würde[361]. Denn der verbietende Staat bzw. die EG würde in den (Dritt-) Staat mit der milderen Entscheidung „hineinregeln“ und in dessen souveräne Rechte eingreifen. Der *Boeing*-Fall hat gezeigt, dass keineswegs lediglich das Recht, wettbewerbspolitische Entscheidungen selbst zu bestimmen, berührt sein muss. Es können auch andere Facetten der Souveränität betroffen sein, im besagten Beispiel etwa die Rüstungs- und Beschäftigungspolitik.

c) Lösungsansätze

Es stellt sich daher die Frage, ob ein Staat einen Auslandszusammenschluss trotz Vorliegens von Auswirkungen unter Umständen nicht untersagen darf. Zur Beantwortung dieser Frage ist aus dem Einmischungsverbot eine Pflicht zur Inte-

---

360 Z. B. Eintreibung einer Geldbuße wegen Verstoßes gegen das Vollzugsverbot durch Beschlagnahme von in die Gemeinschaft importierten Waren.

361 Vgl. Schwarze, extraterritoriale Anwendbarkeit, WuW 2001, 1190, 1199.

ressenabwägung abgeleitet worden[362]. Ob die Kommission einen Drittstaatenzusammenschluss untersagen darf, würde demnach davon abhängen, ob dem im Einzelfall schwerwiegendere Interessen des betroffenen Drittstaates entgegenstehen.

In dem zwischen den Europäischen Gemeinschaften und der Regierung der Vereinigten Staaten geschlossenen Abkommen über die Anwendung ihrer Wettbewerbsregeln[363] findet sich in Art. VI ein Ansatz dafür, dass bei den eigenen Entscheidungen die Belange der jeweils anderen Seite zu berücksichtigen sind und in welcher Weise dies zu geschehen hat.

---

[362] Vgl. etwa Meessen, Völkerrechtliche Grundsätze, S. 198 ff.; Wiedemann in FS-Lieberknecht, Drittstaaten- Zusammenschlüsse, S. 641 ff. die zwischen der Begründung der Zuständigkeit durch eine sinnvolle Anknüpfung und der Ausübung der Zuständigkeit unterscheiden und im Rahmen der Ausübung der Zuständigkeit eine Abwägung der Staateninteressen vornehmen wollen; Restatement of the Law (Third), Foreign Relations Law of the United States, § 403, der zwischen der Begründung der Zuständigkeit, der „base of jurisdiction" und der Ausübung der Zuständigkeit, der „exercise of jurisdiction", unterscheidet und bei der Ausübung der Zuständigkeit eine Selbstbeschränkung des regelnden Staates im Konfliktfall fordert, wenn sich aufgrund einer Abwägung ergibt, dass die Interessen des betroffenen Staates klar überwiegen, vgl. § 403 (3) Subsection (2); - siehe auch oben, Teil 1, 2. Abschnitt, D, III, 2, c), (bb).

[363] Abkommen vom 23.09.1991, ILM 1991, S. 1487: Das zwischen der Regierung der Vereinigten Staaten und der EG-Kommission beschlossene Abkommen ist auf eine Klage der französischen Regierung hin wegen fehlender Zuständigkeit der Kommission vom Gerichtshof für nichtig erklärt worden, vgl. Urteil des EuGH vom 09.08.1994, Rs. C-327/91, Slg. 1994 I-3641(„ Franz. Republik/Kommission der EG"). Im Jahre 1995 ist es durch Rat und Kommission unter Beachtung der Kompetenzen nochmals abgeschlossen worden, vgl. Beschluss des Rates und der Kommission über den Abschluss des Abkommens zwischen den Europäischen Gemeinschaften und der Regierung der Vereinigten Staaten von Amerika über die Anwendung ihrer Wettbewerbsregeln (95/145/EG, EGKS), ABl. EG Nr. L 95, vom 27.04.1995, S. 45 ff. berichtigt ABl. EG Nr. L 131, vom 15.6.1995, S. 38; vgl. auch Abkommen zwischen den Europäischen Gemeinschaften und der Regierung der Vereinigten Staaten von Amerika über die Anwendung der „Positive Comity"-Grundsätze bei der Durchsetzung ihrer Wettbewerbsregeln, welches das vorher genannte Abkommen über die Anwendung der Wettbewerbsregeln ergänzt. Mit Durchsetzungsmaßnahmen sind nach Art. II Nr. 6 nicht nur Vollstreckungsmaßnahmen, sondern jede „Anwendung der Wettbewerbsregeln im Rahmen einer Untersuchung oder eines Verfahrens" gemeint, in deutscher Übersetzung in WuW 1998, S. 857 ff.; Pflicht zur Interessenabwägung auch in Art. VI des Abkommens zwischen den Europäischen Gemeinschaften und der Regierung von Kanada über die Anwendung ihres Wettbewerbsrechts, ABl. EG Nr. L 175 vom 10.07.1999, S. 49 ff., 53.

Da im Rahmen des Art. VI jegliche wichtige Belange („important interests") der anderen Vertragspartei zu berücksichtigen sind, beschränkt sich eine Betrachtung nicht auf wettbewerbspolitische Interessen. So wurde im Fall *Boeing/Mc Donnel Douglas* von der US-Regierung vorgebracht, dass ein Verbot des Zusammenschlusses bedeutenden Rüstungsinteressen schaden und in den Vereinigten Staaten Arbeitsplätze verloren gehen könnten[364]. Insofern hätte ein Verbot durch die Kommission souveräne Rechte der USA nicht nur im Bereich der Wirtschaftspolitik, sondern auch im Bereich der Beschäftigungs- und Sozialpolitik sowie im Bereich der Verteidigungspolitik, die zum Kernbereich der Souveränität eines jeden Staates gehört, berührt.

Allerdings fordert Art. VI von der regelnden Partei lediglich, bei der Anwendung ihres Wettbewerbsrechts „within the framework of its own laws" die Belange der von der Regelung betroffenen Partei zu berücksichtigen. Auch Art. IX bringt zum Ausdruck, dass das Abkommen nicht in einer Weise auszulegen ist, die mit dem geltenden Recht der Parteien unvereinbar ist. Die Verpflichtung, die eigenen Interessen mit denen der anderen Partei abzuwägen, steht insofern nicht über dem Recht der Gemeinschaft bzw. der USA. Vielmehr müssen die Interessen der jeweils anderen Partei lediglich im Rahmen des geltenden Rechts der regelnden Partei, etwa bei der Rechtsauslegung, beachtet werden. Wenn also etwa nach Gemeinschaftsrecht in einem Zusammenschlussfall nur eine Untersagung in Betracht käme, dann wäre es zulässig, diese auch zu erklären, selbst wenn dem gravierende Interessen der USA entgegenstünden.

III. Zusammenfassung

Auch für eine präventive extraterritoriale Rechtsanwendung, hier eine präventive Untersagung, kann mittels des Auswirkungsprinzips eine völkerrechtlich sinnvolle Anknüpfung hergestellt werden. Angesichts der Schwere des Eingriffs durch eine Untersagung bzw. eine nur unter Auflagen erteilte Genehmigung sind allerdings hohe Anforderungen an eine sinnvolle Anknüpfung nach dem Auswirkungsprinzip zu stellen[365]. Die Untersagungsnormen gemäß Art. 8 Abs. 3 i.V.m. Art. 2 Abs. 3 als solche entsprechen diesen Anforderungen, indem sie zu erwartende starke wettbewerbsbehindernde Auswirkungen im Gemeinamen Markt voraussetzen: Zusammenschlüsse – also auch solche in Drittstaaten – dürfen nur dann untersagt werden, wenn sie eine beherrschende Stellung begründen oder verstärken und dadurch der Wettbewerb im Gemeinsamen Markt erheblich behindert würde.

---

364 Fall Nr. IV/M. 877, Entscheidung vom 30. Juli 1997, ABl. EG Nr. L 336 vom 08.12.1997, S. 16, 17f., Ziff. 11f.

365 Siehe oben Teil 1, 2. Abschnitt, D., III., 2, c, (2), (3).

Auch die extraterritoriale Anwendung dieser Normen in der Praxis zeigt, dass es sich um Zusammenschlussvorhaben handelte, von denen im Falle ihrer Realisierung mit an Sicherheit grenzender Wahrscheinlichkeit gravierende wettbewerbsbehindernde Auswirkungen auf den Gemeinsamen Markt ausgegangen wären. Insofern entsprechen auch die Entscheidungen der Kommission im Einzelfall, einen Drittstaatenzusammenschluss zu untersagen bzw. ihn nur unter Auflagen zu genehmigen, dem Auswirkungsprinzip.

Trotz des Vorliegens gravierender Auswirkungen in der Gemeinschaft ist diskutiert worden, ob die Kommission einen Zusammenschluss in Drittstaaten untersagen darf, wenn diese Entscheidung gegen die Freigabe-Entscheidung des betreffenden Drittstaates steht. Insbesondere wegen des Problems konträrer Entscheidungen ist eine Pflicht zur Abwägung der betroffenen Staateninteressen postuliert worden. Ansätze für eine solche Interessenabwägung finden sich in bilateralen Abkommen über die Anwendung der Wettbewerbsregeln, welche die EG mit Regierungen von Drittstaaten abgeschlossen hat.

Gegenstand dieser Untersuchung sind die Anforderungen an die Auswirkungen im Sinne des völkerrechtlichen Auswirkungsprinzips. Inwieweit das allgemeine Völkerrecht für die Untersagung von Drittstaatenzusammenschlüssen über das Vorliegen bzw. die Erwartung von Auswirkungen hinaus noch eine zusätzliche Interessenabwägung voraussetzt, soll daher nicht weiter vertieft werden.

4. Teil: Mögliche Völkerrechtsverletzung durch Anmeldepflicht und Vollzugsverbot für Drittstaatenzusammenschlüsse

Die FKVO knüpft die Anmeldepflicht und das Vollzugsverbot für Zusammenschlussvorhaben an formale Kriterien, nämlich das Erreichen bestimmter Umsatzschwellen gem. Art. 1 Abs. 2 bzw. Abs. 3 an. Materielle Voraussetzungen für die Anwendbarkeit der FKVO, insbesondere das Erfordernis zu erwartender Wettbewerbsbeschränkungen werden in Art. 1 nicht aufgestellt. Wie sich in der Fallpraxis der Kommission gezeigt hat, werden durch die derzeitigen Aufgreifbestimmungen der FKVO viele Zusammenschlüsse in Drittstaaten erfasst, die sich als wettbewerblich gänzlich unproblematisch erweisen. Diese weite Ausdehnung des extraterritorialen Wirkungsbereiches der Anmeldepflicht und des Vollzugsverbotes könnte gegen Völkerecht verstoßen.

1. Abschnitt: Kein Völkervertragsrecht

Völkerrechtliche Grenzen für die extraterritoriale Anwendbarkeit der FKVO und die sich daraus ergebenden Rechtsfolgen der Anmeldepflicht sowie des Vollzugsverbotes für Zusammenschlüsse in Drittstaaten könnten hier zunächst durch Völkervertragsrecht gemäß Art. 38 Nr. 1 a IGH-Statut gesetzt werden. Es stellt sich die Frage, ob es multilaterale oder bilaterale Abkommen gibt, welche die Reichweite des Anwendungsbereichs wettbewerbsrechtlicher Regelungen verbindlich begrenzen.

Im Hinblick auf die internationale Dimension vieler wettbewerbsrechtlicher Sachverhalte haben die Europäischen Gemeinschaften etwa mit den USA[366] und mit Kanada[367] bilaterale Abkommen über die Anwendung ihres Wettbewerbsrechts geschlossen. Erfasst wird hierbei auch die Anwendung der FKVO[368]. Die

---

366 Beschluss des Rates und der Kommission vom 10.04.1995 über den Abschluss des Abkommens zwischen den Europäischen Gemeinschaften und der Regierung der Vereinigten Staaten von Amerika über die Anwendung ihrer Wettbewerbsregeln (95/145/EG, EGKS) einschließlich Text desselbigen Abkommens (im Folgenden: Abkommen EG-USA), ABl. EG Nr. L 95 vom 27.04.1995, S. 45 ff., berichtigt ABl. EG Nr. L 131 vom 15.06.1995, S. 38 f.

367 Beschluss des Rates und der Kommission vom 29.04.1999 über den Abschluss des Abkommens zwischen den Europäischen Gemeinschaften und der Regierung von Kanada über die Anwendung ihres Wettbewerbsrechts (1999/445/EG, EGKS) einschließlich Text desselbigen Abkommens (im Folgenden: Abkommen EG-Kanada), ABl. EG Nr. L 175 vom 10.07.1999, S. 49 ff.

368 Abkommen EG-USA, a.a.O. (siehe Fußnote 366), Art. I Nr. 2 A. (i); Abkommen EG-Kanada, a.a.O. (siehe Fußnote 367), I Nr. 2 .

Abkommen regeln die Zusammenarbeit mit der jeweils anderen Wettbewerbsbehörde, unter anderem die Verpflichtung, in Fällen, in denen Interessen der anderen Vertragspartei berührt sein könnten, diese über die Aufnahme von Ermittlungen oder die Einleitung von Verfahren zu unterrichten, untereinander Informationen auszutauschen sowie die Verpflichtung, auf Antrag der jeweils anderen Vertragspartei Konsultationen aufzunehmen[369]. Insoweit haben die Abkommen verfahrensrechtlichen Charakter. Zudem bestimmen die Abkommen, die Interessen der jeweils anderen Vertragspartei bei der Anwendung des eigenen Kartellrechts zu berücksichtigen und gegen eigene konkurrierende Interessen abzuwägen[370]. Allerdings muss dies nur in den Grenzen des eigenen Rechts der jeweiligen Vertragspartei, also des Gemeinschaftsrechts bzw. des jeweiligen nationalen Rechts geschehen[371]. Daher tasten die Abkommen die Aufgreifkriterien nach Art. 1 und die damit verbundene extraterritoriale Ausdehnung des Anwendungsbereiches der FKVO nicht an. Eine verbindliche Begrenzung der Zuständigkeitsbereiche der Vertragspartner und damit auch Begrenzung der extraterritorialen Anwendbarkeit der FKVO sehen die Abkommen somit nicht vor. Völkervertragliche Regelungen sind damit nicht einschlägig.

2. Abschnitt: Gewohnheitsrechtliches Einmischungsverbot

A. Vorbemerkungen

Mangels einschlägiger völkervertraglicher Regelungen ist im Folgenden zu prüfen, ob ein Verstoß gegen Völkergewohnheitsrecht gemäß Art. 38 Nr. 1 b IGH-Statut in Betracht kommt. Wie oben ausgeführt, kann bei jurisdiktioneller Einmischung ein Verstoß gegen das gewohnheitsrechtliche Einmischungs- bzw. Interventionsverbot gegeben sein[372]. Insofern kann in der weiten Ausdehnung der Anwendbarkeit der FKVO durch die Anknüpfung von Anmeldepflicht und Vollzugsverbot an das bloße Umsatzerfordernis eine unzulässige Einmischung liegen.

B. Abstrakt-generelle Norm als Prüfungsgegenstand

Es stellt sich zunächst die Frage, ob abstrakt-generelle FKVO-Regelungen, hier die Regelungen zur Anmeldepflicht gemäß Art. 4 Abs. 1 und zum Vollzugsver-

369 Abkommen EG-USA, a.a.O. (siehe Fußnote 366), Art. II-V, VII-VIII, X; Abkommen EG-Kanada, a.a.O. (siehe Fußnote 367), II.-V., VII.- X.

370 Abkommen EG-USA, a.a.O. (siehe Fußnote 366), Art. VI; Abkommen EG-Kanada, a.a.O. (siehe Fußnote 367), VI.

371 Abkommen EG-USA, a.a.O. (siehe Fußnote 366) Art. IX; Abkommen EG-Kanada, a.a.O. (siehe Fußnote 367), XI.

372 1. Teil, 2. Abschnitt, D, II, 2.

bot gemäß Art. 7 Abs. 1, für eine Verletzung des Einmischungsverbotes in Betracht kommen. In der Regel kann erst die Anwendung eines Gesetzes, d.h. der Erlass eines darauf beruhenden Einzelaktes eine Einmischungshandlung darstellen. Denn das Gesetz als solches berührt meist noch keine Rechtspositionen[373].

Anders liegen die Dinge bei der Anmeldepflicht und dem Vollzugsverbot nach der FKVO. Hierfür bedarf es keines zusätzlichen Verwaltungsaktes, d.h. keiner Aufforderung der Kommission an die Unternehmen, das Zusammenschlussvorhaben anzumelden und es bis zur Freigabe nicht zu vollziehen. Vielmehr bestehen diese Handlungs- bzw. Unterlassungspflichten auch für Unternehmenszusammenschlüsse in Drittstaaten, welche die Umsatzschwellen überschreiten, unmittelbar seit dem Inkrafttreten der FKVO. Bereits durch die Bestimmungen der FKVO selbst ändert sich somit die Rechtsposition der betroffenen Unternehmen. Die Vorschriften wirken daher unmittelbar in Drittstaaten und kommen folglich als Einmischung im Sinne des völkerrechtlichen Einmischungsverbotes in Betracht. Prüfungsgegenstand sind damit bereits die Normen.

C. Betroffenheit souveräner Rechte von Drittstaaten

I. Eingriff in Rechte von Drittstaatenunternehmen als Eingriff in Drittstaatensouveränität

Es stellt sich die Frage, ob die Anmeldepflicht und das Vollzugsverbot aufgrund der Erfüllung der Aufgreifschwellen geeignet sind, in die Souveränität von Drittstaaten einzugreifen und so eine Einmischung im Sinne des Einmischungsverbotes darzustellen. Denn diese Pflichten richten sich unmittelbar an Unternehmen, d.h. Privatpersonen, nicht an Staaten. Indessen können Handlungsbzw. Unterlassungspflichten, die unmittelbar an die Gewaltunterworfenen des jeweiligen Drittstaates gerichtet sind, mittelbar die souveränen Rechte dieses Drittstaates verletzen und so gegen das Interventions- bzw. Einmischungsverbot verstoßen. Denn die Rechtssphäre eines Staates kann auch dadurch beeinträchtigt werden, dass seine Gewaltunterworfenen „von außen" reglementiert werden[374].

Aufgrund ihrer wirtschaftlichen Souveränität haben die Staaten das Recht, ihre Wirtschaftordnung mit den Mitteln des Wirtschaftsrechts selbst zu gestalten[375]. Hierzu gehört auch das Recht, den seiner Gebietshoheit unterworfenen Unternehmen bewusst einen weiten Verhaltensrahmen zu belassen. Im Fusionskon-

---

[373] Kaffanke, Wirtschaftsrecht, S. 283.

[374] Vgl. Haedrich zu „Intervention" in: Strupp/Schlochauer, Wörterbuch des Völkerrechts II, S. 145; Meng, Extraterritoriale Jurisdiktion, S. 71.

[375] 1. Teil, 2. Abschnitt, B.

trollrecht kann dies etwa heißen, den Unternehmen keine vorherige Anmeldepflicht verbunden mit einem präventiven Vollzugsverbot aufzuerlegen, sondern eine Anzeige des Zusammenschlusses ohne Vollzugsverbot ausreichen zu lassen oder nicht einmal eine solche Anzeigepflicht vorzusehen. Ein solcher von Drittstaaten möglicherweise bewusst gelassener Freiraum für die Unternehmen wird unterlaufen, wenn die Unternehmen in den Drittstaaten sich nach dem Recht der Gemeinschaft richten müssen, das eine vorherige Anmeldung sowie einen Vollzugsaufschub des Zusammenschlusses vorschreibt und insoweit strengere Verfahrensanforderungen beinhaltet.

Den Unternehmen drohen bei Verstößen gegen Anmeldepflicht und Vollzugsverbot Geldbußen. Die Rechtswirklichkeit zeigt, dass die Kommission sich nicht scheut, empfindliche Geldbußen wegen Verletzung der Anmeldepflicht und des Vollzugverbotes auch gegen Unternehmen in Drittstaaten festzusetzen[376]. Diese Strafen können gemäß Art. 256 EGV innerhalb der Gemeinschaft durchgesetzt werden. Danach kann eine Zwangsvollstreckung nach dem Zivilprozessrecht desjenigen Mitgliedstaates, in dessen Hoheitsgebiet sie stattfindet, durchgeführt werden. So könnten etwa durch Drittstaatenunternehmen in die Gemeinschaft eingeführte Waren vor ihrer Übereignung an den Käufer beschlagnahmt werden. Schon wegen der beschriebenen Durchsetzungsmöglichkeit werden die Unternehmen Anmeldepflicht und Vollzugsverbot nach der FKVO in der Regel befolgen, wenn sie weiterhin im Gemeinsamen Markt – und sei es nur durch Wareneinfuhren – tätig sein wollen. Daneben hätte, selbst wenn keine Vollstreckung drohte, die bloße Existenz einer Gebots- und Verbotsnorm eine verhaltenssteuernde Wirkung, unterstellt man, dass Menschen in der Regel normgerecht handeln wollen.

Auch wenn Anmeldepflicht und Vollzugsverbot nicht auf dem Gebiet des Drittstaates durchgesetzt werden können, bewirken sie dort somit ein bestimmtes Verhalten der adressierten Unternehmen. Indem Unternehmen in Drittstaaten durch diese in der FKVO aufgestellten Pflichten in ihrer Handlungsfreiheit eingeschränkt werden, wird in den Drittstaat „hineingeregelt“. Damit wird – mittelbar - in das souveräne Recht des Drittstaates unterlaufen, das Verhalten seiner Wirtschaftssubjekte selbst zu regeln und ihnen dabei möglicherweise mehr Freiheitsräume zu belassen. Auch wenn sich Anmeldepflicht und Vollzugsverbot unmittelbar an Privatpersonen richtet, kann dies im Ergebnis also eine Einmischung in die Rechtssphäre des Drittstaates darstellen.

---

[376] Entscheidung der Kommission vom 18.02.1998, Sache Nr. IV/M.920 („Samsung/AST“), ABl. EG Nr. L 225 vom 26.08.1999, S. 12 ff.; ausführlich dazu 6. Teil.

II. Die einzelnen Eingriffe

1. Eingriff durch Anmeldepflicht

Die Anmeldepflicht als solche behindert zwar nicht die Verwirklichung des Zusammenschlussvorhabens, stellt aber gleichwohl eine Belastung für die am Zusammenschluss beteiligten Unternehmen dar. Wie oben geschildert, sind die nach dem Formblatt CO[377] erforderlichen Angaben sehr umfangreich[378]. Die verlangten Auskünfte setzen zudem profunde ökonomische und wettbewerbsrechtliche Kenntnisse voraus, so dass damit ein erheblicher Zeit- und auch Kostenaufwand verbunden ist.

Zu bedenken ist in diesem Zusammenhang, dass nur eine vollständige Anmeldung gemäß Art. 10 Abs. 1 S. 2 FKVO, Art. 4 Abs. 2, 4 VerfVO den Lauf der Verfahrensfristen in Gang setzt. Eine unvollständige Anmeldung geht also zu Lasten der Unternehmen, indem die Prüfungsfrist im Vorverfahren erst nach Eingang der vollständigen Anmeldung beginnt und damit auch das vorläufige Vollzugsverbot im Vorverfahren länger aufrecht erhalten wird. Insofern müssen die nach dem Formblatt geforderten Informationen mit höchster Sorgfalt zusammengestellt werden. Allein hierfür dürfte ein erhöhter Einsatz von Personal sowie anwaltliche Beratung erforderlich sein[379]. Allerdings muss hier relativierend in Rechnung gestellt werden, dass es sich bei den Zusammenschlussbeteiligten aufgrund der von der FKVO geforderten Gesamtumsätze um Großunternehmen handelt, die über hohen ökonomischen und wettbewerbsrechtlichen Sachverstand sowie über Mittel für rechtliche Beratung verfügen dürften.

Es ist oben beschrieben worden, dass sich der Umfang der erforderlichen Angaben reduziert, wenn der Zusammenschluss einer Fallgruppe angehört, von der erfahrungsgemäß keine Gefahr für den Wettbewerb ausgeht[380]. Gerade die Drittstaatenzusammenschlüsse, von denen keine spürbaren Auswirkungen zu erwarten sind, werden häufig in diese Fallgruppen einzuordnen sein.

So sieht das Formblatt CO, wie oben ausgeführt, zum einen eine Anmeldung in Kurzform bei Gemeinschaftsunternehmen vor, die selbst überhaupt nicht oder in einem sehr geringen Maße in der Gemeinschaft bzw. im EWR tätig sind. Typischerweise handelt es sich hierbei um in Drittstaaten gegründete Gemein-

---

377 Anhang zur Verordnung (EG) Nr. 447/98 der Kommission vom 1. 3. 1998 über die Anmeldungen, über die Fristen sowie über die Anhörung nach der Verordnung (EWG) Nr. 4064/89 des Rates über die Kontrolle von Unternehmenszusammenschlüssen., ABl. EG Nr. L 61 vom 02.03.1998, S. 11 ff.

378 1. Teil, 1. Abschnitt, D, I, 2.

379 Vgl. Fiebig, International Law Limits, ECLR 1998, 323, 329.

380 1. Teil, 1. Abschnitt, D, I, 2.

schaftsunternehmen. Die Umsatzschwellen nach Art. 1 werden in diesen Fällen aufgrund der Größe der Mutterunternehmen erreicht. In dem nach Art. 6 Abs. 1 lit. b freigegebenen Zusammenschlussfall *JCSAT/SAJAC*[381] etwa sollte und konnte (aus tatsächlichen und rechtlichen Gründen) das zu gründende Gemeinschaftsunternehmen ausschließlich in Japan tätig sein. Zum anderen verringert sich, wie oben ausgeführt, der nach dem Formblatt CO erforderliche Umfang der Angaben, wenn keine „betroffenen Märkte" im Sinne des Formblattes CO vorliegen[382].

Eine weitere Belastung durch die Anmeldepflicht besteht darin, dass das Formblatt die Unternehmen auch zur Herausgabe von Geschäftsgeheimnissen verpflichtet. Hierzu gehören unter anderem die verlangten Auskünfte der beteiligten Unternehmen zu den von ihnen abgesetzten Mengen und erzielten Umsätzen auf den jeweils relevanten Märkten und den auf dieser Grundlage berechneten Marktanteilen[383]. Zwar sind Kommission und Mitgliedstaaten sowie deren Beamte gemäß Art. 17 Abs. 2 FKVO sowie Art. 287 EGV verpflichtet, erlangte Kenntnisse nicht preiszugeben, die unter das Berufsgeheimnis fallen[384]. Gleichwohl berührt die Pflicht, solche Auskünfte zu erteilen, das Geheimhaltungsinteresse der Unternehmen und damit auch das Interesse der betroffenen Drittstaaten, dass dort ansässige Unternehmen nicht von der Gemeinschaft „überwacht" werden.

Die verfahrensrechtliche Reglementierung durch die kostenintensive, Geheimhaltungsinteressen berührende Anmeldepflicht für Drittstaatenunternehmen berührt unmittelbar die Interessen der betroffenen Unternehmen selbst. Sie berührt mittelbar die Interessen des betroffenen Drittstaates.

2. Eingriff durch Vollzugsverbot

Anders als die Anmeldepflicht greift das Vollzugsverbot bis zur Freigabe des Zusammenschlusses direkt in die Verwirklichung der geplanten Transaktion ein[385]. Denn durch ein präventives Verbot wird die freie, d.h. „spontane" Umsetzung des geplanten Zusammenschlusses behindert. Bei einer nur nachträglichen Fusionskontrolle können die beteiligten Unternehmen ihr Vorhaben dagegen ungehindert umsetzen. Die Behörden greifen nur und erst dann – repressiv – ein, wenn ein Zusammenschlussvorhaben sich als tatsächlich wettbewerbsschädi-

---

[381] Siehe 5. Teil, 1. Abschnitt, B, II, 4.

[382] Zur Definition der „betroffenen Märkte" und zur Reduzierung der erforderlichen Angaben siehe 1. Teil, 1. Abschnitt, D, I, 2, a, b.

[383] Abschnitt 7.2. des Formblattes CO, ABl. EG Nr. L 61 vom 02.03.1998, S. 20.

[384] Vgl. auch Formblatt CO unter F, ABl. EG Nr. L 61 vom 02.03.1998, S. 14.

[385] Zum Vollzugsverbot siehe 1. Teil, 1. Abschnitt, D, II.

gend herausstellt. Dagegen müssen bei einer präventiven Fusionskontrolle die beteiligten Unternehmen ihr Vorhaben, das bestimmte Aufgreifkriterien erfüllt, für die Zeit der Prüfung durch die Wettbewerbsbehörde aufschieben.

Für das einzelne Zusammenschlussvorhaben, welches sich tatsächlich als wettbewerbsgefährdend erweist und die Untersagungskriterien erfüllt, kann eine präventive Kontrolle freilich von Vorteil sein. Bei einer erst nachträglichen Kontrolle müssten die Beteiligten den bereits vollzogenen Zusammenschluss wieder entflechten. Hierbei würden höhere Kosten entstehen als bei einer präventiven Kontrolle, welche den Zusammenschluss von vornherein verhindert hätte. Indessen wäre eine bloß nachträgliche Kontrolle ohne vorläufiges Vollzugsverbot jedenfalls für diejenigen Zusammenschlussvorhaben günstiger, die keine Gefahr für den Wettbewerb darstellen. Denn solche Vorhaben könnten dann ohne zeitlichen Aufschub realisiert werden[386]. Dies gilt gerade auch für die hier problematisierte Fallgruppe der Zusammenschlüsse in Drittstaaten, die zwar die Umsatzschwellen gemäß Art. 1 Abs. 2 bzw. Abs. 3 erfüllen, von denen jedoch keine spürbaren Auswirkungen auf den gemeinsamen Markt zu erwarten sind[387]. Da der Kreis solcher unbedenklicher Zusammenschlüsse (für die ein Vollzugsverbot eher hinderlich ist), sehr viel größer ist als der Kreis der tatsächlich wettbewerblich bedenklichen Zusammenschlüsse, für die ein Vollzugsverbot nützlich sein könnte, ist ein vorläufiges Vollzugsverbot und damit eine präventive Kontrolle – insgesamt gesehen – belastender als eine nachträgliche Kontrolle.

Die Dauer des Vollzugsverbotes hängt davon ab, ob der Zusammenschluss gemäß Art. 6 Abs. 1 lit. b schon nach dem Vorverfahren freigegeben wird, oder ob gemäß Art. 6 Abs. 1 lit. c ein Hauptverfahren eingeleitet wird[388]. Diejenigen Zusammenschlüsse in Drittstaaten, die zwar die Umsatzschwellen erfüllen, die aber wettbewerblich kaum spürbare oder gar keine Auswirkungen auf den Gemeinsamen Markt haben werden, werden in aller Regel schon nach dem Vorverfahren gem. Art. 6 Abs. 1 lit. b freigegeben. In diesen Fällen wird es also bei einem – nach Eingang der vollständigen Anmeldung – höchstens einmonatigen Vollzugsverbot bleiben.

Auch ein Vollzugsverbot von nur kurzer Dauer stellt einen Eingriff in die unternehmerische Freiheit der am Zusammenschluss Beteiligten dar. So kommt es bei Zusammenschlüssen vielfach auf eine schnelle Realisierung an. Schon ein einmonatiges Vollzugsverbot im Vorverfahren kann im konkreten Fall hohe Kosten

---

[386] Allerdings bietet eine vor dem Vollzug des Zusammenschlussvorhabens von der Wettbewerbsbehörde erteilte Genehmigung den beteiligten Unternehmen dahingehend Rechtssicherheit, dass es nach dessen Vollzug keinen behördlichen Eingriff mehr geben wird.

[387] Siehe zu dieser Fallgruppe 5. Teil, 1. Abschnitt, B, II..

[388] Siehe oben 1. Teil, 1. Abschnitt, D, II, 1.

für die am Zusammenschluss beteiligten Unternehmen verursachen. Denn durch jede – wenn auch nur kurze – Wartezeit bis zum Vollzug des Zusammenschlusses kann der Wert der Transaktion geschmälert werden[389]. So können zum Beispiel die Aktienkurse des betreffenden Unternehmens fallen, wenn die kartellbehördliche Genehmigung des Zusammenschlusses noch aussteht. Zudem werden mit jedem Aufschub des Vollzuges des Zusammenschlussvorhabens gleichzeitig die dadurch möglichen und beabsichtigten Vorteile aufgrund von Synergieeffekten aufgeschoben. Im schlimmsten Fall kann auch eine kurze Wartezeit den Zusammenschluss gänzlich vereiteln.

Durch das vorläufige Vollzugsverbot wird mittelbar auch das Interesse des Drittstaates berührt, das darin besteht, dort realisierte Zusammenschlüsse nicht durch andere Staaten bzw. die Gemeinschaft reglementieren zu lassen. Dies ist schon dann der Fall, wenn der Drittstaat das Zusammenschlussvorhaben bereits freigegeben hat, während das von der FKVO auferlegte Vollzugsverbot noch besteht, so dass die Umsetzung des Vorhabens unerwünschterweise blockiert wird[390]. Das Vollzugsverbot stellt aber insbesondere dann einen Eingriff in die wirtschaftliche Souveränität des Drittstaates dar, wenn dieser selbst aus wirtschaftspolitischen Gründen den Unternehmen größtmögliche Betätigungsfreiheit auch im Hinblick auf ihre Zusammenschlussvorhaben lassen will und gar keine oder nur eine nachträgliche Fusionskontrolle vorsieht.

Durch das „Hineinregeln" der Gemeinschaft in die Rechtssphäre von Drittstaaten kann letzteren ein beträchtlicher volkswirtschaftlicher Schaden entstehen. Wenn Großfusionen – und um solche handelt es sich wegen der Höhe der Schwellenwerte gemäß Art. 1 sämtlich – wegen des nach der FKVO einzuhaltenden Vollzugsverbotes zumindest behindert werden oder möglicherweise sogar scheitern, kann dies volkswirtschaftlich ins Gewicht fallen. Beispielsweise können Staaten mit der Billigung oder sogar Förderung von Zusammenschlüssen industriepolitische Ziele verfolgen, indem sie „nationale" Großunternehmen protegieren, die sich am Weltmarkt behaupten sollen. Auch kann es im Interesse des Drittstaates liegen, dass Zusammenschlüsse, die der Sanierung nicht mehr rentabler Unternehmen dienen und damit auch Arbeitsplätze sichern, reibungslos ablaufen können.

D. Sinnvolle Anknüpfung

Allerdings stellt nicht jede extraterritoriale Jurisdiktion, die souveräne Rechte anderer Staaten berührt, schon eine Verletzung des Einmischungs- bzw. Interventionsverbotes dar. Sie kann vielmehr eine berechtigte Wahrnehmung eigener souveräner Rechte des regelnden Staates, hier der Gemeinschaft, sein. Ein Ver-

---

389 Ezrachi, Limitations on the Extraterritorial Reach, ECLR 2001, 137, 139 f.

390 Vgl. Fiebig, International Law Limits, ECLR 1998, 323, 330.

stoß gegen das Einmischung- bzw. Interventionsverbot liegt aber dann vor, wenn der regelnde Staat bzw. die regelnde Gemeinschaft über keine völkerrechtlich sinnvolle Anknüpfung für die extraterritorialen Regelungen verfügt[391]. Nachdem im ersten Schritt festgestellt wurde, dass die Anmeldepflicht und das Vollzugsverbot souveräne Rechte von Drittstaaten berühren können, ist nunmehr in einem zweiten Schritt zu prüfen, ob für die Anmeldepflicht und das Vollzugsverbot von Drittstaatenzusammenschlüssen eine sinnvolle Anknüpfung besteht.

Die Überschreitung der in Art. 1 geregelten Umsatzschwellen müsste somit für Anmeldepflicht und Vollzugsverbot eine völkerrechtlich sinnvolle Anknüpfung im Sinne des Auswirkungsprinzips darstellen. Dem wird im folgenden Teil nachzugehen sein.

---

[391] Siehe 1. Teil, 2. Abschnitt, D, II, 2, c.

5. Teil: Umsatzschwellen als völkerrechtlich sinnvolle Anknüpfung

1. Abschnitt: Indizwirkung für wettbewerbsbeschränkende Auswirkungen

A. Vorbemerkungen

Zu untersuchen ist, inwieweit die Erfüllung der Schwellenwerte durch die beteiligten Unternehmen im Zusammenhang mit potentiellen[392] Gemeinschaftsauswirkungen eines geplanten (Drittstaaten-) Zusammenschlusses steht. In Art. 1 kommt es auf den weltweiten Gesamtumsatz aller beteiligten Unternehmen sowie den gemeinschaftsweiten Gesamtumsatz jeweils – mindestens – zweier beteiligter Unternehmen an[393]. Gemäß Art. 5 Abs. 1 sind für die Berechnung des Gesamtumsatzes die Umsätze zu addieren, welche die beteiligten Unternehmen mit Waren und Dienstleistungen im letzten Geschäftsjahr erzielt haben.

Wenn die in Art. 1 geregelten Schwellenwerte überschritten werden, lässt dies also auf die aktuelle weltweite Größe aller beteiligten Unternehmen insgesamt schließen sowie darauf, dass zumindest zwei beteiligte Unternehmen in der Gemeinschaft in einem bedeutsamen Umfang tätig sind. Durch das Erfordernis des gemeinschaftsweit erzielten Umsatzes wird zudem ein gewisser Bezug der am Zusammenschluss beteiligten Unternehmen zur Gemeinschaft sichergestellt. Gleichwohl gibt es viele Zusammenschlussvorhaben, die zwar die Schwellenwerte überschreiten, sich aber nicht wettbewerbsbeschränkend in der Gemeinschaft auswirken. Dies gilt auch für Zusammenschlüsse in Drittstaaten.

B. Kommissionspraxis zu Drittstaatenzusammenschlüssen gemäß Art. 6 Abs. 1 lit. b

Im Folgenden soll aus der Fallpraxis der Kommission eine exemplarische Auswahl von Drittstaaten-Zusammenschlüssen vorgestellt werden, die zwar anmeldepflichtig waren, sich aber als wettbewerblich unbedenklich erwiesen und daher nach Ende des Vorverfahrens gemäß Art. 6 Abs. 1 lit. b freigegeben wurden.

---

392 Wie im 3. Teil, 2. Abschnitt, B, I, 2. geschildert, sind für eine völkerrechtlich sinnvolle Anknüpfung keine aktuellen Auswirkungen des Auslands- bzw. Drittstaatensachverhaltes erforderlich. Vielmehr ist anerkannt, dass präventive Maßnahmen erlaubt sein müssen, die wettbewerbsschädigende Auswirkungen von vornherein verhindern. Insoweit ist eine Prognose hinsichtlich der zu erwartenden Auswirkungen vorzunehmen.

393 In Art. 1 Abs. 3 kommt es zusätzlich auf einen mitgliedstaatlich erzielten Umsatz an.

I. Gewisse Möglichkeit spürbarer Auswirkungen

1. Dow/Dupont

Bei den beiden US-amerikanischen Chemieunternehmen *Dow* und *Dupont,* die beabsichtigten, ihre Tätigkeiten auf dem Gebiet der synthetischen Elastomere in einem Gemeinschaftsunternehmen zusammenzulegen[394], bestand ein gewisser Bezug zur Gemeinschaft. Denn sie hatten auch drei Produktionsstätten innerhalb des Gemeinsamen Marktes und dort bezüglich einiger Produktgruppen beträchtliche Marktanteile. Allerdings gab es hinsichtlich der Tätigkeitsbereiche beider Unternehmen größtenteils keine Überschneidungen in der Europäischen Union. Daher kam es durch den Zusammenschluss nicht zur Addition von Marktanteilen. Die Kommission stellte daher schon im Vorverfahren gemäß Art. 6 Abs. 1 lit. b fest, dass der Zusammenschluss mit dem Gemeinsamen Markt vereinbar sei, weil er dort keine marktbeherrschende Stellung begründe oder verstärke, die den Wettbewerb behindere.

2. Loral/Lockheed

Auch im Fall der Übernahme aller Anteile der amerikanischen *Loral Corporation* durch die ebenfalls amerikanische *Lockheed Martin Corp.*[395] prüfte die Kommission die materiellen Auswirkungen des Zusammenschlusses auf den Gemeinsamen Markt. *Lockheed Martin* war der größte Rüstungsproduzent der Welt, und auch *Loral* war im Rüstungsbereich tätig; beide Unternehmen hatten indes auch zivile Tätigkeitsfelder. Wettbewerblich kritisch waren dabei allein die Märkte für Luftverkehrsleitsysteme und Flugzeugkontrollsysteme (aviation recorder products: „black boxes").Während *Loral* bei den Luftverkehrsleitsystemen im Vereinigten Königreich einen beachtlichen Marktanteil (zwischen 40 und 55% - genaue Zahl nicht veröffentlicht) erreichte, war *Lockheed Martin* auf diesen Märkten im EWR überhaupt nicht tätig. Auch bei den Flugzeugkontrollsystemen hatte *Loral* hohe Marktanteile (zwischen 50 und 70 %), während *Lockheed* seine Produktion diesbezüglich eingestellt hatte. Da insofern die Tätigkeiten beider Unternehmen kaum zur Addition von Marktanteilen führte, hat die Kommission den Zusammenschluss innerhalb der Monatsfrist nach Art. 6 Abs. 1 lit. b freigegeben.

---

394 Entscheidung der Kommission vom 21.02.1996, Sache Nr. IV/M.663, EEC Merger Control Reporter No B 390.

395 Entscheidung der Kommission vom 27.03.1996, Sache Nr. IV/M.697, EEC Merger Control Reporter No B 404; vgl auch Zusammenfassung in WuW 1997, S. 125ff.

3. AHP/American Cyanamid

In dem Fall *„American Home Products (AHP)/American Cyanamid"*[396] war zweifelhaft, ob der Zusammenschluss wettbewerbsbehindernde Auswirkungen auf den Gemeinsamen Markt haben würde. Es handelte sich bei den Beteiligten um zwei international tätige US-Pharma-Unternehmen. In einem der Tätigkeitsbereiche der Unternehmen führte der Zusammenschluss zu Überschneidungen. Angesichts dessen prüfte die Kommission im Rahmen des Vorverfahrens, ob durch den Zusammenschluss eine marktbeherrschende Stellung begründet oder verstärkt würde. Die genaue Abgrenzung des sachlich relevanten Marktes konnte offengelassen werden, weil die verschiedenen Abgrenzungsmöglichkeiten hinsichtlich der wettbewerbsrechtlichen Beurteilung des Vorhabens zum selben Ergebnis führten. In räumlicher Hinsicht legte die Kommission wegen der unterschiedlichen nationalen Gesundheitssysteme nationale, d.h. mitgliedstaatliche Märkte zu Grunde. In der Gemeinschaft waren durch den Zusammenschluss Märkte in Deutschland, im Vereinigten Königreich, in Frankreich sowie in Portugal betroffen. Zwar erreichten die Beteiligten in diesen Mitgliedstaaten zusammengerechnet einen z.T. beträchtlichen Marktanteil (der höchste betrug im Hinblick auf eine bestimmte Arzneimittelklasse 23,97 % in Deutschland). Indes gab es für jedes von den Beteiligten hergestellte und verkaufte Arzneimittel zumindest einen starken Wettbewerber. Die Kommission kam letztlich zu dem Schluss, dass der Zusammenschluss wegen der immer noch relativ niedrigen zusammengefassten Marktanteile der Beteiligten sowie der Präsenz weiterer starker Pharmakonzerne eine marktbeherrschende Stellung weder begründe noch verstärke und stellte schon im Rahmen des Vorverfahrens gemäß Art. 6 Abs. 1 lit. b seine Vereinbarkeit mit dem Gemeinsamen Markt fest.

4. Delta/Pan Am

Bei dem Zusammenschluss der beiden amerikanischen Fluggesellschaften *Delta Air Lines Inc.* und *Pan Am Corporation Co.*[397] prüfte die Kommission wiederum international tätige US-Unternehmen. *Delta* war zwar vorwiegend innerhalb der USA, aber auch auf internationalen Routen tätig (158 US-Städte, 34 internationale Ziele). *Pan Am* flog dagegen mehr internationale als nationale Ziele an (45 US-Städte, 75 internationale Ziele, darunter 15 Ziele in der Gemeinschaft). Für die Marktabgrenzung beschränkte sich die Kommission auf die Betrachtung des

[396] Entscheidung der Kommission vom 19.09.1994, Sache Nr. IV/M.500, WuW E/EV 2225 ff.

[397] Entscheidung der Kommission vom 13.09.1991, Sache Nr. IV/M.130, EEC Merger Control Reporter, No B 46.

Passagierluftverkehrs zwischen den USA und der Gemeinschaft[398]. Dabei konnte nach Ansicht der Kommission eine genaue Abgrenzung des relevanten Marktes offengelassen werden, weil auf beiden denkbaren Märkten keine beherrschende Stellung durch den Zusammenschluss begründet oder verstärkt würde: So wäre es bei der einen Variante der Marktabgrenzung zu keinerlei Überschneidungen in der Tätigkeit beider Unternehmen und damit zu keinen Marktanteilsadditionen gekommen. Bei der anderen Variante der Marktabgrenzung hätte der zusammengerechnete Marktanteil beider Unternehmen nach dem Zusammenschluss 25 % nicht überstiegen. Außerdem gebe es starke Wettbewerber.

In der Entscheidung der Kommission wird ausdrücklich erwähnt, dass der Zusammenschluss nach US-amerikanischem Recht bereits gebilligt wurde. Die Kommission ihrerseits beschränkte ihre materielle Prüfung auf die möglichen wettbewerbsbeschränkenden Auswirkungen des Zusammenschlusses auf den Gemeinsamen Markt und betrachtete damit nur den für die Gemeinschaft relevanten Ausschnitt der Transaktion. Bei ihrer Untersuchung stützte sie sich vor allem auf das Kriterium des Marktanteils. Der Zusammenschluss wurde letztlich schon nach dem Vorverfahren gemäß Art. 6 Abs. 1 lit. b freigegeben.

5. Schweizer Rück/Elvia

Vornehmlich auf das Marktanteilskriterium stützte sich auch die Prüfung des Zusammenschlusses der beiden Schweizer Versicherungsunternehmen *Schweizer Rück* und *ELVIA*[399]. Nach der Entscheidung der Kommission gab es in diesem Fall ebenfalls gemäß Art. 6 Abs. 1 lit. b keinen Anlass zu ernsthaften Bedenken hinsichtlich der Vereinbarkeit des Zusammenschlusses mit dem Gemeinsamen Markt. Auf dem – an sich weltweiten – Markt für Rückversicherungen war allein die *Schweizer Rück* tätig. Sie hielt dabei Marktanteile von unter 10 % in der Gemeinschaft und in den Mitgliedstaaten (mit der Ausnahme von Deutschland: hier unter 15 %). Im Hinblick auf Produkt- und Sachversicherungen erreichte die *Schweizer Rück* in Deutschland zwar beträchtliche Marktanteile (unter 15%). Da der Marktanteil von *ELVIA* auf diesem Markt unter 1 % betrug, konnte hier eine Entstehung oder Verstärkung einer beherrschenden Stellung ausgeschlossen werden. Auf dem Markt für Reiseversicherungen verfügte *ELVIA* in der EG über eine verhältnismäßig starke Marktstellung (in Deutschland und Frankreich Marktanteil von unter 25 %, in Italien von über 20 %). Diese Marktstellung werde – so die Kommission – aber durch den Zusammen-

---

[398] Dagegen wurde weder der inneramerikanische Verkehr noch der Verkehr zwischen den USA und internationalen Zielen außerhalb der Gemeinschaft betrachtet.

[399] Entscheidung der Kommission vom 14.01.1992, Sache Nr. IV/M.183, WuW E/EV 1824 ff.

schluss nicht verändert, weil die *Schweizer Rück* auf diesem Produktmarkt gar nicht tätig sei und in diesen Ländern auch auf anderen Erstversicherungsmärkten kein bedeutendes Gewicht habe.

6. Zusammenfassung

In den besprochenen Drittstaaten-Zusammenschlüssen *Dow/Dupont*, *Loral/Lockheed* und *Schweizer Rück/Elvia* erreichten die Beteiligten auf bestimmten Märkten zum Teil erhebliche Markanteile innerhalb des Gemeinsamen Marktes. Allerdings waren die Beteiligten jeweils auf anderen Märkten tätig, so dass die Zusammenschlüsse keine Konzentration von Marktanteilen zur Folge hatte und somit keine Erhöhung der Marktmacht innerhalb des Gemeinsamen Marktes bewirkte. In den Fällen *AHP/American Cyanamid* sowie – bei Zugrundelegung einer Variante der Marktabgrenzung – *Delta/Pan Am* waren die Beteiligten zwar zum Teil auf denselben Märkten tätig, jedoch erreichten sie keine Marktanteile über 25 %. Zudem gab es dort starke Wettbewerber. Insofern verfügten sie auch auf diesen Märkten über keine beträchtliche Marktmacht.

Da die Beteiligten der geschilderten Zusammenschlussfälle allein oder zusammen in der Gemeinschaft nennenswerte Marktpositionen einnahmen, bestand in diesen Fällen zumindest eine gewisse Möglichkeit wettbewerbsbehindernder Auswirkungen auf die Gemeinschaft. Letztlich stellten sich diese Zusammenschlüsse aber als unbedenklich heraus.

II. Keine spürbaren Auswirkungen

1. Schweizerische Kreditanstalt/ Schweizerische Volksbank

Der Zusammenschluss *Schweizerische Kreditanstalt/ Schweizerische Volksbank*[400] führte als Zusammenschluss der drittgrößten mit der viertgrößten Schweizer Bank zu einer bedeutenden Umstrukturierung des Schweizer Bankenmarkts. Die Kommission stufte dagegen die Auswirkungen des Zusammenschlusses auf den Gemeinsamen Markt als „relativ geringfügig“[401] ein. Der Schwerpunkt der Aktivitäten beider Banken lag in jeweils unterschiedlichen Bereichen: Im Gegensatz zur *Schweizerischen Kreditanstalt*, deren Geschäftsbereich alle Arten von Bankgeschäften im In- und Ausland, insbesondere das nationale und internationale Großkundengeschäft sowie das Emissionsgeschäft umfasste, war die *Schweizerische Volksbank* vor allem auf das heimische Mengengeschäft ausgerichtet. In der Europäischen Gemeinschaft führte dies nur zu einer

---

[400] Entscheidung der Kommission vom 29.04.1993, Sache Nr. IV/M. 335, WuW E/EV 2060 f.

[401] A.a.O., 2061.

geringfügigen Überschneidung der Geschäftsbereiche. Der zusammengefasste Marktanteil der *Schweizerischen Kreditanstalt* und der *Schweizerischen Volksbank* betrug auf jedem denkbaren Markt sowohl innerhalb der Europäischen Gemeinschaft als auch in jedem Mitgliedstaat weniger als 10 %. Die zu vernachlässigende Marktstellung beider Unternehmen innerhalb der Gemeinschaft wurde auch durch ihre geringfügigen zusammengefassten prozentualen Anteile am Gesamtvolumen der Gemeinschaft in einigen Bankensektoren deutlich. So erreichten sie hinsichtlich der Bilanzsumme 0,67 %, hinsichtlich der Kundengelder 0,44 %, hinsichtlich der Ausleihungen 0,32 % und hinsichtlich eigener Mittel 0,52 % des Gesamtvolumens der Gemeinschaft. Die Kommission stellte schon im Vorverfahren gemäß Art. 6 Abs. 1 lit. b fest, dass der Zusammenschluss keinen Anlass zu ernsthaften Bedenken hinsichtlich seiner Vereinbarkeit mit dem Gemeinsamen Markt gab, so dass es auch hier nicht mehr zur Einleitung eines Hauptverfahrens kam.

2. BankAmerica/ Security Pacific

Auch in dem Fall der Fusion der zwei US- Banken *BankAmerica und Security Pacific*[402] waren Auswirkungen auf die Gemeinschaft unwahrscheinlich. Die beiden Banken, die in den USA den zweiten bzw. fünften Rang einnahmen, waren hauptsächlich in den USA, jedoch auch auf internationalen Märkten tätig. Dabei lag der Schwerpunkt ihrer internationalen Tätigkeit jedoch in Asien sowie dem Pazifischen Becken, wohingegen Europa nur einen kleineren Teil des internationalen Geschäfts ausmachte. Auf Aktivitäten in der Gemeinschaft entfielen nur 5,3% der gesamten Bilanzsumme beider Banken. Im Gemeinsamen Markt überschnitten sich die jeweiligen Geschäftsbereiche der Banken praktisch nicht. Auf den Finanzmärkten in der Gemeinschaft erreichten die Beteiligten nur äußerst geringe Marktanteile. So erreichten sie in keinem Mitgliedstaat einen Marktanteil über 10 %.

Zu den Auswirkungen des Zusammenschlusses auf die Gemeinschaft konstatierte die Kommission: „ The concentration is therefore unlikely to have any effect on competition in the EC“. Da selbst bei der engst möglichen Abgrenzung der sachlich und räumlich relevanten Märkte die Möglichkeit einer marktbeherrschenden Stellung ausgeschlossen werden konnte, stellte die Kommission schon im Vorverfahren gemäß Art. 6 Abs. 1 lit. b fest, dass der Zusammenschluss keinen Anlass zu ernsthaften Bedenken hinsichtlich seiner Vereinbarkeit mit dem Gemeinsamen Markt gebe.

---

[402] Entscheidung der Kommission vom 24.10.1991, Sache Nr. IV/M.137, WuW E/EV 1772.

3. Dresser/ Ingersoll-Rand

Die beiden US-Unternehmen *Dresser Industrie Inc.* und *Ingersoll-Rand Co.*[403], die beabsichtigten, ihr Industriepumpengeschäft durch Gründung eines Gemeinschaftsunternehmens zusammenzulegen, waren nicht nur in den USA, sondern weltweit tätig (einschließlich weltweiter Produktionsstätten). Allerdings waren wie auch im Fall *BankAmerica/ Security Pacific* durch den Zusammenschluss schwerpunktmäßig nordamerikanische Märkte betroffen.

Die Kommission beschränkte ihre wettbewerbliche Beurteilung auf den Gemeinsamen Markt, auf dem keine marktbeherrschende Stellung durch das Gemeinschaftsunternehmen begründet oder verstärkt werden würde. Die Entscheidung nach Art. 6 Abs. 1 lit. b stützte sich vor allem auf die nur niedrigen von beiden Unternehmen zusammen erzielten Marktanteile innerhalb der Gemeinschaft (auf keinem denkbaren Markt über 10 %, je nach Marktabgrenzung sogar weit unter 10 %). Daneben gab es starke Wettbewerber auf dem europäischen Markt, wirksamen Preis- und Qualitätswettbewerb sowie eine starke Nachfragemacht der Abnehmer, bei denen es sich um Industrieunternehmen handelte, die ihrerseits über technisches Expertenwissen verfügten.

4. JCSAT/ SAJAC

Noch eindeutiger war die Sachlage bei dem Zusammenschluss *JCSAT(Japan Communications Satellite Company Inc.)/SAJAC(Satellite Japan Corporation)*[404], der keinerlei Bezug zum Gemeinsamen Markt hatte. Es handelte sich dabei um die Gründung eines Gemeinschaftsunternehmens, in dem das Satellitenkommunikationsgeschäft der beteiligten Unternehmen gebündelt werden sollte. Hinsichtlich dieses Geschäfts waren die Beteiligten lediglich in Japan selbst tätig. Denn weder JCSAT noch SAJAC hatte eine Lizenz zur Erbringung von Telekommunikationsdienstleistungen (Satellitenkommunikationsdienste) außerhalb Japans oder zwischen Japan und einem anderem Land. Die Kommission stellte fest: „Therefore, the concentration has presently no effect in the Community. This situation is not likely to change […]". Denn es fehlten die technischen Gegebenheiten für eine Satellitenübertragung zwischen Japan und der Europäischen Gemeinschaft. Daneben bestehe der Japanische Minister für Post und Telekommunikation auf getrennten Lizenzen für nationale und internationale Carrier. Außerdem sei einem Unternehmen noch nie sowohl eine Lizenz

---

403 Entscheidung der Kommission vom 18.12.1991; Sache Nr. IV/M.121, WuW E/EV 1791.

404 Entscheidung der Kommission vom 30.06.1993, Sache Nr. IV/M.346, („JCSAT/SAJAC"), http://europa.eu.int/smartapi/cgi/sga_doc?smartapi!celexplus!prod!CELEXnumdoc&lg=EN&numdoc=393M0346, Stand Mai 2000.

als nationaler als auch als internationaler Carrier erteilt worden. Die Kommission kam zum Ergebnis, dass der Zusammenschluss keine marktbeherrschende Stellung begründe oder verstärke, durch die wirksamer Wettbewerb in der Gemeinschaft erheblich behindert werde. Sie erklärte den Zusammenschluss daher gemäß Art. 6 Abs. 1 lit. b für vereinbar mit dem Gemeinsamen Markt.

5. Zusammenfassung

Die Zusammenschlussvorhaben *Schweizerische Kreditanstalt/ Schweizerische Volksbank*, *BankAmerica/ Security Pacific* und *Dresser/ Ingersoll-Rand* hatten ihren Schwerpunkt außerhalb der Gemeinschaft. In allen Fällen erreichten die Beteiligten zusammen lediglich zu vernachlässigende Marktanteile innerhalb der Gemeinschaft. Bezüglich des geplanten Gemeinschaftsunternehmens *JCSAT/SAJAC* gab es überhaupt keine Verbindung zur Gemeinschaft. Ein Marktzutritt auf den Gemeinsamen Markt wäre aus rechtlichen und tatsächlichen Gründen nahezu unmöglich gewesen. Denn den Beteiligten fehlte eine erforderliche Lizenz, die sie auch kaum hätten erlangen können. Außerdem verfügten sie nicht über die notwendigen technischen Gegebenheiten.

Die besprochenen Zusammenschlüsse waren unzweifelhaft wettbewerbsrechtlich unbedenklich. Die Kommission selbst stellt in den Entscheidungen *Schweizerische Kreditanstalt/ Schweizerische Volksbank*, *BankAmerica/ Security Pacific* und *JCSAT/SAJAC* fest, dass von den Zusammenschlussvorhaben keine spürbaren oder sogar überhaupt keine Auswirkungen auf den Gemeinsamen Markt zu erwarten seien.

Gleichwohl wird das Problem der extraterritorialen Anwendbarkeit der FKVO auf diese Zusammenschlüsse in den Kommissionsentscheidungen noch nicht einmal aufgeworfen. Wenn – wie in den genannten Fällen – die Umsatzschwellen gemäß Art. 1 Abs. 2 bzw. Abs. 3 überschritten werden, bejaht die Kommission vielmehr die „gemeinschaftsweite Bedeutung“ auch solcher Zusammenschlüsse gemäß Art. 1 Abs. 1 und damit die Anwendbarkeit der FKVO. So stellt sie in diesen Fällen nicht etwa gemäß Art. 6 Abs. 1 lit. a fest, dass der Zusammenschluss nicht unter die Verordnung falle, sondern trifft ihre Entscheidungen stets nach Art. 6 Abs. 1 lit. b. Diese Vorschrift aber setzt die Anwendbarkeit der FKVO voraus.

C. Gründe für die mangelnde Indizwirkung

I. Fehlende Marktbezogenheit

Wie oben ausgeführt, sind materielle Auswirkungen auf den Gemeinsamen Markt jedenfalls bei Zusammenschlüssen in Drittstaaten, welche die Eingreifkriterien erfüllen, d.h. welche gemäß Art. 2 Abs. 3 eine wettbewerbsbehindernde marktbeherrschende Stellung begründen würden, zu erwarten. Mit diesen materiellen Eingreifkriterien stehen die – formalen – Aufgreifkriterien jedoch nur sehr indirekt in Verbindung[405].

Die Umsatzschwellen beziehen sich auf den Gesamtumsatz der Unternehmen, d.h. darauf, was die Unternehmen in sämtlichen Bereichen umgesetzt haben. Dagegen ist für die Untersagung eine beherrschende Stellung auf einem bestimmten Markt entscheidend. Da die Umsätze im Gegensatz zu Marktanteilen unabhängig von dem jeweils relevanten Markt bestimmt werden, lässt sich von der Überschreitung der Umsatzschwellen nicht auf die Gefahr der Begründung oder Verstärkung einer marktbeherrschenden Stellung schließen. So ist beispielsweise denkbar, dass die Beteiligten oder mit ihnen verbundene Unternehmen, deren Umsätze den Beteiligten gemäß Art. 5 Abs. 4 zugerechnet werden, die Umsätze auf jeweils unterschiedlichen Märkten erzielen, die in keinerlei Beziehung zueinander stehen. In einem solchen Fall würde die Stellung der Beteiligten auf den relevanten Märkten durch den Zusammenschluss nicht beeinflusst werden.

Daneben handelt es sich beim Umsatz um eine absolute Größe, die anders als der Marktanteil keine Aussage über die relative Marktstärke eines Unternehmens trifft. Ob von den am Zusammenschluss beteiligten Unternehmen eine beherrschende Stellung begründet oder verstärkt werden könnte, kann indessen lediglich im Vergleich zu den anderen auf den betreffenden Märkten tätigen Wettbewerbern beurteilt werden.

II. Umsatz als einer unter vielen Faktoren gemäß Art. 2 Abs. 1 lit. b

Freilich spielt der Gesamtumsatz der beteiligten Unternehmen auch im Rahmen der materiellen Prüfung der Marktbeherrschung eine Rolle. Denn nach Art. 2 Abs. 1 lit. b muss die Kommission bei der materiellen Vereinbarkeitsprüfung unter anderem die Finanzkraft der beteiligten Unternehmen berücksichtigen. Die Finanzkraft eines Unternehmens wird durch dessen wirtschaftliche Ressourcen bestimmt. Hierfür ist unter anderem der erzielte Gesamtumsatz maßgeblich. Allerdings ist die Finanzkraft der beteiligten Unternehmen nur einer unter vielen Faktoren, die für die materielle Vereinbarkeit des Zusammenschlusses mit dem Gemeinsamen Markt nach Art. 2 Abs. 1 untersucht werden müssen.

---

[405] Fiebig, A Role for the WTO, Northwestern Journal of International Law & Business, Winter 2000, Volume 20, 233, 239.

III. Fehlende Vergleichbarkeit verschiedener Wirtschaftsbranchen

Zudem werden Unternehmen aus Wirtschaftszweigen mit hohen Umsätzen eher die Umsatzschwellen erreichen als solche aus Wirtschaftszweigen mit niedrigen Umsätzen. Indessen können die wettbewerbsbeeinträchtigenden Folgen eines Zusammenschlusses in einer umsatzschwachen Branche – etwa durch die Addition von Marktanteilen – genauso gravierend sein wie die in umsatzstarken Bereichen[406].

Bei reiner Betrachtung der Umsätze bleiben außerdem die Gewinne des Unternehmens, die unter anderem seinen wirtschaftlichen Erfolg ausdrücken, außer Acht. So ist denkbar, dass Zusammenschlüsse in Wirtschaftszweigen mit hohen Umsätzen, aber niedrigen Gewinnspannen unter die FKVO fallen, Zusammenschlüsse in Wirtschaftszweigen mit niedrigen Umsätzen, aber hohen Gewinnspannen dagegen nicht. Dabei können letztere in wettbewerblicher Hinsicht ebenso gefährlich sein wie erstere[407].

IV. Konzernumsatz gemäß Art. 5 Abs. 4

Gemäß Art. 5 Abs. 4 setzt sich der nach Art. 1 zu berücksichtigende Umsatz nicht nur aus den Umsatzerlösen der Beteiligten selbst, sondern auch aus den Umsatzerlösen der mit den Beteiligten verbundenen Konzernunternehmen zusammen. Diese Umsatzberechnung spiegelt zwar die wirtschaftlichen Ressourcen des gesamten Konzern wider, es lässt sich daraus aber nicht ablesen, welchen Umsatz die zusammengelegten Aktivitäten der beteiligten Unternehmen selbst generieren. Der nach Art. 5 zu berechnende Umsatz stellt daher nur einen ungenauen Maßstab für die Bedeutung des Zusammenschlusses dar.

V. Umsatz der Beteiligten: Sonderproblem Gemeinschaftsunternehmen

Aber auch die durch die Gesamtumsätze angezeigte Größe der Beteiligten spiegelt nicht notwendig die Größe und Bedeutung der Transaktion selbst und ihrer potentiellen wettbewerbsbehindernden Auswirkungen wider[408]. Dies gilt insbesondere bei der Gründung von Gemeinschaftsunternehmen, die einen hohen Anteil der Anmeldungen ausmachen. Da es auf die Größe der Beteiligten, nicht

406 Diese Ungleichbehandlung verschiedener Wirtschaftszweige hat allerdings eine gewisse Berechtigung. Denn die europäische Fusionskontrolle soll unabhängig von der Frage der Marktbeherrschung nur solche Zusammenschlüsse erfassen, die aufgrund hoher Umsätze eine gewisse gesamtwirtschaftliche Bedeutung haben.

407 Broberg, The European Commission's Jurisdiction, S. 259.

408 Broberg, The European Commission's Jurisdiction, S. 257.

auf die des Zusammenschlusses selbst ankommt, werden gerade bei der Gründung von Gemeinschaftsunternehmen in Drittstaaten Zusammenschlüsse ohne spürbare Auswirkungen auf den Gemeinsamen Markt erfasst. So werden unbedeutende Gemeinschaftsunternehmen in Drittstaaten ohne Bezug zur Gemeinschaft der Fusionskontrolle unterworfen, weil es ausreicht, dass die beteiligten Mutterunternehmen die Schwellenwerte gemäß Art. 1 erreichen[409]. Die Frage, welche Umsätze das in einem Drittstaat gegründete Gemeinschaftsunternehmen selbst im Gemeinsamen Markt erzielt, spielt für den gemeinschaftsweit erreichten Umsatz im Sinne des Art. 1 Abs. 2 lit. b bzw. Abs. 3 lit. d keine Rolle.

Die Kommission hat erkannt, dass auf diese Weise – trotz Erfüllung der Umsatzkriterien – häufig wettbewerblich unproblematische Zusammenschlüsse in den Anwendungsbereich der FKVO fallen. Daher sieht das Formblatt CO für diese Kategorie von Zusammenschlüssen, bei denen es um den gemeinsamen Kontrollerwerb über ein Gemeinschaftsunternehmen, das keine oder nur geringe Tätigkeiten im EWR aufweist, eine Anmeldung in Kurzform vor[410]. Außerdem ist unter anderem bei dieser Fallgruppe in der Regel eine Entscheidung im vereinfachten Verfahren möglich[411]. Um die Bedeutung des Zusammenschlusses selbst zu erkennen, wird sowohl für die Anmeldung in Kurzform als auch für das vereinfachte Verfahren nicht auf den Umsatz der beteiligten (Mutter-) Unternehmen i.S.d. Art. 1 i.V. m. Art. 5, sondern auf den EWR-Umsatz des Gemeinschaftsunternehmens selbst abgestellt. Maßgebliche Voraussetzung ist dabei, dass der Umsatz des Gemeinschaftsunternehmens im EWR-Gebiet (und der Gesamtwert der in das Gemeinschaftsunternehmen eingebrachten Vermögenswerte im EWR-Gebiet) unter einem bestimmten Betrag liegt.

VI. Höhe der Umsatzschwellen

Die Höhe der Umsatzschwellen ist eher das Ergebnis politischer Kompromisse als das ökonomischer Analysen. Schon daher ist fraglich, ob die Schwellenwerte

---

[409] Siehe Beispielfall der Gründung eines Gemeinschaftsunternehmens in Japan: Entscheidung der Kommission vom 30.06.1993, Sache Nr. IV/M.346, („JCSAT/SAJAC“) ABl. EG Nr. C 219 vom 13.08.1993, S. 14, in dem die Kommission feststellte: Der Zusammenschluss habe „presently no effect in the Community“ und „this situation is not likely to change“.; vgl. oben 5. Teil, 1. Abschnitt, B, II, 4.

[410] Anhang zur Verordnung (EG) Nr. 447/98 der Kommission vom 01.03.1998 über die Anmeldungen, über die Fristen sowie über die Anhörung nach der Verordnung (EWG) Nr. 4064/89 des Rates über die Kontrolle von Unternehmenszusammenschlüssen., ABl. EG Nr. L 61 vom 02.03.1998, S. 1, 12, zur Anmeldung in Kurzform siehe oben, 1. Teil, 1. Abschnitt, D, I, 2, b.

[411] ABl. EG Nr. C 217 vom 29.07.2000, S.32 ff., zum vereinfachten Verfahren siehe 1. Teil, 1. Abschnitt, B, V.

einen ökonomisch geeigneten Maßstab für potentielle wettbewerbsbeschränkende Auswirkungen von Zusammenschlüssen in der Gemeinschaft darstellen können[412].

Aufgrund der Inflation werden die Umsatzschwellen faktisch niedriger, so dass sich der Anwendungsbereich der Verordnung erweitert[413]. Für Unternehmen aus Drittstaaten führt ein schwacher Euro-Umrechnungskurs zu real niedrigeren Umsatzschwellenwerten[414]. Auch hat die Erweiterung der Europäischen Union dazu geführt, dass die Umsatzschwellen leichter erreicht werden und so mehr Unternehmenszusammenschlüsse in deren Anwendungsbereich fallen können[415].

Insofern hängt die Anwendbarkeit der FKVO nicht nur von der tatsächlichen Größe der Beteiligten ab. Vielmehr wird die Zuständigkeit der Gemeinschaft auch durch externe Faktoren wie Inflation, Umrechnungskurse und die räumliche Ausdehnung der Gemeinschaft bzw. des EWR beeinflusst, die unabhängig von der wirtschaftlichen Bedeutung des Zusammenschlusses sind. Auch dies spricht dagegen, dass das Erreichen der Umsatzschwellen ein genauer Indikator für zu erwartende Auswirkungen des Zusammenschlussvorhabens ist.

Denkbar wäre, dass auch die gegenüber Art. 1 Abs. 2 gesenkten Schwellenwerte für den weltweiten und gemeinschaftsweiten Umsatz in Art. 1 Abs. 3 zu einer starken Ausdehnung der Anwendbarkeit – d.h. auch der extraterritorialen Anwendbarkeit – der FKVO geführt haben. Allerdings sieht Art. 1 Abs. 3 neben den Schwellen für einen weltweiten (lit. a) und gemeinschaftsweiten (lit. d) Umsatz kumulativ zu überschreitende Schwellen für bestimmte mitgliedstaatlich erzielte Umsätze vor (lit. b und lit. c). Tatsächlich ist die Vorschrift bislang nur von geringer praktischer Bedeutung gewesen[416]. Damit hat sich auch der – extraterritoriale – Anwendungsbereich der FKVO in der Rechtswirklichkeit nicht stark vergrößert.

VII. Mögliche Umgehung der Zuständigkeit

Dass die Erfüllung der Umsatzschwellen nicht mit der materiellen Bedeutung des Zusammenschlusses korrespondiert, zeigt sich auch daran, dass je nach rechtlicher Gestaltung des Zusammenschlusses die gemäß Art. 1 erforderlichen Umsätze erreicht werden oder nicht[417]. So ist beispielsweise eine „Umgehung"

---

[412] Bourgeois, EEC Control Over International Mergers, YEL 1990, 103, 108.
[413] Ezrachi, Limitations on Extraterritorial Reach, ECLR 2001, 137, 139.
[414] Ezrachi, Limitations on Extraterritorial Reach, ECLR 2001, 137, 139.
[415] Vgl. Broberg, The European Commission`s Jurisdiction, S. 266.
[416] Ausführlich siehe 1. Teil, 1. Abschnitt, C, III, 3; Grünbuch über die Revision der Fusionskontrollverordnung vom 11.12.2001, KOM(2001) 745/6 endgültig, S. 11, Tz. 24 ff.
[417] Broberg, The European Commission`s Jurisdiction, S. 257.

oder auch ein gezieltes Ansteuern der Zuständigkeit der Gemeinschaft möglich, ohne dass sich materiell etwas an dem Zusammenschluss und seinen Auswirkungen im Gemeinsamen Markt änderte[418]. Ginge die durch die Umsätze definierte „gemeinschaftsweite Bedeutung“ eines Zusammenschlusses mit seiner materiellen Bedeutung im Gemeinsamen Markt einher, hinge die Gemeinschaftszuständigkeit nicht von der formalen rechtlichen Gestaltung des Zusammenschlusses ab.

D. Zwischenergebnis

Die Umsatzschwellen filtern diejenigen Zusammenschlüsse mit Hilfe eines groben und gleichermaßen simplen Umsatztests heraus, die – gemessen an der Größe ihrer Beteiligten – bedeutsam genug erscheinen, sie auf Gemeinschaftsebene zu überprüfen[419]. Der Umsatz der beteiligten Unternehmen gibt Auskunft über den Gesamtumfang der durch die Transaktion zusammengelegten wirtschaftlichen Ressourcen. Freilich stellt der Zusammenschluss – weltweit und europaweit – großer und damit finanzkräftiger Unternehmen für den Wettbewerb in der Gemeinschaft eine größere abstrakte Gefahr dar als der Zusammenschluss kleiner Unternehmen.

Indessen lässt die Überschreitung der in Art. 1 geregelten Schwellenwerte und damit die Größe der am Zusammenschluss beteiligten Unternehmen nicht auf eine konkrete Gefahr wettbewerbsbehindernder Auswirkungen im Gemeinsamen Markt schließen. Vielmehr fehlt insbesondere ein direkter Zusammenhang zwischen den formalen Umsatzschwellen als Aufgreifkriterien und den materiellen Eingreifkriterien. Die Frage, ob von dem geplanten Zusammenschluss eine wettbewerbsbehindernde beherrschende Stellung in der Gemeinschaft und damit materielle Auswirkungen zu erwarten sind, erfordert eine komplexe qualitative Bewertung. Der Umsatz der Beteiligten ist dabei nur einer unter vielen zu berücksichtigenden Faktoren.

Dass die Umsatzschwellen ein äußerst unscharfes Indiz für wettbewerbsbehindernde Auswirkungen bilden, wird durch die Verwaltungspraxis der Kommission bestätigt[420]. Bislang ist nur ein sehr kleiner Anteil der anmeldepflichtigen Zusammenschlüsse untersagt bzw. unter Auflagen freigegeben worden. Weitaus die meisten der angemeldeten Zusammenschlüsse werden sogar schon nach dem Vorverfahren gemäß Art. 6 Abs. 1 lit. b für wettbewerblich unbedenklich er-

[418] Broberg, The European Commission`s Jurisdiction, S. 231 ff. mit zahlreichen Beispielen.

[419] Vgl. auch Bourgeois, EEC Control Over International Mergers, YEL 1990, 103, 108.

[420] So stellte die Kommission in dem Fall "JCSAT/SAJAC" sogar ausdrücklich fest, dass der angemeldete Zusammenschluss „presently no effect in the Community“ habe und „this situation is not likely to change“, Entscheidung der Kommission vom 30.06.1993, Sache Nr. IV/M. 346 (siehe Fußnote 404), ausführlich dazu 5. Teil, 1. Abschnitt, B, II, 4.

klärt. Die Verwaltungspraxis zeigt somit, dass eine allein durch Überschreitung gewisser Umsatzschwellen definierte „gemeinschaftsweite Bedeutung" i.S.d. Art. 1 zu einer Ausdehnung des Anwendungsbereiches der FKVO auf in wettbewerblicher Hinsicht evident unproblematische Fälle[421] auch in Drittstaaten führt.

Es stellt sich die Frage, ob die Gemeinschaft bei Zusammenschlussvorhaben in Drittstaaten, die lediglich die formalen Umsatzschwellen überschreiten, von denen aber keine materiellen Auswirkungen auf die Gemeinschaft zu erwarten sind, über eine völkerrechtlich sinnvolle Anknüpfung für Anmeldepflicht und Vollzugsverbot verfügt.

2. Abschnitt: Bewertung im Schrifttum

Gegenstand der völkerrechtlichen Diskussion ist bislang vor allem die Befugnis gewesen, Zusammenschlüsse in Drittstaaten zu untersagen. Dabei ist insbesondere die Frage gestellt worden, ob der regelnde Staat – oder hier die Gemeinschaft – trotz erwarteter qualifizierter Auswirkungen von einer Untersagung absehen muss, wenn die Interessen des von der Untersagung betroffenen Staates entgegenstehen und höher zu bewerten sind[422]. Dagegen wird die Problematik der Umsatzschwellen als Aufgreifkriterien für extraterritoriale Zusammenschlussvorhaben im Schrifttum – wenn überhaupt – nur ansatzweise behandelt.

Löffler[423] folgt der Kommission darin, dass jeder Zusammenschluss, der die Schwellenwerte erreiche – gleichgültig, wo die beteiligten Unternehmen ihren Sitz hätten, wo der wirtschaftliche Schwerpunkt der Transaktion liege oder wo die Fusion vollzogen werde – in den Geltungsbereich der FKVO falle. Insofern wird das Bestehen der Anmeldepflicht und des Vollzugsverbotes für drittstaatenbezogene Zusammenschlüsse, die keine Auswirkungen in der Gemeinschaft haben, nicht problematisiert.

Auch *Jones/González-Díaz*[424] kritisieren die Umsatzschwellen als extraterritoriale Anknüpfung im Grundsatz nicht. Denn die in Art. 1 geforderten, von zumindest zwei Unternehmen auch gemeinschaftsweit zu erreichenden

---

421 Fiebig, A Role for the WTO, Northwestern Journal of International Law & Business Winter 2000, Volume 20, 233, 239, 253; Ezrachi, Limitations on Extraterritorial Reach, ECLR 2001, 137, 141.

422 Wiedemann in FS-Lieberknecht, Drittstaaten-Zusammenschlüsse, S. 625, 627, 637 ff.; Rehbinder in: Immenga/Mestmäcker, EG-Wettbewerbsrecht, Bd. 1, Abschnitt I, Einleitung E, Rn. 106 f.; siehe oben 3. Teil, 2. Abschnitt, B., II., 4.

423 Löffler in: Langen/Bunte, Kartellrecht, Band 1, FKVO, Art.1, Rn.29 ff.

424 Jones/Gonzáles-Díaz, EEC Merger Regulation, S. 88, die sich allerdings noch nicht auf die revidierten Schwellenwerte in Art. 1 Abs. 3 n. F. beziehen – kritisch auch im Hinblick

mindest zwei Unternehmen auch gemeinschaftsweit zu erreichenden Umsätze zielten darauf ab, nur die Zusammenschlüsse zu erfassen, die beträchtliche ökonomische Auswirkungen in der Gemeinschaft hätten.

Bourgeois[425] hingegen stellt heraus, dass die Umsatzschwellen kein Indikator für Zusammenschlüsse seien, die sich wettbewerbsgefährdend im Gemeinsamen Markt auswirken könnten. Allerdings zieht auch er die Völkerrechtmäßigkeit der Umsatzschwellen und der daran angeknüpften Rechtsfolgen nicht in Zweifel[426]. Anmeldepflicht und Vollzugsverbot stellten Hilfsmaßnahmen für eine wirksame Fusionskontrolle dar. Wenn die Kernregelung der FKVO, nämlich die Untersagungsbefugnis für wettbewerbsschädigende Zusammenschlüsse auch in Drittstaaten[427] völkerrechtmäßig sei, müssten folglich hierauf bezogene Hilfsmaßnahmen ebenfalls erlaubt sein. Im übrigen könne nicht bestritten werden, dass die Umsatzschwellen aufgrund ihrer Höhe eine hinreichend qualifizierte Anknüpfung für das verfahrensrechtliche Erfordernis der Anmeldung darstellten[428]. Dasselbe gelte prinzipiell auch für das Vollzugsverbot, das ja nicht nur einer effektiven Fusionskontrolle diene, sondern auch die Unternehmen schütze. Im Einzelfall müsse die Kommission im Lichte internationalrechtlicher Regeln von ihrem Ermessen Gebrauch machen, die Unternehmen auf deren Antrag vom Vollzugsverbot zu befreien.

Drauz/Schroeder[429] halten es dagegen für eine „offene Frage“, ob sich die extraterritoriale Anwendbarkeit der FKVO auf Zusammenschlüsse, die zwar die Umsatzschwellen überschritten, deren Schwerpunkt jedoch in Drittstaaten liege, mit den Regeln des Völkerrechts vereinbaren lasse. Allerdings sei der Aufwand für Anmelder in unproblematischen Fällen dann überschaubar, wenn es keine betroffenen Märkte im Sinn des Formblatts CO gebe[430]. Denn in diesen Fällen müssten nicht alle Abschnitte des Formblattes ausgefüllt werden.

Einige Autoren stufen hingegen die extraterritoriale Anwendbarkeit der FKVO, die an die Überschreitung der Umsatzschwellen anknüpft, als völkerrechtlich

---

auf Gemeinschaftsunternehmen in Drittstaaten, deren Mütter zwar den gemeinschaftsweiten Umsatz gemäß Art. 1 erzielen, die aber nicht in der Gemeinschaft tätig sind.

425 Bourgeois, EEC Control over International Mergers, YEL, 103 107f.

426 Bourgeois, EEC Control over International Mergers, YEL, 103, 128f.

427 Vgl. Art. 8 Abs. 3 i.V.m. Art. 2 Abs. 3.

428 Die hier zitierte Veröffentlichung Bourgeois` datiert noch vor der Revision der FKVO und bezieht sich daher noch nicht auf die gesenkten Schwellenwerte in Art. 1 Abs. 3.

429 Drauz/Schroeder, Praxis der europäischen Fusionskontrolle, S. 11f.

430 Vgl. Anhang zur Verordnung (EG) Nr. 447/98 der Kommission vom 01.03.1998 über die Anmeldungen, über die Fristen sowie über die Anhörung nach der Verordnung (EWG) Nr. 4064/89 des Rates über die Kontrolle von Unternehmenszusammenschlüssen, ABl. EG Nr. L 61 vom 2.3.1998, S. 1, 11 f.

bedenklich ein. So meint *Wiedemann*[431], dass die Anwendung der Vorschriften der FKVO – angefangen bei der Anmeldepflicht über das Vollzugsverbot bis hin zu den Sanktionen bei Verstößen gegen diese Pflichten – bei Fällen ohne Auswirkungen auf den Wettbewerb in der Gemeinschaft mit dem Völkerrecht in Widerspruch stünde. Denn hier fehle es an einer sinnvollen Anknüpfung. Zwar gebe es für Gemeinschaftsunternehmen „mit keinen oder geringen gegenwärtigen oder zukünftigen Tätigkeiten im Gebiet des EWR" nach dem Formblatt CO die Möglichkeit einer Anmeldung in Kurzform[432]. Jedoch bestehe, so *Wiedemann*, bei fehlenden Auswirkungen auf den Wettbewerb in der Gemeinschaft überhaupt keine Anmeldepflicht. Im Ergebnis seien Drittstaatenzusammenschlüsse folglich nur dann anmeldepflichtig gemäß Art. 4 und unterlägen nur dann dem Vollzugsverbot gemäß Art. 7, wenn neben der Überschreitung der Umsatzschwellenwerte spürbare Auswirkungen in der Gemeinschaft aufträten oder zu erwarten seien. Zwar würden – bei Drittstaatenzusammenschlüssen noch eher als bei Zusammenschlüssen in der Gemeinschaft – auch dann in der Regel die Untersagungsvoraussetzungen des Art. 2 Abs. 3 nicht vorliegen. Jedoch müsse die Kommission die Möglichkeit haben, den Sachverhalt zu ermitteln.

Ebenso meint *Fiebig*[433], dass die Regelung des Art. 1 gegen internationales Recht verstoße. Mit der allein durch Umsätze definierten „gemeinschaftsweiten Bedeutung" würden Zusammenschlüsse in Drittstaaten erfasst, gleichgültig, ob sie potentielle wettbewerbsbeschränkende Auswirkungen auf den Gemeinsamen Markt hätten oder nicht. Eine derartige unbegrenzte Ausdehnung des Anwendungsbereiches der FKVO auf Drittstaatenzusammenschlüsse widerspreche dem Verhältnismäßigkeitsgrundsatz. Sie sei insbesondere nicht erforderlich, um den Zweck zu erreichen, wettbewerbsgefährdende Zusammenschlüsse zu verhindern. Die Anmeldepflicht und das bis zu einmonatige Vollzugsverbot auch für wettbewerblich unbedenkliche Zusammenschlüsse belaste die Unternehmen in Drittstaaten mit unnötigem Zeit- und Kostenaufwand.

Auch *Ezrachi*[434] spricht sich für die Begrenzung des extraterritorialen Anwendungsbereiches der FKVO aus. Die Definition des Begriffs der „gemeinschaftsweiten Bedeutung" allein mittels Umsatzschwellenwerten führe zu einer übermäßigen Ausdehnung der Jurisdiktion auf Zusammenschlüsse in Drittstaaten, die keine tatsächlichen oder potentiellen Auswirkungen in der Gemeinschaft

---

431 Wiedemann in FS-Lieberknecht, Drittstaaten-Zusammenschlüsse, S. 625f., 635ff.

432 Anhang zur Verordnung (EG) Nr. 447/98 der Kommission vom 1. 3. 1998 über die Anmeldungen, über die Fristen sowie über die Anhörung nach der Verordnung (EWG) Nr. 4064/89 des Rates über die Kontrolle von Unternehmenszusammenschlüssen., ABl. Nr. L 61 vom 2.3.1998, S. 1, 12 f.

433 Fiebig, International Law Limits, ECLR 1998, 323 ff., 328 ff .

434 Ezrachi, Limitations on the Extraterritorial Reach, ECLR, 137, 139ff.

hätten. Ob ein Zusammenschluss sich wettbewerbsbehindernd auswirken könne, hänge nicht allein von den Gesamtumsätzen der am Zusammenschluss beteiligten Unternehmen, sondern noch von weiteren Faktoren ab. *Ezrachi* stellt eine Analyse der Kosten für „überflüssige" Anmeldungen von Zusammenschlüssen auf, die zwar die Schwellenwerte gemäß Art. 1 erfüllten, sich aber als wettbewerblich unbedenklich erwiesen. Kosten für die Unternehmen entstünden durch die Erfüllung der Anmeldeerfordernisse, das Vollzugsverbot und die Gefahr drohender Geldbußen bei Verstoß gegen diese Pflichten. Es zeige sich, dass Unternehmen in der Gemeinschaft insgesamt von der one-stop-shop-Regelung[435] der FKVO profitierten, weil Anmeldungen in den Mitgliedstaaten und somit die hierfür entstehenden Kosten entfielen. Anders lägen die Dinge dagegen bei den Unternehmen in Drittstaaten. Bei diesen stiegen die Kosten durch den ausgedehnten extraterritorialen Anwendungsbereich der FKVO. Die außereuropäischen Unternehmen profitierten nämlich im Gegensatz zu den Unternehmen in der Gemeinschaft nicht vom one-stop shop Prinzip der FKVO. Denn diese Unternehmen wären – so *Ezrachi* – möglicherweise nach den Fusionskontrollregimen der Mitgliedstaaten mit einem eingeschränkteren extraterritorialen Anwendungsbereich nicht verpflichtet gewesen, das Zusammenschlussvorhaben anzumelden.

3. Abschnitt: Eigene Bewertung

A. Kein spezielles völkergewohnheitsrechtliches Verbot

Zu untersuchen ist, ob die in der FKVO gewählte Anknüpfung von Anmeldepflicht und Vollzugsverbot an die bloße Überschreitung von Umsatzschwellenwerten mögliche gewohnheitsrechtliche Grenzen des Auswirkungsprinzips überschreitet. Durch diese formalen Aufgreifkriterien werden nämlich Drittstaatenzusammenschlüsse erfasst, von denen keinerlei materielle Auswirkungen auf den Wettbewerb in der Gemeinschaft zu erwarten sind.

Eine spezielle völkergewohnheitsrechtliche Norm, welche die extraterritoriale Anwendbarkeit der Fusionskontrolle aufgrund der bloßen Erzielung bestimmter Umsätze verbietet, hat sich allerdings nicht herausgebildet. Eine solche Norm würde eine allgemeine, von Rechtsüberzeugung getragene Übung der Staaten voraussetzen[436]. Indessen ist keine entsprechende Staatenpraxis ersichtlich. Der weitaus größte Anteil der Staaten mit einer Fusionskontrolle stützt deren extraterritoriale Anwendbarkeit auf das Auswirkungsprinzip; unter diesen Staaten lässt sich jedoch keine allgemeine Praxis feststellen, die der in der FKVO gewählten Anknüpfung entgegenstünde, Anmeldepflicht und vorläufiges Voll-

---

[435] Der Grundsatz der einmaligen Anmeldung folgt aus Art. 1 Abs. 1 i.V.m. Art. 21 Abs.2.

[436] Art. 38 Nr. 1 lit. b IGH-Statut.

zugsverbot auch für extraterritoriale Zusammenschlüsse allein von der Überschreitung der Umsatzschwellen abhängig zu machen. Im Gegenteil geht die Tendenz der Staaten dahin, ähnlich wie die FKVO zu verfahren. Die meisten Staaten knüpfen Anmeldepflicht und vorläufiges Vollzugsverbot auch für Zusammenschlüsse in Drittstaaten an quantitative Kriterien. Häufig reichen wie in der FKVO bestimmte Umsätze. Das Erfordernis zu befürchtender materieller Auswirkungen wird dagegen auf der Ebene der Aufgreifkriterien nicht gestellt[437].

B. Maßgebliches Kriterium: Verhältnismäßigkeit

I. Vorüberlegungen: Abgeschwächte Anforderungen an sinnvolle Anknüpfung

Wie im Grundlagenteil ausgeführt[438], gibt es für eine völkerrechtlich sinnvolle Anknüpfung keine feststehenden Anforderungen. So kann es einer loseren oder engeren Anknüpfung bedürfen. Ob ein „genuine link" zum Auslandssachverhalt besteht, kann nur im Hinblick auf die einzelne Regelung bestimmt werden. Dabei ist das Regelungsinteresse des regelnden Staates auf der einen Seite und die Interessen der von der Regelung betroffenen Staaten auf der anderen Seite in Beziehung zu setzen. Die Grenzen einer sinnvollen Anknüpfung sind überschritten, wenn die extraterritoriale Regelung unverhältnismäßig ist, d.h. übermäßig in die Rechte von (Dritt-) Staaten eingreift.

1. Prognosewahrscheinlichkeiten im Rahmen der präventiven Fusionskontrolle

Der regelnde Staat hat ein berechtigtes Interesse daran, Schädigungen des Wettbewerbs gar nicht erst eintreten zu lassen, sondern sie von vornherein zu verhindern. Dies gilt gerade im Rahmen der Fusionskontrolle, weil sich vollzogene Zusammenschlüsse kaum entflechten lassen. Einmal eingetretene wettbewerbsschädigende Zustände sind daher schwerlich wieder zu beseitigen. Repressives Eingreifen ist hier also keine gleichwertige Alternative zum präventiven Eingreifen[439]. Schon das Vorhaben des Zusammenschlusses wird daher einer Prognose unterzogen: Auf der Grundlage bekannter Tatsachen können – wirtschaftlich rationales Verhalten der Marktteilnehmer unterstellt – typische Geschehensabläufe wie das Entstehen einer wettbewerbsbehindernden marktbeherrschenden Stellung durch den Zusammenschluss vorhergesagt werden.

---

[437] Ausführlich siehe 2. Teil.

[438] 1. Teil, 2. Abschnitt, D, III, 2.

[439] Meng, Extraterritoriale Jurisdiktion, S. 536.

Insofern wird die Regelungszuständigkeit des Staates anerkannt, in dem zwar noch keine Auswirkungen eingetreten sind, aber voraussichtlich eintreten werden. Im Rahmen der präventiven Untersagung von extraterritorialen Zusammenschlüssen ist demnach das Auswirkungsprinzip dahingehend erweitert worden, dass nicht nur aktuelle Auswirkungen, sondern auch in der Zukunft liegende Auswirkungen eine völkerrechtlich sinnvolle Anknüpfung darstellen[440]. Erfüllt ein Zusammenschluss die Untersagungsvoraussetzungen gemäß Art. 2 Abs. 3, so würden von ihm im Falle seiner Realisierung mit sehr großer Wahrscheinlichkeit wettbewerbsbeschränkende Auswirkungen ausgehen. Es ist somit eine hohe Prognosewahrscheinlichkeit gegeben.

Auch im Rahmen der Anmeldepflicht und des vorläufigen Vollzugsverbotes geht es um eine Prognose: Hier sollen zunächst die Zusammenschlussvorhaben „herausgesiebt" werden, die sich schädigend auf den Wettbewerb im Gemeinsamen Markt auswirken könnten und daher möglicherweise untersagt werden müssen. Es handelt sich bei den Aufgreifkriterien gemäß Art. 1 Abs. 2 bzw. Abs. 3 indessen um ein relativ feines „Sieb", das auch viele unproblematische Vorhaben erfasst. Insofern ist bei den Zusammenschlussvorhaben, die unter diese Kriterien fallen, höchst unsicher, ob beträchtliche wettbewerbsschädigende Auswirkungen überhaupt auftreten werden. Es ist somit in vielen Fällen noch nicht einmal eine Gefahr für den Wettbewerb gegeben. Die Prognosewahrscheinlichkeit im Hinblick auf wettbewerbsschädigende Auswirkungen ist bei den Aufgreifkriterien nach Art. 1 somit eher gering. Diese zeigen lediglich an, dass der Zusammenschluss aufgrund seiner Größe eine abstrakte Eignung zur Beschränkung des Wettbewerbs in der Gemeinschaft aufweist.

Dies ist problematisch. Denn nach herkömmlichem Verständnis stellt „irgendeine", d.h. auch entferntere Möglichkeit von wettbewerbsbehindernden Inlandsauswirkungen keine sinnvolle Anknüpfung dar. Präventives Eingreifen sei völkerrechtlich zwar dann zulässig, wenn die potentiellen Wirkungen eine reale Gefahr für den Auswirkungsstaat darstellten[441]; eine nur gedanklich vorstellbare abstrakte Möglichkeit oder Wahrscheinlichkeit von Inlandsauswirkungen sei dagegen nicht ausreichend[442]. Danach wäre mittels der Überschreitung der Umsatzschwellen nach Art. 1 keine sinnvolle Anknüpfung für Anmeldepflicht und Vollzugsverbot gegeben.

Es stellt sich allerdings die Frage, ob für eine sinnvolle Anknüpfung der Anmeldepflicht und des vorläufigen Vollzugsverbotes die gleichen Anforderungen an die Wahrscheinlichkeit von Auswirkungen wie für eine sinnvolle Anknüpfung

---

[440] Siehe oben 3. Teil, 2. Abschnitt, B, I, 2.

[441] Rehbinder in: Immenga/Mestmäcker, EG-WettbewerbsR, Bd. I, Abschnitt I, Einleitung E, Rn. 70.

[442] Jungbluth in: Langen/Bunte, Kartellrecht, Bd. I, § 130 Abs. 2, Rn. 124.

der Untersagung gestellt werden müssen. Zu untersuchen ist daher, ob das Auswirkungsprinzip für die Anknüpfung dieser Regelungen, die im Vorfeld der eigentlichen Fusionskontrolle angesiedelt sind, „gedehnt“ werden muss.

2. Exkurs

Gerichtsentscheidungen auf Gemeinschaftsebene, die sich mit der extraterritorialen Anwendbarkeit der Eingriffsnormen aus dem Blickwinkel ihres jeweils unterschiedlichen Charakters auseinandersetzen, sind bislang nicht ergangen. Zwar hat der EuG im Urteil *Gencor/Kommission* vom 25. März 1999[443], das die drittstaatsbezogene Anwendung der FKVO zum Gegenstand hatte, zwischen der Anwendbarkeit der FKVO und der damit verbundenen Anmeldepflicht auf der einen Seite und der Untersagungsbefugnis auf der anderen Seite unterschieden[444]. Indessen spricht der EuG die völkerrechtliche Problematik der erforderlichen Qualität bzw. der Wahrscheinlichkeit wettbewerbsbeschränkender Auswirkungen des Zusammenschlusses im Gemeinsamen Markt auf der Ebene der Anmeldepflicht, also auf der „Aufgreifebene“, noch nicht an. Vielmehr stellt er auf dieser Ebene lediglich lapidar fest, dass die Umsatzschwellen gemäß Art. 1 überschritten seien und die FKVO folglich anwendbar sei[445]. Erst bei der Frage des Vorliegens der Untersagungskriterien, also auf der „Eingreifebene“, geht der EuG auf die Vereinbarkeit der Kommissionsentscheidung mit Völkerrecht ein. Hierbei stellt er insbesondere auf einen „immediate, substantial and foreseeable effect“ ab, d.h. auf erwartete qualifizierte Auswirkungen durch den Zusammenschluss[446].

Demgegenüber hat die bundesdeutsche Rechtsprechung für die extraterritoriale Anwendbarkeit verschiedener kartellrechtlicher Eingriffsnormen auch unterschiedliche Anforderungen an die Wahrscheinlichkeit von Auswirkungen im Sinne von § 98 Abs. 2 GWB a. F. bzw. § 130 Abs. 2 GWB n. F. gestellt und dabei zwischen den „eigentlichen“ kartellrechtlichen Maßnahmen und den Maßnahmen zur Aufklärung des Sachverhalts andererseits differenziert. Zu den eigentlichen kartellrechtlichen Maßnahmen zählen im Bereich der Zusammenschlusskontrolle insbesondere die Untersagung von Zusammenschlüssen, im Bereich der Verhaltenskontrolle das Missbrauchsverbot. Zu den Maßnahmen zur Aufklärung des Sachverhalts zählen etwa die Meldepflicht von Zusammenschlüssen, aber auch das Auskunftsersuchen gemäß § 59 GWB.

---

443 Urteil des EuG vom 25.03.1999, Rs T-102/96 („Gencor Ltd/Kommission der Europäischen Gemeinschaften“), WuW/E EU-R 213 ff., siehe auch 3. Teil, 2. Abschnitt, A, I.

444 A.a.O., 213, 215.

445 A.a.O., 213, 215 ff..

446 A.a.O.. 213, 217.

Schon im 1971 ergangenen Beschluss des KG zu *„Import-Schallplatten"* wird deutlich, dass bei letzteren Maßnahmen an das Vorhandensein von Inlandsauswirkungen abgeschwächte Anforderungen gestellt wurden [447]. Gegenstand des Beschlusses war ein an ein französisches Unternehmen gerichtetes Auskunftsersuchen gemäß § 46 GWB a. F.. Das Kammergericht hat hier den durch konkrete Umstände begründeten Verdacht ausreichen lassen, dass das Preisbindungssystem des französischen Unternehmens im Inland verteuernd wirkte und damit gegen GWB-Normen verstieß. Insofern genügte hier der (Anfangs-)Verdacht für Inlandsauswirkungen. Dies galt auch im Fall *„BP"*: Hier bestand der Verdacht, dass ein ausländisches Unternehmen missbräuchliche Preiserhöhungen im Geltungsbereich des GWB mitverursacht hatte. Das KG führte dazu aus, dass ein für die Ermittlungen erforderliches Auskunftsersuchen des Bundeskartellamtes nach § 46 GWB a. F. gegenüber dem ausländischen Unternehmen gemäß § 98 Abs. 2 GWB a. F. auf den Verdacht eines derartigen, auf den deutschen Inlandsmarkt einwirkenden Missbrauchs hätte gestützt werden können[448].

In seinem *„Ölfeldrohre"-Beschluss* stellt der BGH für die genauere Bestimmung der erforderlichen Inlandsauswirkung im Sinne des § 98 Abs. 2 GWB a. F. auf den Schutzzweck der jeweiligen kartellrechtlichen Norm ab[449]. Hieran hält der BGH in seinem Beschluss *„Organische Pigmente"*[450] ausdrücklich fest. Gegenstand dieser Entscheidung aus dem Bereich der Fusionskontrolle war die Anzeigepflicht eines Auslandszusammenschlusses. Der BGH betonte hierbei den unterschiedlichen Zweck der in § 23 GWB a. F. geregelten Anzeigepflicht für Zusammenschlüsse einerseits und der in § 24 GWB a. F. geregelten Untersagungsmöglichkeit andererseits. Der Anzeigepflicht sollten alle Zusammenschlüsse unterliegen, „bei denen aufgrund der absoluten Größenverhältnisse und/oder ihrer wettbewerblichen Bedeutung auf dem Markt die Gefahr einer Beeinträchtigung der Wettbewerbsfreiheit bestehen kann." Es komme daher für die Anzeigepflicht nicht darauf an, dass die Untersagungsvoraussetzungen des § 24 GWB a. F. vorlägen. Demgemäß stellt der BGH an die Inlandsauswirkungen im Rahmen der extraterritorialen Anwendbarkeit der Anzeigepflicht geringere Anforderungen als an die Inlandsauswirkungen im Rahmen der Untersagung[451].

---

[447] Beschluss des KG vom 18.6.1971, WuW/E OLG 1189, 1193 („Import-Schallplatten").

[448] Beschluss des KG vom 14.05.1974, WuW/E OLG 1467, 1469 („BP").

[449] Beschluss des BGH vom 12.07.1973, WuW/E BGH 1276, 1278 f. („Ölfeldrohre").

[450] Beschluss des BGH vom 29.05.1979, WuW/E BGH 1613, 1615 („Organische Pigmente").

[451] Vgl. auch Beschluss des KG vom 01.07.1983, WuW/E OLG 3051, 3062 („Morris-Rothmans"): hier stellt das KG im Falle eines Zusammenschlusses ausländischer Unternehmen (die allerdings über Inlandstöchter verfügten) klar, dass auch solche Zusammenschlüsse der Zusammenschlusskontrolle unterlägen, die zwar die Gefahr der Beeinträchti-

Für das Vorliegen von Inlandsauswirkungen hat der BGH allerdings die Erfüllung der Voraussetzungen der Anzeigepflicht, nämlich die Erzielung gewisser Umsatzerlöse, nicht ausreichen lassen. Vielmehr hat er im Rahmen von § 98 Abs. 2 GWB a. F. zusätzlich zu diesen Voraussetzungen materielle Faktoren untersucht. So wurden „spürbare unmittelbare Auswirkungen“ trotz geringer Marktanteile der am Zusammenschluss beteiligten Unternehmen bejaht, weil ein beteiligtes Unternehmen als Mitbewerber auf dem Inlandsmarkt ausschied und das andere beteiligte Unternehmen Zugang zu dem qualifizierten know how des Partners erhielt[452].

Zusammenfassend lässt sich festhalten, dass zumindest die bundesdeutsche Rechtsprechung durchaus keine statischen, feststehenden Anforderungen an die Inlandsauswirkung im Sinne des § 98 Abs. 2 GWB a.F. bzw. § 130 Abs. 2 GWB n. F. gestellt hat. Vielmehr hat sie, entsprechend dem „abgestuften Regelungssystem“[453] und den unterschiedlichen Schutzzwecken verschiedener Eingriffsnormen im Kartellrecht unterschiedliche Anforderungen an die Intensität der Gefahr von Inlandsauswirkungen gestellt. So genügte für ein an ein ausländisches Unternehmen gerichtetes Auskunftsersuchen der bloße Verdacht wettbewerbsbehindernder Auswirkungen. Im Bereich der Fusionskontrolle mussten für die extraterritoriale Anwendung der nach § 23 GWB a.F. bestehenden Anzeigepflicht eines Zusammenschlusses nicht notwendig schon wettbewerbsbeschränkende Inlandsauswirkungen feststellbar sein, welche die Untersagungskriterien erfüllt hätten. Insofern wurde das Auswirkungsprinzip für die extraterritoriale Anwendbarkeit von Ermittlungsmaßnahmen gedehnt[454]. Stets wurde allerdings der Inlandsbezug, d. h. die Spürbarkeit der – möglicherweise zu befürchtenden – Wettbewerbsbeschränkung, auf den Einzelfall bezogen und anhand dort gegebener materieller Kriterien untersucht. Pauschalkriterien wie etwa die Überschreitung gewisser Umsatzschwellen im Rahmen der Anzeigepflicht für einen Auslandszusammenschluss reichten hier nicht aus.

Freilich ist Gegenstand der zitierten Entscheidungen die Auslegung des Begriffs der Auswirkungen im Sinne des § 98 Abs. 2 GWB a. F. bzw. § 130 Abs. 2 GWB n. F. und damit die Auslegung innerstaatlichen Rechts. Auch wenn diese Normen wegen Art. 25 GG im Lichte des Völkerrechts ausgelegt werden müssen, ist das dabei über die erforderliche Qualität von Auswirkungen Gesagte nicht notwendig gleichbedeutend mit bestehendem Völkerrecht, d.h. mit den völkerrecht-

---

gung der Wettbewerbsfreiheit begründeten, nicht aber die Untersagungsvoraussetzungen gemäß § 24 GWB a.F. erfüllten.

452 Beschluss des BGH vom 29.05.1979, WuW/E BGH 1613, 1615 („Organische Pigmente“).

453 Wiedemann in: Wiedemann, Handbuch Kartellrecht, § 5, Rn. 40.

454 Vgl. auch Basedow, Entwicklungslinien, NJW 1989, 627, 631, der von der „Dehnung des Auswirkungsprinzips für gewisse Verfahrensvorschriften“ spricht.

lichen Anforderungen an eine sinnvolle Anknüpfung. Die zitierten Entscheidungen sollen hier lediglich als Beispiel dienen, dass die aus innerstaatlicher Perspektive gestellten Anforderungen an „Inlandsauswirkungen“ flexibel sind und sich an der jeweiligen extraterritorialen Regelung orientieren.

3. Völkerrechtliche Zulässigkeit eines Gefahrerforschungseingriffs

Am Beispiel der Bundesrepublik Deutschland ist gezeigt worden, dass die Rechtsprechung hinsichtlich der Qualität der Inlandsauswirkungen zwischen der Untersagung und verfahrensrechtlichen Maßnahmen im Rahmen von Ermittlungen unterscheidet. Vor diesem Hintergrund ist nunmehr auf die extraterritoriale Anwendbarkeit der FKVO zurückzukommen. Ausgangsfrage war, ob für die Anmeldepflicht und das Vollzugsverbot während des Vorverfahrens dieselben Anforderungen an eine völkerrechtlich sinnvolle Anknüpfung zu stellen sind wie für eine Untersagung von Drittstaatenzusammenschlüssen. Dabei sind zunächst die Unterschiede zwischen der eigentlichen Kernmaßnahme, der Untersagung, und den Maßnahmen im Vorfeld dieser Kernmaßnahme, die im Zuge der Ermittlungen stattfinden, zu beleuchten.

Bei der Untersagung weiß die Kommission aufgrund vorliegender konkreter Tatsachen, dass die Eingreifkriterien gegeben sind. Die Behörde geht sozusagen von einem bekannten Sachverhalt aus. Diesen gilt es allerdings zunächst zu ermitteln. Hierzu dienen Ermittlungsmaßnahmen, zu denen neben dem Auskunftsersuchen auch die Anmeldepflicht zählt. Denn erst durch die Anmeldung erhält die Kommission wichtige Informationen über den geplanten Zusammenschluss. Bei den in Art. 1 aufgestellten Umsatzschwellen handelt es sich um Aufgreifkriterien, nämlich um Kriterien, bei deren Vorliegen das Zusammenschlussvorhaben angemeldet werden und die Kommission ihre Ermittlungen aufnehmen muss.

Es liegt im Wesen von Ermittlungen, dass im Zeitpunkt ihrer Aufnahme der Sachverhalt unklar ist. Es ist zudem in vielen Fällen, in denen lediglich ein Verdacht vorliegt, zwar möglich, aber nicht sicher, ob eine überhaupt eine Gefahr besteht. Aber auch bei einem bloßen Verdacht muss die Möglichkeit eröffnet sein zu ermitteln, ob eine Gefahr gegeben ist oder nicht. Im innerstaatlichen Polizei- und Ordnungsrecht ist daher die Figur des Gefahrerforschungseingriffs anerkannt. Die zuständigen Behörden sind befugt, gefahrverdächtiges Geschehen zu unterbrechen, Aufklärungsmaßnahmen vorzunehmen und die notwendigen Sicherungsmaßnahmen zu veranlassen[455].

Dies lässt sich auf die Situation bei Erfüllung der Aufgreifkriterien übertragen. Bei Überschreitung der Umsatzschwellen besteht lediglich ein Verdacht, dass

[455] Götz, Polizeirecht, S. 65 ff.

der Zusammenschluss aufgrund seiner absoluten Größe wettbewerbsgefährdend sein könnte. Ohne genauere Tatsachenkenntnis im Hinblick auf das jeweilige konkrete Zusammenschlussvorhaben können die Wettbewerbsbehörden der Staaten bzw. die Kommission nicht erfahren, ob von diesem Vorhaben tatsächlich eine Gefahr für den Wettbewerb ausgeht oder nicht. Sie sind daher auf die Erlangung näherer Informationen über das Zusammenschlussvorhaben und dessen wettbewerbliches Umfeld angewiesen. Für die Gemeinschaft besteht daher die Notwendigkeit, zum Schutz ihrer Wettbewerbsordnung schon bei Bestehen eines Verdachtes zu ermitteln, ob eine Gefahr tatsächlich vorliegt. Hierzu dient die Anmeldung, mittels derer die beteiligten Unternehmen der Kommission entsprechende Informationen liefern[456]. Gleichzeitig besteht ein Bedürfnis, den Vollzug des Zusammenschlusses bis zum Abschluss der wettbewerbsrechtlichen Bewertung vorläufig auszusetzen, damit sich eine mögliche Wettbewerbsgefährdung gar nicht erst in einem Schaden realisieren kann. Beides gilt auch für Drittstaatenzusammenschlüsse, weil sich diese ebenso folgenschwer auf den innerstaatlichen bzw. gemeinschaftlichen Wettbewerb auswirken können.

Eine sinnvolle Anknüpfung der Untersagung eines Drittstaatenzusammenschlusses setzt zumindest eine reale Gefahr wettbewerbsbeschränkender Auswirkungen voraus. Wollte man bei Regelungen im Zuge der Ermittlungen wie der Anmeldepflicht oder dem vorläufigen Vollzugsverbot für Drittstaatenzusammenschlüsse dieselben Anforderungen an eine völkerrechtlich sinnvolle Anknüpfung stellen wie bei der Untersagung, würde man einen „genuine link“ regelmäßig verneinen müssen. Denn es ist ja gerade Kennzeichen dieser Pflichten im Vorfeld der Untersagung, dass der Sachverhalt zu diesem Zeitpunkt häufig unklar ist und nach dem Kenntnisstand der Behörde lediglich ein Verdacht vorliegt, dem nachgegangen werden muss. Ob bei dem Zusammenschlussvorhaben eine reale Gefahr wettbewerbsbeschränkender Auswirkungen gegeben ist, steht vielfach noch nicht fest.

Wenn jedoch die extraterritoriale Anwendung der Kernmaßnahme der FKVO, der Untersagung, im Grundsatz völkerrechtlich zulässig ist[457], dann müssen auch Regelungen völkerrechtlich erlaubt sein, die einer Verwirklichung dieser Untersagungsmöglichkeit dienen. Wenn also, allgemeiner gesprochen, eine präventive Fusionskontrolle, nämlich die Verhinderung wettbewerbsschädigender Zusam-

---

456 Der EuG führt in seinem Urteil vom 25.03.1999, Rs T-102/96 („Gencor Ltd/Kommission der Europäischen Gemeinschaften“), WuW/E EU-R 213 ff. das einen drittstaatenbezogenen Sachverhalt zum Gegenstand hatte, in Tz. 76 zur Anmeldepflicht aus: „Besides, in order for the Commission to assess whether a concentration is within its purview, it must first be in the position to examine that concentration, a fact which justifies requiring the parties to the concentration to notify the agreement.“

457 Siehe 3. Teil, 2 Abschnitt, B.

menschlüsse, allein aufgrund des Auswirkungsprinzips zulässig ist, dann müssen auch Hilfsmaßnahmen, die eine solche präventive Fusionskontrolle erst ermöglichen, zulässig sein. Zu diesen notwendigen Hilfsmaßnahmen im Ermittlungsstadium zählt zunächst die Erfassung möglicherweise wettbewerbsgefährdender Zusammenschlussvorhaben durch die Kommission durch die Anmeldepflicht. Daneben muss bei der präventiven Fusionskontrolle die Umsetzung der erfassten Zusammenschlussvorhaben durch ein vorläufiges Vollzugsverbot solange verhindert werden, bis deren wettbewerbsrechtliche Unbedenklichkeit festgestellt ist. Da im Zeitpunkt des Bestehens der Anmeldepflicht und des Vollzugsverbotes vielfach noch nicht sicher sein kann, ob das Zusammenschlussvorhaben eine Gefahr für den Wettbewerb darstellt, bedeutet dies, dass insoweit abgeschwächte Anforderungen an eine sinnvolle Anknüpfung im Sinne des Auswirkungsprinzips gestellt werden müssen. Anders als bei der Untersagung eines Drittstaatenzusammenschlusses muss für eine sinnvolle Anknüpfung von Anmeldepflicht und Vollzugsverbot keine reale Gefahr wettbewerbsbehindernder Auswirkungen nachgewiesen sein. Vielmehr genügt hier eine geringere Wahrscheinlichkeit derartiger Auswirkungen.

Mit dieser Feststellung ist allerdings noch nicht entschieden, ob die durch die FKVO konkret gewählte Anknüpfung für Anmeldepflicht und Vollzugsverbot im Vorverfahren, nämlich die Überschreitung gewisser Umsatzschwellen, völkerrechtmäßig ist. Denn auch wenn die Anforderungen an die Wahrscheinlichkeit von Auswirkungen bei den hier in Frage stehenden Pflichten gelockert sind, so ist doch eine unbeschränkte Ausdehnung ihrer extraterritorialen Anwendung nicht zulässig. Insofern „heiligt" der Zweck, auch Zusammenschlüsse in Drittstaaten untersagen zu können, nicht jedes (Hilfs-) Mittel. Daher ist insbesondere zu prüfen, ob die Anmeldepflicht und das Vollzugsverbot an pauschale Umsatzschwellenwerte geknüpft werden darf.

Aus der souveränen Staatengleichheit folgt, dass die Freiheit des regelnden Staates in der Anknüpfung und Wahl seiner extraterritorialen Regelungen nicht unbeschränkt ist. Sie findet ihre Grenze in der Souveränität der von den Regelungen betroffenen Staaten. Insofern sind die Souveränitätsrechte der Gemeinschaft und der Drittstaaten in Relation zu setzen. Die Gemeinschaft darf mit ihren Regelungen nicht übermäßig in die souveränen Rechte von Drittstaaten eingreifen. Dies bedeutet, dass die Gemeinschaft mit der Regelung ein berechtigtes Interesse verfolgen und die Regelung hierfür geeignet, erforderlich und – im Hinblick auf Drittstaatenrechte – angemessen sein muss.

II. Geeignetheit

Die Gemeinschaft, der im Bereich des Kartellrechts und der Zusammenschlusskontrolle von den Mitgliedstaaten souveräne Rechte übertragen wurden[458], hat ein berechtigtes Interesse daran, auch Zusammenschlüsse in Drittstaaten von vornherein zu verhindern, die sich im Gemeinsamen Markt dahingehend auswirken, dass eine wettbewerbsbehindernde marktbeherrschende Stellung begründet oder verstärkt würde. Hierzu sind die Anmeldepflicht und das Vollzugsverbot aufgrund der Überschreitung gewisser Umsatzschwellenwerte zumindest geeignet.

1. Tatbestandsseite: Geeignetheit der Umsatzschwellen

Die Umsatzschwellen gemäß Art. 1, an deren Überschreitung Anmeldepflicht und Vollzugsverbot geknüpft sind, stellen ein geeignetes Kriterium zur Erfassung von Zusammenschlüssen dar, die sich möglicherweise wettbewerbsgefährdend im Gemeinsamen Markt auswirken könnten.

Um eine wirksame präventive Zusammenschlusskontrolle zu gewährleisten, dürfen nicht weniger Zusammenschlussvorhaben durch die Aufgreifkriterien erfasst werden als die, die sich als tatsächlich wettbewerbsgefährdend herausstellen und untersagt werden müssen. Damit solche Zusammenschlüsse der Fusionskontrolle nicht entgehen, ist der Kreis der durch die Aufgreifkriterien erfassten Zusammenschlussvorhaben eher weiter zu ziehen und ein behördliches Ermittlungsverfahren nachzuschalten. Notwendigerweise erfüllen also mehr Zusammenschlussvorhaben die Aufgreifkriterien als die Eingreifkriterien.

Dies trifft auch auf die FKVO zu. Zwar erweist sich nur ein geringer Anteil der Zusammenschlüsse, welche die Aufgreifschwellen gemäß Art. 1 überschreiten, als wettbewerbsgefährdend. Jedoch werden durch diese grobe „Vorauslese" alle Zusammenschlussvorhaben erfasst, durch die eine – wenn auch nur geringe – Möglichkeit der Wettbewerbsgefährdung besteht.

Der weltweite Gesamtumsatz gemäß Art. 1 Abs. 2 lit. a bzw. Abs. 3 lit. a aller beteiligten Unternehmen ist zumindest ein wesentlicher Indikator für die Finanzkraft der neu entstehenden Unternehmensverbindung und damit ihrer finanziellen Ressourcen, die auf den jeweiligen Märkten, möglicherweise auch auf Märkten in der Gemeinschaft, eingesetzt werden könnten. Dies gilt auch für in Drittstaaten realisierte Unternehmenszusammenschlüsse. Denn der gemäß Art. 1 Abs. 2 b bzw. Abs. 3 d erforderliche gemeinschaftsweite Umsatz zeigt an, dass zumindest zwei beteiligte Unternehmen in der Gemeinschaft einen erheblichen Umsatz erzielt haben, so dass ein Bezug zum Gemeinsamen Markt besteht.

---

[458] 1. Teil, 2. Abschnitt, E.

Diejenigen Zusammenschlussvorhaben, welche die in Art. 1 vorausgesetzten weltweiten und gemeinschaftsweiten Umsätze kumulativ erzielen, verfügen damit sowohl weltweit als auch in der Gemeinschaft über eine bedeutsame Größe. Gleichgültig, wo die beteiligten Unternehmen ansässig sind oder wo der Zusammenschluss realisiert werden wird, besteht möglicherweise eine Gefahr bedeutsamer Strukturveränderungen im Gemeinsamen Markt[459].

2. Rechtsfolgenseite: Geeignetheit der Anmeldepflicht und des Vollzugsverbotes

Durch die Anmeldepflicht gemäß Art. 4 Abs. 1 können potentiell wettbewerbsgefährdende Zusammenschlüsse zunächst erfasst werden. Mit der Anmeldung erhält die Kommission zum einen Kenntnis von diesen Zusammenschlussvorhaben. Zum anderen erhält sie durch die nach dem Formblatt CO geforderten Angaben nähere Informationen über die geplante Transaktion. Auf der Grundlage dieser Tatsachen kann sie beurteilen, ob der geplante Zusammenschluss tatsächlich eine Gefahr für den Wettbewerb darstellt.

Die Verpflichtung nach Art. 7 Abs. 1, den Vollzug des Zusammenschlusses bis zu seiner Freigabe aufzuschieben, stellt sicher, dass eine Untersagung von Vorhaben, die nicht mit dem Gemeinsamen Markt vereinbar sind, in der Praxis noch möglich ist. Denn mit einer präventiven Fusionskontrolle soll verhindert werden, dass vor Abschluss der wettbewerbsrechtlichen Überprüfung durch die Vollziehung des Zusammenschlussvorhabens vollendete Tatsachen geschaffen werden, die kaum noch rückgängig zu machen wären.

III. Erforderlichkeit

1. Vorüberlegung: Ansätze für „mildere Mittel"

Um dem Verhältnismäßigkeitsgrundsatz zu genügen, muss die extraterritoriale Regelung erforderlich sein. Sie darf souveräne Rechte des betroffenen Staates so wenig wie möglich berühren[460]. Dies bedeutet, dass der Eingriff in die souveränen Rechte des betroffenen Staates durch eine Regelung mit extraterritorialer Wirkung nur so weit gehen darf, wie dies für das Erreichen des berechtigten Regelungsinteresses des regelnden Staates notwendig ist[461].

---

[459] Vgl. Erwägungsgrund 9 zur Verordnung (EWG) des Rates über die Kontrolle von Unternehmenszusammenschlüssen vom 21.12.1989, ABl. EG Nr. L 257 vom 21.09.1990, S. 14.

[460] 1. Teil, 2. Abschnitt, D, III, 2, c, cc.

[461] Meng, Extraterritorial Effects, in: Bernhard, EPIL II, S. 341.

Berechtigtes Regelungsinteresse der Gemeinschaft ist es, auch Drittstaatenzusammenschlüsse, die eine beherrschende Stellung begründen oder verstärken und sich dadurch im Gemeinsamen Markt wettbewerbsbehindernd auswirken, zu verhindern. Die Anmeldepflicht gemäß Art. 4 Abs. 1 und das Vollzugsverbot aufgrund der Überschreitung von Umsatzschwellen gemäß Art. 1 müssen für das Erreichen dieses Regelungszieles erforderlich sein[462]. Dies wäre dann nicht der Fall, wenn es mildere Mittel gäbe, die einen geringeren Eingriff in souveräne Rechte von Drittstaaten darstellten, jedoch gleich geeignet wären.

Von der Anmeldepflicht und dem Vollzugsverbot werden viele Zusammenschlüsse in Drittstaaten erfasst, die sich überhaupt nicht wettbewerbsbehindernd im Gemeinsamen Markt auswirken. *Fiebig*[463] bezeichnet die jetzige Regelung der FKVO daher als „unnecessary burden". Er und andere Vertreter im Schrifttum, die den weiten extraterritorialen Anwendungsbereich als völkerrechtlich bedenklich kritisieren, meinen, dass es mildere Mittel gebe, die eine ebenso effektive Kontrolle von Drittstaatenzusammenschlüssen gewährleisteten.

Es ist zu diskutieren, ob die in Frage stehenden Regelungen wirklich einen nicht erforderlichen Eingriff in die Freiheit der Drittstaaten-Unternehmen und damit auch in die „wirtschaftliche Souveränität" der Drittstaaten darstellen. Dabei gibt es verschiedene mögliche Ansätze für „mildere Mittel": Die Vorschläge betreffen erstens die Voraussetzungen für Anmeldepflicht und Vollzugsverbot, d.h. die Tatbestandsseite. Dabei ist zu prüfen, ob für Zusammenschlüsse in Drittstaaten zu den jetzigen Aufgreifkriterien nach Art. 1, d.h. den derzeitigen Umsatzschwellen, zusätzliche Aufgreifkriterien geschaffen werden sollten. Zweck dieser zusätzlichen Kriterien wäre es, nur noch voraussichtlich bedenkliche Drittstaatenzusammenschlüsse der Anmeldepflicht und dem Vollzugsverbot zu unterwerfen. Voraussichtlich unbedenkliche Vorhaben sollten dagegen auf diese Weise aus der präventiven Kontrolle herausfallen (dabei wird teilweise vertreten, die Untersagungsmöglichkeit von Drittstaatenzusammenschlüssen zu wahren, die durch das Netz solcher zusätzlicher Kriterien gefallen sind, sich aber doch als wettbewerbsbehindernd erweisen).

Die Vorschläge setzen zweitens auf der Seite der Rechtsfolgen an. Hier ist zu untersuchen, ob bei Erfüllung der Aufgreifkriterien weniger einschneidende Maßnahmen möglich wären. So wird für voraussichtlich wettbewerblich unbedenkliche Drittstaatenzusammenschlüsse eine „abgemilderte" Anmeldepflicht gefordert oder ein Ermessensspielraum, mit dem die Kommission die Beteiligten unproblematisch von Anmeldepflicht sowie Vollzugsverbot befreien könnte.

---

462 Fiebig, International Law Limits, ECLR 1998, 323, 329.

463 Fiebig, International Law Limits, ECLR 1998, 323, 329 ff.

2. Tatbestandseite: zusätzliche Voraussetzungen zu den Umsatzschwellen

Nach *Wiedemann*[464] soll, abweichend vom Wortlaut des Art. 1, die FKVO für Drittstaatenzusammenschlüsse nur dann Anwendung beanspruchen können, wenn der geplante Zusammenschluss spürbare Auswirkungen in der Gemeinschaft haben wird. Ohne diese spürbaren Auswirkungen bestehe schon keine Anmeldepflicht und kein Vollzugsverbot. Dennoch erfolgende Anmeldungen seien nach Art. 6 Abs. 1 lit. a zu bescheiden. Das Vorliegen spürbarer Auswirkungen sei Tatfrage. Die Unternehmen trügen insoweit ggf. das Subsumtionsrisiko. Wiedemann selbst nennt allerdings keine konkreten Kriterien, an denen die „Spürbarkeit" festgemacht werden soll. Daher ist im Folgenden zu untersuchen, ob es Kriterien gibt, die bessere Indikatoren für eine voraussichtliche Wettbewerbsgefährdung sein könnten.

a) Spezielle Umsatzschwellen für Zusammenschlüsse in Drittstaaten

Ezrachi[465] möchte Anmeldepflicht und Vollzugsverbot bei Drittstaatenzusammenschlüssen auf wettbewerblich problematische Vorhaben beschränken. Er schlägt hierzu Ausnahmeregelungen vor, nach denen Drittstaatenzusammenschlüsse unter bestimmten Voraussetzungen von vornherein von der Anmeldepflicht und dem Vollzugsverbot ausgenommen würden. Hierzu könnten speziell für Drittstaaten-Unternehmen bestimmte Kriterien festgelegt werden, die eine hinreichende Untersagungswahrscheinlichkeit des geplanten Zusammenschlusses indizierten. Als Ausnahmeregelung komme möglicherweise in Betracht, für Drittstaatenzusammenschlüsse eine besondere (d.h. höhere) Umsatzschwelle für den weltweit erzielten Umsatz zu schaffen. Es sollten dies Umsatzschwellen sein, die auf wettbewerbliche Gefahren eines Zusammenschlussvorhabens für den Gemeinsamen Markt hindeuteten. Bei der Festlegung solcher Schwellenwerte könne die Erfahrung der Kommission genutzt werden. Drittstaatenzusammenschlüsse, die diese speziellen Umsatzschwellen nicht überschritten, wären von der Anmeldepflicht und dem Vollzugsverbot befreit; eine Anmeldung wie auch der Aufschub des Vollzuges wären dann freiwillig.

Freilich würden durch eine Erhöhung der Schwellenwerte, wie sie *Ezrachi* vorschlägt, weniger Drittstaatenzusammenschlüsse aufgegriffen. Damit unterlägen zugleich weniger wettbewerblich unbedenkliche Drittstaatenzusammenschlüsse der Anmeldepflicht und dem Vollzugsverbot. Da jedoch der Gesamtumsatz der beteiligten Unternehmen keine Aussage über ihre Stärke auf den jeweils relevanten Märkten trifft[466], wäre auch eine höhere Umsatzschwelle ein unsicherer Indikator, ob durch den geplanten Zusammenschluss eine

[464] Wiedemann, FS-Lieberknecht, Drittstaaten-Zusammenschlüsse, S. 625, 635 ff.

[465] Ezrachi, Limitations on the Extraterritorial Reach, ECLR 1998, 137,144 ff.

[466] Ausführlich 5. Teil, 1. Abschnitt, C, I.

Indikator, ob durch den geplanten Zusammenschluss eine beherrschende Stellung im Gemeinsamen Markt begründet oder verstärkt werden könnte. Einerseits würden daher weiterhin wettbewerblich unbedenkliche Zusammenschlüsse erfasst. Andererseits könnten wettbewerblich bedenkliche Zusammenschlussvorhaben durch das Sieb der präventiven Fusionskontrolle fallen. Erhöhte Umsatzschwellen speziell für Zusammenschlüsse in Drittstaaten sind daher abzulehnen.

b) „summarische" Prüfung materieller Kriterien

Es stellt sich die Frage, ob die Aufgreifkriterien im Hinblick auf Drittstaatenzusammenschlüsse durch zusätzliche Berücksichtigung materieller Kriterien den Eingreifkriterien gemäß Art. 2 gleichsam angenähert werden könnten. Dies böte die Möglichkeit, solche Zusammenschlüsse, die sich in der Gemeinschaft voraussichtlich nicht auswirken, vom Anwendungsbereich der FKVO und damit von der Anmeldepflicht und dem Vollzugsverbot auszunehmen.

Immenga[467] schlägt insoweit vor, dass die Kommission anhand der bisherigen Praxis ermitteln solle, bei welchen Faktoren Auswirkungen auf den Gemeinsamen Markt nicht angenommen werden könnten. Hierbei sei insbesondere auf strukturelle Wettbewerbsbedingungen abzustellen. Diese Eingrenzungen des Anwendungsbereichs der FKVO sollten durch die Kommission im Wege einer Bekanntmachung transparent gemacht werden.

Marktstrukturelle Merkmale sind etwa der Marktanteil der Beteiligten, ihr Abstand zu den Wettbewerbern, die Zersplitterung des übrigen Angebotes, freie Kapazitäten bei den Konkurrenten oder das Vorhandensein jederzeit zum Markteintritt fähiger potentieller Konkurrenten am Marktrand[468] sowie rechtliche und tatsächliche Marktzutrittsschranken. Es handelt sich hierbei um eine komplexe Analyse, bei der das Zusammenspiel einzelner Faktoren im Einzelfall zu berücksichtigen ist.

Diese komplexe Prüfung müsste von den Unternehmen selbst geleistet werden. Denn sie werden nicht etwa von der Kommission zur Anmeldung aufgefordert, sondern müssen sich nach der FKVO von sich aus anmelden. Zum einen ist nicht ersichtlich, ob die Unternehmen zu einer Analyse der Marktstruktur in der Lage wären, weil diese eine umfassende ökonomische Bewertung erfordert, die das Unternehmen möglicherweise nicht leisten kann. Zum anderen sind diese Kriterien auslegungsfähig und auslegungsbedürftig. Zudem ist ihre Gewichtung Wertungssache. Daher stünde den beteiligten Unternehmen ein großer Spielraum für ihre Beurteilung zu, ob der Zusammenschluss in den Anwendungsbereich der FKVO fällt. Je nachdem, ob sich die Beteiligten anmelden und damit

---

[467] Immenga, Extraterritoriale Anwendung, in FS-Zäch, S. 347, 357.

[468] Emmerich, Kartellrecht, § 25 Nr. 2 a), S. 287.

einer Kontrolle durch die Kommission unterwerfen wollten oder nicht, könnte die Selbsteinschätzung daher in die eine oder andere Richtung ausfallen. Eine Berücksichtigung diverser marktstruktureller Merkmale im Hinblick auf die Anmeldepflicht von Drittstaatenunternehmen ist demnach weder praktikabel noch bringt sie für die Unternehmen in diesem Punkt die erforderliche Rechtssicherheit mit sich. Sie ist daher abzulehnen.

c) Marktanteile

(1) Vorbemerkungen

Da eine Prüfung aller marktstrukturellen Kriterien zu komplex wäre, stellt sich die Frage, ob darunter nicht einzelne Kriterien sind, die sicher anzeigen, dass spürbare Auswirkungen von dem Zusammenschluss nicht zu erwarten sind. Hier bietet sich der Marktanteil der Beteiligten an, der ein herausgehobenes Kriterium bei der Beurteilung des Zusammenschlusses bildet. Die Marktstellung der Beteiligten, die in Art. 2 Abs. 1 an erster Stelle genannt wird, drückt sich wesentlich in deren Marktanteil aus[469].

Der Marktanteil spiegelt die wettbewerbliche Problematik eines Zusammenschlussvorhabens besser wider als der Umsatz der Beteiligten[470]. Anders als der Umsatz ist der Marktanteil der beteiligten Unternehmen eine relative Größe. Er deutet auf die Marktposition und den wirtschaftlichen Erfolg der Zusammenschlussbeteiligten im Vergleich zu den Wettbewerbern hin. Außerdem bezieht sich der Marktanteil auf die jeweils sachlich und räumlich relevanten – vom Zusammenschluss berührten – Märkte. Der Marktanteil steht somit mit dem Vorliegen einer beherrschenden Stellung in engerer Beziehung als der Umsatz. Zwar kann von einem hohen Marktanteil der Zusammenschlussbeteiligten nicht sicher auf eine beherrschende Stellung geschlossen werden[471], umgekehrt kann jedoch bei einem niedrigen Marktanteil jedenfalls eine solche Stellung ausgeschlossen werden. So geht Erwägungsgrund 15 zur FKVO[472] davon aus, dass ein Marktanteil der beteiligten Unternehmen, der 25% nicht überschreitet, Indiz für die Vereinbarkeit des Zusammenschlusses mit dem Gemeinsamen Markt ist.

---

469 Auch in § 19 Abs. 2 Nr. 2 GWB, in der Kriterien für das Vorliegen einer marktbeherrschenden Stellung – nicht abschließend - aufgezählt werden, wird der Marktanteil an erster Stelle genannt.

470 Broberg, The European Commission`s Jurisdiction, S. 261.

471 Bekanntmachung der Kommission über die Definition des relevanten Marktes im Wettbewerbsrecht der Gemeinschaft, ABl. EG Nr. C 372 vom 09.12.1997, S. 5, 6, Ziff. 10, in der es heißt, dass außerdem weitere Faktoren wie Zutrittsschranken, Reaktionsfähigkeit der Kunden etc. für eine beherrschende Stellung sprechen müssten.

472 ABl. EG Nr. L 257 vom 21.09.1990, S. 15.

Auch im Vorverfahren, in dem nach einer Art summarischen materiellen Prüfung gemäß Art. 6 Abs. 1 lit. b bzw. lit. c zu entscheiden ist, ob das Zusammenschlussvorhaben Anlass zu ernsthaften Bedenken hinsichtlich seiner Vereinbarkeit mit dem Gemeinsamen Markt gibt, spielt der Marktanteil der Beteiligten eine hervorgehobene Rolle: In ihrer Verwaltungspraxis stellt die Kommission vor allem darauf ab, ob die Beteiligten auf denselben Märkten tätig sind und der Zusammenschluss damit zu wettbewerbsgefährdenden Überschneidungen, nämlich insbesondere zu bedeutsamen Marktanteilsadditionen führen wird.

In der Bekanntmachung über ein vereinfachtes Verfahren für bestimmte Zusammenschlüsse gemäß der FKVO[473] hat die Kommission selbst Kategorien von Zusammenschlüssen genannt, die nach ihren Erfahrungen „den beteiligten Unternehmen nicht zu einer Marktposition verhelfen, die als wettbewerbsrechtlich bedenklich anzusehen ist."[474] Danach sind unter anderem die von dem Zusammenschluss berührten Märkte und mögliche Marktanteilsadditionen durch Überschneidung der Tätigkeiten der Beteiligten maßgeblich. So handelt es sich bei den als unproblematisch qualifizierten Zusammenschlüssen etwa um solche, bei denen die beteiligten Unternehmen weder auf demselben sachlich und räumlich relevanten Markt noch jeweils auf vor- oder nachgelagerten Märkten tätig sind. Außerdem handelt es sich um Zusammenschlüsse, bei denen die Beteiligten zwar auf denselben bzw. auf jeweils vor- oder nachgelagerten Märkten tätig sind, ihr gemeinsamer Marktanteil in horizontaler Hinsicht unter 15%, in vertikaler Hinsicht unter 25% liegt. Es sind dies zugleich die Zusammenschlussfälle, in denen keine „betroffenen Märkte" im Sinne des Formblattes CO vorliegen[475]. *Fiebig* schlägt daher als eine Lösungsmöglichkeit vor, diejenigen Drittstaatenzusammenschlüsse von der vorherigen Anmeldepflicht auszunehmen, die keine „betroffenen Märkte" aufweisen.

Denkbar wäre etwa eine Bekanntmachung zum Begriff der gemeinschaftsweiten Bedeutung im Sinne des Art. 1, die klarstellte, dass die FKVO nicht anwendbar ist, wenn beteiligte Unternehmen bei Drittstaatenzusammenschlüssen einen bestimmten Mindestmarktanteil nicht erreichen. Solche Zusammenschlüsse würden folglich auch nicht mehr der Anmeldepflicht und dem Vollzugsverbot unterliegen.

(2) Marktabgrenzung als Grundlage für die Bestimmung des Marktanteils

Die Bestimmung des Marktanteils setzt zunächst die Abgrenzung des zu Grunde zu legenden sachlich und räumlich relevanten Marktes voraus. Der „Markt" i. S.

---

473 ABl. EG Nr. C 217 vom 29.07.2000, S. 32 ff., siehe auch oben 1. Teil, 1. Abschnitt, B, V.

474 ABl. EG Nr. C 217 vom 29.07.2000, S. 33, Tz. 5.

475 Siehe zum Begriff der „betroffenen Märkte": ABl. EG Nr. L 61 vom 02.03.1998, S. 19 sowie 1. Teil, 1. Abschnitt, D, I, 2.

d .Wettbewerbsrechts ist nicht mit dem vieldeutigen Begriff des Marktes im alltäglichen Sprachgebrauch gleichzusetzen. So kann im alltäglichen Sprachgebrauch mit dem „Markt" ganz allgemein die Nachfrage bzw. das Angebot von Produkten gemeint sein. Auch werden „Märkte" ganzen Wirtschaftszweigen zugeordnet. Der Marktbegriff des Wettbewerbsrechts bezweckt dagegen, Produkte zu erfassen, die in einer hinreichend engen Wettbewerbsbeziehung stehen. Die Bekanntmachung der Kommission über die Definition des relevanten Marktes im Sinne des Wettbewerbsrechts der Gemeinschaft führt zum Sinn und Zweck der Marktabgrenzung aus:

„Die Definition des Marktes dient der genauen Abgrenzung des Gebietes, in dem die Unternehmen miteinander im Wettbewerb stehen. [...]. Hauptzweck der Marktdefinition ist die systematische Ermittlung der Wettbewerbskräfte, denen sich die beteiligten Unternehmen zu stellen haben. Mit der Abgrenzung eines Marktes sowohl in seiner sachlichen als auch in seiner räumlichen Dimension soll ermittelt werden, welche konkurrierenden Unternehmen tatsächlich in der Lage sind, dem Verhalten der beteiligten Unternehmen Schranken zu setzen und sie daran zu hindern, sich einem wirksamen Wettbewerbsdruck zu entziehen."[476] Dies heißt auch, dass der jeweilige Markt nicht abstrakt „vor-definiert" werden kann, sondern von Fall zu Fall bestimmt werden muss. Dabei wird zunächst der sachlich relevante Markt, anschließend der dazugehörige räumliche Bezugsmarkt abgegrenzt.

(i) Sachlich relevanter Markt

Das Formblatt CO für die Anmeldung von Zusammenschlüssen definiert den relevanten Produktmarkt wie folgt: „Der sachlich relevante Produktmarkt umfasst sämtliche Erzeugnisse und/oder Dienstleistungen, die von den Verbrauchern hinsichtlich ihrer Eigenschaften, Preise und ihres vorgesehenen Verwendungszwecks als austauschbar oder substituierbar angesehen werden." [477]

Normatives Abgrenzungskriterium für hinreichend enge Wettbewerbsbeziehungen zwischen bestimmten Produkten, so dass von einem „Markt" ausgegangen werden kann, ist dabei die Austauschbarkeit der Waren oder Dienstleistungen aus der Sicht der Nachfrager.[478] Das sogenannte Bedarfsmarktkonzept, das allein auf die Austauschbarkeit aus der Sicht der Marktgegenseite abstellt, hat sich in der Praxis der Gemeinschaft und beispielsweise auch in der der Bundesrepublik

---

[476] Bekanntmachung der Kommission über die Definition des relevanten Marktes im Sinne des Wettbewerbsrechts der Gemeinschaft, ABl. EG Nr. C 372 vom 09.12.1997, S. 5, Ziff. 2.

[477] ABl. EG Nr. L 61 vom 02.03.1998, S.18.

[478] Emmerich, Kartellrecht,§ 18 Nr. 4 a), S. 168.

Deutschland durchgesetzt.[479] Denn die Nachfragesubstituierbarkeit stellt die unmittelbarste und die die Anbieter eines bestimmten Produktes am wirksamsten disziplinierende Wettbewerbskraft dar. Ein Unternehmen kann etwa den Preis nicht diktieren, wenn die Kunden in der Lage sind, für die Deckung ihres Bedarfes auf andere, gleichermaßen geeignete Produkte auszuweichen. Die Abgrenzung des sachlich relevanten Marktes besteht daher im wesentlichen darin, das dem Kunden tatsächlich zur Verfügung stehende Alternativangebot an Waren und Dienstleistungen zu bestimmen.[480]

In ihrer Bekanntmachung über die Definition des relevanten Marktes im Wettbewerbsrecht der Gemeinschaft erwähnt die Kommission auch quantitative Tests zur Marktabgrenzung, mit denen das Substitutionsverhalten der Nachfrager ermittelt wird. Sie können als Hilfsmittel im Rahmen des Bedarfsmarktkonzeptes dienen. Dabei wird etwa die Frage gestellt, ob die Kunden der beteiligten Unternehmen als Reaktion auf eine angenommene, kleine bleibende Erhöhung der relativen Preise (im Bereich zwischen 5 und 10%) für die betreffenden Produkte auf leicht verfügbare Substitute ausweichen würden. Wechselten die Kunden in einem so starken Maße zu solchen Substituten über, dass die Preiserhöhung wegen der Absatzeinbußen keinen Zusatzgewinn erbrächte, so umfasste der Produktmarkt die entsprechenden Ausweichprodukte.[481] Allerdings hat dieser Test in der Praxis kaum Bedeutung, setzt er doch aufwendige Verbraucherbefragungen voraus. Zudem vermittelt er eine gewisse Scheinobjektivität. Bereits die Festlegung der Ausgangspreise und -produkte lässt sich willkürlich beeinflussen.

Neben der Nachfragesubstituierbarkeit nennt die Bekanntmachung der Kommission über die Definition des relevanten Marktes im Sinne des Wettbewerbsrechts der Gemeinschaft die Angebotssubstituierbarkeit als einen möglichen Aspekt für die Marktabgrenzung. Denn auch die Substituierbarkeit auf der Angebotsseite kann auf die beteiligten Unternehmen eine disziplinierende Wirkung ausüben und damit eine Rolle bei der Marktabgrenzung spielen. Voraussetzung ist, dass die Anbieter in der Lage sind, ihre Produktion auf die relevanten Erzeugnisse umzustellen und sie kurzfristig auf den Markt zu bringen, ohne dabei spürbare Zusatzkosten oder Risiken zu haben. Die aufgrund dieser Angebotsumstellungsflexibilität zusätzlich auf den Markt gelangenden Erzeugnisse üben Wettbe-

479 Emmerich, Kartellrecht,§ 18 Nr. 4 a), S. 168.

480 Vgl. Bekanntmachung der Kommission über die Definition des relevanten Marktes im Sinne des Wettbewerbsrechts der Gemeinschaft, ABl. EG Nr. C 372 vom 09.12.1997, S. 6, Ziff. 13.

481 Vgl. Bekanntmachung der Kommission über die Definition des relevanten Marktes im Sinne des Wettbewerbsrechts der Gemeinschaft, ABl. EG Nr. C 372 vom 09.12.1997, S. 7,10, Ziff. 15 ff., 39.

werbsdruck aus. In diesem Fall umfasst der sachlich relevante Markt nicht nur die Produkte, die aus Sicht der Nachfrager austauschbar sind, sondern auch die, die von Seiten der Anbieter substituierbar sind [482].

(ii) Räumlich relevanter Markt

Zum räumlichen Bezugsmarkt heißt es im Formblatt CO: Der geographisch relevante Markt umfasst das Gebiet, in dem die Unternehmen die relevanten Produkte und Dienstleistungen anbieten, in dem die Wettbewerbsbedingungen hinreichend homogen sind, und das sich von benachbarten Gebieten durch spürbar unterschiedliche Wettbewerbsbedingungen unterscheidet[483].

Bei der Abgrenzung des räumlich relevanten Marktes ist zunächst zu prüfen, ob aus der Sicht der Nachfrager für die entsprechenden Produkte in räumlicher Hinsicht ein Alternativangebot besteht. Dies können etwa ortsfremde Anbieter sein, auf welche die Nachfrager ausweichen können[484]. Auch hier kann als quantitativer Test für die Marktabgrenzung die Frage gestellt werden, inwieweit Kunden bei einer dauerhaften geringfügigen Preiserhöhung für bestimmte Produkte in einem bestimmten Gebiet auf Anbieter mit anderem Standort ausweichen würden[485].

(iii) Intensität der Ermittlungen

Um die Substituierbarkeit der Produkte auf der Nachfrage- oder Angebotsseite bestimmen zu können, werden umfangreiche Informationen benötigt. Die Kommission selbst befragt im Rahmen der materiellen Prüfung von Zusammenschlüssen für eine genaue Abgrenzung des Marktes sowohl die wichtigsten Nachfrager als auch Wettbewerber der beteiligten Unternehmen. Dabei werden die Marktteilnehmer auch aufgefordert, ihre Auffassung zur Abgrenzung der in Frage stehenden sachlich relevanten Märkte kundzutun und die hierfür erforderlichen empirischen Nachweise zu liefern. Falls Untersuchungen im oben be-

---

[482] Vgl. Bekanntmachung der Kommission über die Definition des relevanten Marktes im Sinne des Wettbewerbsrechts der Gemeinschaft, ABl. EG Nr. C 372 vom 09.12.1997, S. 7 f., Ziff. 20 ff.

[483] ABl. EG Nr. L v. 02.03.1998, 61/11 (18); vgl. auch Bekanntmachung über den relevanten Markt im Sinne des Wettbewerbsrechts der Gemeinschaft ABl. EG Nr. C 372 vom 09.12.1997, S. 6, Ziff. 7 f.

[484] Vgl. Bekanntmachung der Kommission über die Definition des relevanten Marktes im Sinne des Wettbewerbsrechts der Gemeinschaft, ABl. EG Nr. C 372 vom 09.12.1997, 6, Ziff. 13.

[485] Vgl. Bekanntmachung der Kommission über die Definition des relevanten Marktes im Sinne des Wettbewerbsrechts der Gemeinschaft, ABl. EG Nr. C 372 vom 09.12.1997, S. 9, Ziff. 29.

schriebenen Sinne darüber vorhanden sind, mit welchen Reaktionen bei hypothetischen Preiserhöhungen zu rechnen ist, können diese für die Definition der Märkte verwertet werden. Im Falle von Verbrauchsgütern können zudem von den Unternehmen in Auftrag gegebene Marketing- oder Marktforschungsstudien für die Abgrenzung der relevanten Märkte berücksichtigt werden.[486]

Die Ermittlungstiefe kann reduziert sein, wenn es auf eine genaue Marktabgrenzung im Ergebnis nicht ankommt. Dies ist der Fall, wenn die beteiligten Unternehmen auf den alternativ denkbaren Märkten dieselbe Marktposition hätten. So kann etwa eine genaue Marktabgrenzung dahinstehen, wenn die beteiligten Unternehmen auf jedem der möglichen relevanten Märkte eine beherrschende Stellung hätten. Wäre die Unterschreitung eines bestimmten Marktanteils Ausschlusskriterium für die Anmeldepflicht, könnte die Festlegung auf eine bestimmte Marktabgrenzung offen bleiben, wenn die Beteiligten bei jeder der alternativen Marktabgrenzungen den Marktanteil unterschritten[487].

(3) Eignung als Ausschlusskriterium für Anmeldepflicht und Vollzugsverbot

(i) Praktikabilität

Es stellt sich die Frage, ob die Unterschreitung eines gewissen Marktanteils als Ausschlusskriterium für die Anmeldepflicht und das Vollzugsverbot für die Unternehmen praktikabel ist. Denn die Unternehmen werden ja nicht von der Kommission zur Anmeldung aufgefordert, sondern müssen von sich aus erkennen können, ob sie die Marktanteile erreichen oder nicht.

Abgesehen von den Fällen, in denen die Festlegung auf einen bestimmten Markt offengelassen werden kann[488], könnte bereits die genaue Abgrenzung der relevanten Märkte für die Unternehmen problematisch sein. Bei der Marktabgrenzung ist nach dem oben Gesagten eine Vielzahl unterschiedlicher Gesichtspunkte zu berücksichtigen. Schon um zu ermitteln, welche Produkte aus Sicht der Nachfrager austauschbar sein könnten, muss ein Überblick über die von den Wettbewerbern angebotenen vergleichbaren Waren und Dienstleistungen gewonnen werden. Freilich werden nicht immer eigens für die Frage, ob der Zu-

---

[486] Vgl. Bekanntmachung der Kommission über die Definition des relevanten Marktes im Sinne des Wettbewerbsrechts der Gemeinschaft, ABl. EG Nr. C 372 vom 09.12.1997, S. 10 ff., Ziff. 33 ff.

[487] Vgl. Vereinfachtes Verfahren, das unter anderem bei Unterschreitung eines bestimmten Marktanteils durchgeführt werden kann: Hier werden die beteiligten Unternehmen aufgefordert, im Vorfeld der Anmeldung Auskunft über mögliche alternative Marktdefinitionen zu erteilen, ABl EG. Nr. C 217 vom 29.7.2000, S. 33, Ziff. 6.

[488] Siehe oben, 5. Teil, 3. Abschnitt, B, III, 2, c, (2), (iii) .

sammenschluss anmeldepflichtig ist, Erkundigungen über das Produktangebot von Wettbewerbern eingeholt oder Kunden befragt werden müssen. Da es sich bei den von der FKVO erfassten Unternehmen sämtlich um Großunternehmen handelt, werden diese vielfach über Fachabteilungen verfügen, die aus strategischen Gründen ohnehin Informationen über die von dem Zusammenschluss berührten Märkte gesammelt haben. Insofern werden Unternehmen häufig auf bereits vorhandenes Wissen zurückgreifen können. Ist dies hingegen nicht möglich, werden sie wegen der Zeitknappheit in der Anmeldephase die erforderlichen Informationen gar nicht erlangen können. Schon auf der Ebene der Marktabgrenzung stellt sich daher die Frage, ob die beteiligten Unternehmen überhaupt von sich aus in der Lage sind, alle entscheidungserheblichen Gesichtspunkte zu berücksichtigen.

Selbst wenn die beteiligten Unternehmen den Markt noch abgrenzen können, dürfte ihnen die genaue Berechnung ihres Marktanteils vielfach unmöglich sein. Sie müssten hierfür zunächst das Gesamtmarktvolumen bestimmen, d.h. die von allen Anbietern abgesetzten Mengen oder Umsätze auf dem relevanten Markt zusammenrechnen. Insofern wären die beteiligten Unternehmen, sollte ihnen das Gesamtmarktvolumen nicht aus anderen Quellen bekannt sein, auf Auskünfte der Wettbewerber angewiesen. Da jedoch Umsatzerlöse und abgesetzte Mengen von den Unternehmen in der Regel als Geschäftsgeheimnisse angesehen werden, werden die Wettbewerber meist nicht bereit sein, diese den beteiligten Unternehmen als ihren Konkurrenten mitzuteilen[489]. Daher wären die beteiligten Unternehmen häufig auf mehr oder minder genaue Schätzungen angewiesen. Da die Unternehmen somit ihren Marktanteil selbst vielfach nur ungenau bestimmen können[490], ist er als Ausschlusskriterium für Anmeldepflicht und vorläufiges Vollzugsverbot nicht praktikabel.

(ii) Rechtssicherheit

Anmeldepflicht und Vollzugsverbot sind nach Art. 14 bußgeldbewehrt[491]. Für die Rechtssicherheit der beteiligten Unternehmen spielt es daher eine bedeutsame Rolle, dass für sie eindeutig erkennbar ist, ob der von ihnen geplante Zusammenschluss unter die Aufgreifkriterien fällt. Unter diesem Gesichtspunkt sind Marktanteile als Ausschlusskriterien für Anmeldepflicht und Vollzugsver-

---

489 Vgl. Broberg, The European Commission`s Jurisdiction, S. 262.

490 Im Gegensatz dazu ist die Kommission in der Lage, Marktanteile beteiligter Unternehmen zu bestimmen. Sie kann gemäß Art. 11 ein bußgeldbewehrtes Auskunftsverlangen an die Wettbewerber richten, welches diese verpflichtet, Auskunft über die von ihnen abgesetzten Mengen sowie erzielten Umsätze zu erteilen. Die Kommission unterliegt gemäß Art. 17 Abs. 2 dem Geheimhaltungsgrundsatz, so dass die Wettbewerber keine Preisgabe ihrer Geschäftsgeheimnisse befürchten müssen.

491 Siehe hierzu im Einzelnen Teil 6.

bot von Zusammenschlüssen in Drittstaaten problematisch. Dies gilt schon deshalb, weil die Unternehmen nach dem oben Gesagten den Marktanteil vielfach lediglich auf der Grundlage von Schätzungen und daher nur ungenau berechnen können.

Rechtsunsicherheit entsteht aber vor allem dadurch, dass der zu Grunde zu legende Markt abgegrenzt werden muss. Der „Markt" stellt einen unbestimmten und damit ausfüllungsbedürftigen (Rechts-) begriff dar. Um den relevanten Markt zu definieren, müssen die hierfür zu berücksichtigenden Faktoren auch bewertet werden. Vielfach kann nicht klar bestimmt werden, wie weit der sachlich und räumlich relevante Markt abzugrenzen ist. So kann sich beispielsweise die Frage stellen, ob ein bestimmtes Produkt aus der Sicht der Nachfrager gegen ein anderes austauschbar und somit noch in den sachlich relevanten Markt einzubeziehen ist. Auch können Zweifel darüber bestehen, ob die Kunden ein Produkt nur regional oder auch überregional nachfragen, so dass je nach Antwort der räumliche Bezugsmarkt unterschiedlich abzugrenzen wäre. Dabei steht und fällt der Marktanteil der beteiligten Unternehmen damit, wie weit der Markt abgegrenzt wird.

Je nachdem, wie die Unternehmen die für die Marktabgrenzung zu berücksichtigenden Tatsachen werteten, würden sie unter die Anmeldepflicht und das Vollzugsverbot fallen oder nicht. Die Unternehmen könnten nicht sicher sein, ob ihre Marktabgrenzung mit einer von der Kommission vorgenommenen Marktabgrenzung übereinstimmte. Wie oben gesagt[492], könnten auch die – in der Praxis selten durchgeführten – quantitativen Tests die Marktabgrenzung nur scheinbar objektivieren. Außer in den Fällen, in denen die Marktabgrenzung offengelassen werden könnte, weil der betreffende Marktanteil bei allen denkbaren Marktabgrenzungen unterschritten würde, wäre der Marktanteil somit ein unsicheres Kriterium.

(iii) Manipulierbarkeit

Ein Wertungsspielraum beinhaltendes Merkmal wie der Marktanteil könnte zu einer falschen „Auslese" der angemeldeten Zusammenschlussvorhaben führen. Rechtstreue, auf Rechtssicherheit bedachte, „vorsichtige" Unternehmen werden den Zusammenschluss trotz wettbewerblicher Unbedenklichkeit eher zur Sicherheit anmelden, selbst wenn sie tatsächlich die Marktanteile unterschreiten[493]. Dagegen könnten Unternehmen, deren Zusammenschlussvorhaben wett-

---

[492] 5 Teil, 3. Abschnitt, B, III, 2, c, (2), (i).

[493] So meint Ruppelt in: Langen/Bunte, Kartellrecht, Bd. I, § 35, Rn. 24, dass die im deutschen Recht bestehende sog. Bagatellmarktklausel gemäß § 35 Abs. 2 S. 1 Nr. 2 GWB für die Anmeldepflicht faktisch keine Relevanz habe. Nach dieser Bestimmung finden die Vorschriften über die Zusammenschlusskontrolle keine Anwendung, wenn ein schon län-

bewerblich problematisch ist, den Wertungsspielraum möglicherweise dazu nutzen, sich dem Anwendungsbereich der europäischen Fusionskontrolle zu entziehen. So können sie etwa ihren Marktanteil durch eine für sie günstige Marktabgrenzung beeinflussen und niedriger ansetzen als dieser tatsächlich ist.

In der erwähnten Bekanntmachung der Kommission über ein vereinfachtes Verfahren[494] wird deutlich, dass die Kommission die Entscheidung über die Abgrenzung der relevanten Märkte im Bereich der Zusammenschlusskontrolle letztlich nicht aus der Hand geben und den beteiligten Unternehmen selbst überlassen will. Für das vereinfachte Verfahren kommen Zusammenschlüsse in Betracht, die horizontal einen Marktanteil von 15% oder vertikal einen Marktanteil von 25% unterschreiten. Dabei heißt es zur Marktabgrenzung: „ Da die Marktdefinitionen in diesem Zusammenhang eine Schlüsselrolle spielen können, werden die beteiligten Unternehmen aufgefordert, im Vorfeld der Anmeldung [...] Auskunft über mögliche alternative Marktdefinitionen zu erteilen [...]. Die Entscheidung über die endgültige Marktdefinition bleibt im Ermessen der Kommission, die ihre Entscheidung nach Analyse der Sachlage trifft.“[495] Neben einer für die beteiligten Unternehmen günstigen Marktabgrenzung bietet sich diesen bei der Berechnung des Marktanteils die Möglichkeit, die Marktstärke der Wettbewerber zu überschätzen und folglich ihren eigenen Marktanteil zu unterschätzen.

d) Zusammenfassung

Die Verengung des Anwendungsbereichs der FKVO durch zusätzliche Aufgreifkriterien speziell für Drittstaatenzusammenschlüsse ist problematisch. Insbesondere sind marktbezogene Merkmale wie der Marktanteil aufgrund ihrer mangelnden Praktikabilität sowie mangelnden Rechtssicherheit für die Unternehmen ungünstig. Aufgrund der Manipulierbarkeit dieser Kriterien besteht zudem die Gefahr, dass wettbewerbsgefährdende Zusammenschlüsse durch das Netz der Fusionskontrolle fallen. Die diskutierten Kriterien stellen daher keine gleich geeigneten Aufgreifkriterien zu Umsatzschwellen dar.

---

ger bestehender Markt betroffen ist, der ein bestimmtes Gesamtvolumen unterschreitet. Um dies zu entscheiden, müssen die beteiligten Unternehmen zwar keine Marktanteile berechnen, jedoch die relevanten Märkte abgrenzen und auch die jeweiligen Gesamtmarktvolumina bestimmen. Da vielfach weder der relevante Markt noch das Gesamtmarktvolumen eindeutig von den beteiligten Unternehmen selbst bestimmt werden könnten, führe dies, so Ruppelt, in der Praxis dazu, dass Unternehmen ihre Zusammenschlussvorhaben vorsichtshalber anmeldeten.

494 ABl. EG Nr. C 217 vom 29.07.2000, S. 32 ff.; siehe oben 1. Teil, 1. Abschnitt, B, V; 5. Teil, 3. Abschnitt, B, III, 2, c, (1).

495 ABl. EG Nr. C 217 vom 29.07.2000, S. 32, 33, Ziff. 6.

3. Rechtsfolgenseite

a) Entkopplung der Untersagungsbefugnis von Anmeldepflicht und Vollzugsverbot

(1) Vorbemerkungen

Auch in der Literatur wird das Problem erkannt, dass durch zusätzliche Aufgreifkriterien wie etwa Marktanteilsschwellen, die speziell für Drittstaatenzusammenschlüsse gelten sollen, wettbewerbsgefährdende Vorhaben durch das Netz der Fusionskontrolle fallen könnten.

Bislang dürfe, so *Fiebig*, die Kommission nur solche Zusammenschlüsse verbieten, die auch der Anmeldepflicht unterlägen. Durch eine Verengung der Voraussetzungen für die Anmeldepflicht bestehe insofern das Risiko, dass die Kommission keine Handhabe mehr gegen Zusammenschlüsse habe, die nicht mehr anmeldepflichtig seien. Nach *Fiebig* sollte bei Drittstaatenzusammenschlüssen daher die vorherige Anmeldepflicht von der Untersagungsbefugnis entkoppelt werden: „[...] if the notification requirements were separated from the substantive review, it would be possible to limit the pre-merger notification requirement without simultaneously limiting the authority of the Commission to intervene in a merger. This solution is particularly attractive in the case of international mergers"[496]. Demnach solle der Kommission die Befugnis bleiben, auch gegen solche Vorhaben einzuschreiten, die zwar aufgrund Ausnahmeregelungen für Drittstaatenzusammenschlüsse, nämlich der Unterschreitung gewisser Marktanteile, von der vorherigen Anmeldepflicht und dem Vollzugsverbot ausgeschlossen seien, aber sich dennoch als wettbewerblich problematisch herausstellten.

In eine ähnliche Richtung geht auch der Vorschlag *Ezrachis*[497], der spezielle, d.h. höhere Umsatzschwellen für Drittstaatenzusammenschlüsse aufstellen will, unterhalb derer die Anmeldung und der Aufschub des Vollzuges freiwillig sein soll. Allerdings solle die Kommission weiterhin die Kompetenz behalten, auch diejenigen Drittstaatenzusammenschlüsse zu überprüfen, welche die speziellen Umsatzschwellen nicht überschritten und daher nicht anmeldepflichtig seien und nicht dem Vollzugsverbot unterlägen[498].

---

496 Fiebig, International Law Limits, ECLR 1998, 323, 331; zum Vorschlag Fiebigs siehe auch oben, 5. Teil, 3. Abschnitt, B, III, 2, c, (1).

497 Ezrachi, Limitations on the Extraterritorial Reach, ECLR 2001, 137, 145; zum Vorschlag Ezrachis siehe auch oben, 5 Teil, 3. Abschnitt, B, III, 2, a.

498 Allerdings solle Voraussetzung sein, dass die Zusammenschlussvorhaben die „herkömmlichen" Aufgreifkriterien gemäß Art. 1 erfüllten, vgl. Ezrachi, a.a.O., S. 145.

Die Vorschläge *Fiebigs* und *Ezrachis* liefen für diejenigen Zusammenschlüsse in Drittstaaten, welche die speziellen zusätzlichen Aufgreifkriterien nicht erfüllten, auf eine nachträgliche Zusammenschlusskontrolle hinaus. Denn wenn keine Verpflichtung mehr bestünde, den Zusammenschluss zu melden und bis zu seiner Freigabe aufzuschieben, würde die Kommission in vielen Fällen erst zu einem Zeitpunkt tätig werden können, in dem die betreffenden Vorhaben bereits realisiert wären. Eine präventive Untersagung wäre nicht mehr möglich.

Freilich stellte es für die Unternehmen eine geringere Belastung dar, wenn sie lediglich auf eine Aufforderung der Kommission hin, etwa durch ein Auskunftsverlangen, Auskunft über den Zusammenschluss geben müssten, statt von sich aus der Anmeldepflicht nachkommen zu müssen. Auch wäre der ungehinderte Vollzug des geplanten Zusammenschlusses jedenfalls bei wettbewerblich unproblematischen Zusammenschlüssen günstiger für die Unternehmen. Es ist aber fraglich, ob auch ohne die vorherige Anmeldepflicht und das Vollzugsverbot eine ebenso effektive Fusionskontrolle gewährleistet werden kann. Hierzu ist auf die Bedeutung der vorherigen Anmeldepflicht und des Vollzugsverbotes einzugehen.

(2) Notwendigkeit einer grundsätzlichen Anmeldepflicht

Die Anmeldepflicht beinhaltet, dass sich die Unternehmen von sich aus melden müssen, wenn sie die Aufgreifkriterien erfüllen. Ohne Anmeldepflicht müsste die Kommission statt dessen an die Unternehmen herantreten. Die Kommission wird aber i. d. R. keine eigene Kenntnis darüber haben, welche Zusammenschlüsse überhaupt geplant werden und zudem eine mögliche Gefahr für den Wettbewerb darstellen könnten. Sie ist auch nicht in der Lage, diese ausfindig zu machen, weil es keine „gläsernen Unternehmen" gibt und aus rechtlichen sowie praktischen Gründen nicht alle Unternehmen befragt werden können. Gäbe es keine vorherige Anmeldepflicht, wäre es damit vom Zufall abhängig, ob und wann die Kommission – etwa durch Wettbewerber der beteiligten Unternehmen – von einem geplanten oder schon vollzogenen Zusammenschluss erführe. Nur durch die Anmeldepflicht erhält die Kommission daher zuverlässig Kenntnis von Zusammenschlussvorhaben. Die Anmeldepflicht ist somit ein notwendiges Mittel, Zusammenschlüsse, die den Verdacht der Wettbewerbsgefährdung begründen, überhaupt erst zu erfassen, um dann anschließend in einem Ermittlungsverfahren klären zu können, ob eine solche Gefährdung tatsächlich gegeben ist. Auch der Umstand, dass durch die Aufgreifkriterien der FKVO viele Zusammenschlüsse erfasst werden, die sich als unbedenklich herausstellen, ändert daher nichts an der Erforderlichkeit der Anmeldepflicht an sich.

Mit der reinen Erfassung der Zusammenschlussvorhaben durch deren Meldung bei der Kommission ist es aber nicht getan. Denn um beurteilen zu können, ob die geplanten Zusammenschlüsse, welche die Aufgreifkriterien erfüllen, eine wirkliche Gefahr für den Wettbewerb im Gemeinsamen Markt darstellen, benötigt die Kommission detaillierte Informationen über den Zusammenschluss und dessen wettbewerbliches Umfeld. Da sie in der Regel auch hierüber keine behördeneigenen Kenntnisse haben wird, ist sie auch in dieser Hinsicht auf Angaben der beteiligten Unternehmen angewiesen. Das Formblatt CO verlangt daher von den Beteiligten die Angaben, die für eine materielle Beurteilung des Zusammenschlussvorhabens nach den in Art. 2 aufgeführten Kriterien erforderlich sind. Erst auf der Grundlage dieser Auskünfte kann die Kommission prüfen, ob der angemeldete Zusammenschluss die Untersagungskriterien erfüllt.

Gerade bei beteiligten Unternehmen in Drittstaaten ist die Anmeldepflicht gemäß Art. 4 die einzige Möglichkeit, die beteiligten Unternehmen zu Auskünften zu verpflichten: Art. 11, die Rechtsgrundlage für ein förmliches Auskunftsverlangen, hat seinem Wortlaut nach lediglich Unternehmen innerhalb der Gemeinschaft im Auge. Denn nach Art. 11 Abs. 2 muss die Kommission, richtet sie ein Auskunftsverlangen an eine Person, an ein Unternehmen oder eine Unternehmensvereinigung, eine Kopie davon der zuständigen Behörde des Mitgliedstaates übermitteln, in dessen Gebiet sich der Wohnsitz der Person oder der Sitz des Unternehmens bzw. der Unternehmensvereinigung befindet. Wegen des grundsätzlichen Verbotes der Vornahme von Hoheitsakten im Ausland bzw. in Drittstaaten[499] wären Nachprüfungen durch Bedienstete der Kommission vor Ort gemäß Art. 13, etwa ein Betreten der Geschäftsräume der beteiligten Unternehmen in Drittstaaten zwecks Prüfung der Geschäftsunterlagen, völkerrechtswidrig.

Die Verpflichtung, Zusammenschlussvorhaben unter bestimmten Voraussetzungen zu melden, in Verbindung mit der Verpflichtung, Auskünfte zu erteilen, die eine materielle Prüfung des Vorhabens ermöglichen, sind somit nicht nur ein geeignete, sondern auch erforderliche Hilfsmittel für eine wirksame Zusammenschlusskontrolle. Dies bringt auch Erwägungsgrund 17 zur FKVO zum Ausdruck[500], nach dem die vorherige Anmeldepflicht eine wirksame Überwachung gewährleistet. Dies gilt auch für Drittstaatenzusammenschlüsse.

(3) Notwendigkeit eines grundsätzlichen Vollzugsverbotes

Das – vorläufige – Vollzugsverbot gewährleistet eine präventive Fusionskontrolle[501]. Eine präventive Fusionskontrolle kann den Wettbewerbs effektiver schützen als eine bloß nachträgliche Kontrolle. Denn letztere begegnet in der Praxis großen Schwierigkeiten.

---

499 Außer bei Gestattung durch den jeweiligen Drittstaat, siehe oben, 1. Teil, 2. Abschnitt, C, I, II;.

500 ABl. EG Nr. L 257 v. 210.9.1990, S. 14, 15.

501 Siehe zum Vollzugsverbot 1. Teil, 1. Abschnitt, D, II.

Ein bereits vollzogener Zusammenschluss kann häufig kaum noch oder gar nicht mehr entflochten werden. Ursache hierfür ist unter anderem die Gründung einer neuen juristischen Person verbunden mit der Schaffung einheitlicher Organe für die ehemals den jeweiligen Beteiligten gehörenden Unternehmen. Zudem bringt ein Unternehmenszusammenschluss häufig tiefgreifende personelle Änderungen mit sich, etwa die Entlassung vieler Mitarbeiter, die nicht mehr rückgängig zu machen ist.

Da die Entflechtung bereits verschmolzener Unternehmen in der Praxis kaum möglich ist, sieht die Europäische Fusionskontrollverordnung die Untersagung von Zusammenschlüssen vor, bevor diese vollzogen sind[502]. Um dies zu gewährleisten, reicht die Anmeldepflicht nicht aus. Vielmehr darf der Vollzug des Zusammenschlussvorhabens erst dann und nur dann erlaubt sein, wenn das Vorhaben für mit dem Gemeinsamen Markt vereinbar erklärt wurde. Hierzu dient das Vollzugsverbot gemäß Art 7, das den Aufschub des Vollzuges gebietet, solange der geplante Zusammenschluss nicht gemäß Art. 6 Abs. 1 b oder gemäß Art. 8 Abs. 2 freigeben wurde. Mittels des Vollzugsverbotes werden so Zusammenschlüsse, welche die Untersagungskriterien erfüllen, von vornherein verhindert. Erwägungsgrund 9 zur novellierten FKVO bezeichnet daher die Pflicht, die Vollziehung des Zusammenschlussvorhabens bis zu einer endgültigen Entscheidung auszusetzen, als eine wichtige Voraussetzung für eine wirksame Überwachung durch die Kommission[503].

Dies gilt gerade auch für Zusammenschlüsse in Drittstaaten. Wenn die Kommission in der Praxis schon kaum in der Lage ist, einen Zusammenschluss innerhalb der Gemeinschaft wieder zu entflechten, so trifft dies umso mehr für Zusammenschlüsse in Drittstaaten zu. Die Kommission hat in Geschehnisse in Drittstaaten weniger Einblick als in solche innerhalb der Gemeinschaft. Insbesondere wäre auch eine Überwachung von Entflechtungsmaßnahmen vor Ort, also bei in Drittstaaten ansässigen Unternehmen, durch die Kommission oder Behörden der Mitgliedstaaten gemäß Artt. 12 und 13 wegen des völkergewohnheitsrechtlichen Verbotes der Vornahme von Hoheitsakten im Ausland bzw. in Drittstaaten[504] unzulässig.

---

[502] Falls der Zusammenschluss unter Missachtung des Vollzugsverbotes bereits vollzogen ist, kann er allerdings gemäß Art. 8 Abs. 4 für unvereinbar mit dem Gemeinsamen Markt erklärt werden und seine Entflechtung angeordnet werden.

[503] ABl. EG Nr. L 180 v. 09.07.1997, S. 1, 2.

[504] Außer bei Gestattung durch den jeweiligen Drittstaat, siehe oben, 1. Teil, 2. Abschnitt, C, I, II.

Da eine nachträgliche Entflechtung praktisch schwierig ist, stellt der (grundsätzlich[505]) obligatorische Aufschub des Vollzuges gleichsam sicher, dass eine mögliche Untersagungsentscheidung in der Praxis überhaupt umgesetzt werden könnte. Das vorläufige Vollzugsverbot ist daher ein erforderliches (Hilfs-) Mittel, damit eine Untersagung von den Beteiligten tatsächlich noch befolgt werden kann.

(4) Zusammenfassung

Ausgangspunkt war die Problematik, dass bei Einführung zusätzlicher unbestimmter und damit manipulierbarer Kriterien wie Marktanteilen eigentlich wettbewerbsgefährdende Drittstaatenzusammenschlüsse der Fusionskontrolle entzogen werden könnten. Dem kann nicht wirksam durch die vorgeschlagene Entkopplung der Untersagungsbefugnis von der Anmeldepflicht bzw. dem Vollzugsverbot begegnet werden. Denn der Gedanke, sich die Kontrolle von Zusammenschlüssen offen zuhalten, die nicht angemeldet und möglicherweise schon umgesetzt wurden, ist höchst unrealistisch. Wenn die in Frage stehenden Zusammenschlussvorhaben nicht mehr angemeldet werden müssten, würde die Kommission von ihnen überhaupt nicht mehr oder lediglich durch Zufall erfahren. Da außerdem keine Verpflichtung mehr bestünde, den Vollzug des Zusammenschlusses bis zu seiner Freigabe aufzuschieben, wären bereits vollendete Tatsachen geschaffen. Ein wirksames Einschreiten der Kommission wäre dann in aller Regel nicht mehr möglich. Insofern wäre rechtlich zwar noch eine Untersagungsbefugnis gegeben, diese aber faktisch nicht mehr zu verwirklichen.

Ohne das Instrumentarium der präventiven Fusionskontrolle, nämlich der vorherigen Anmeldepflicht und des vorläufigen Vollzugsverbotes aufgrund klar bestimmbarer Aufgreifkriterien wäre der Schutz des Wettbewerbs in der Gemeinschaft nicht in der gleichen Weise gewährleistet, wie dies mit den gegenwärtigen Regelungen der Fall ist.

Die praktisch nur schwer mögliche Entflechtung bereits vollzogener Zusammenschlüsse ist auch der Grund dafür, dass die Bekanntmachung über Vereinbarungen von geringer Bedeutung zu Art. 81 EGV[506] aus dem Bereich des Kartellverbotes nicht auf den Bereich der Zusammenschlusskontrolle übertragen werden kann. Nach dieser Bekanntmachung fallen Vereinbarungen aus dem Anwendungsbereich des Art. 81 von vornherein heraus, wenn gewisse Marktanteile

505 Befreiungen vom Vollzugsverbot stehen unter bestimmten Voraussetzungen im Ermessen der Kommission, Art. 7 Abs. 4.

506 Bekanntmachung der Kommission über Vereinbarungen von geringer Bedeutung, die den Wettbewerb gemäß Art. 81 Abs. 1 des Vertrags zur Gründung der Europäischen Gemeinschaft nicht spürbar beschränken (de minimis) (2001/C 368/07), ABl. EG Nr. C 368 vom 22.12.2001, S. 13 ff.

unterschritten werden[507]. Freilich können die beteiligten Unternehmen auch hier ihre eigenen Marktanteile gut- oder bösgläubig unterschätzen. Indessen ist eine solche Fehleinschätzung im Bereich der Kartelle in der Regel nicht so folgenschwer wie im Bereich der Zusammenschlüsse. Denn gegen Kartellvereinbarungen, die sich als wettbewerbsbeschränkend erweisen, kann die Kommission auch nachträglich vorgehen: Eine solche Vereinbarung kann wieder gelöst werden, so dass die Beteiligten ihr wettbewerbsbeschränkendes Verhalten jederzeit wieder abstellen können. Während also ein nachträgliches Einschreiten im Bereich der Verhaltenskontrolle möglich ist, ist dies im Bereich der Fusionskontrolle aus den geschilderten Gründen meist nicht erfolgversprechend. Die Bekanntmachung über Vereinbarungen von geringer Bedeutung stellt damit kein Modell für die Beschränkung des extraterritorialen Anwendungsbereiches der FKVO dar.

b) Ermessen hinsichtlich Anmeldepflicht und Vollzugsverbot

(1) Vorbemerkungen

Mildere Regelungen können nicht nur darin bestehen, den extraterritorialen Anwendungsbereich der FKVO durch spezielle zusätzliche Aufgreifkriterien zu verkleinern, so dass die in Frage stehenden Zusammenschlüsse von vornherein von Anmeldepflicht und Vollzugsverbot ausgenommen wären. Vielmehr ist darüber hinaus denkbar, Drittstaatenzusammenschlüsse, auch wenn sie sich wahrscheinlich als wettbewerblich unproblematisch erweisen werden, zwar durch die herkömmlichen Aufgreifkriterien gemäß Art. 1 zunächst zu erfassen, jedoch der Kommission einen weiteren Ermessenspielraum einzuräumen, diese Vorhaben von der Anmeldepflicht und dem Vollzugsverbot ganz oder teilweise zu befreien.

(2) Befreiung von „förmlicher" Anmeldepflicht

So will *Fiebig*[508] die FKVO dahingehend ändern, dass der Kommission Ermessen eingeräumt wird, die Zusammenschlussbeteiligten von der Anmeldepflicht – zumindest einer „förmlichen" Notifzierung einschließlich der nach Formblatt CO erforderlichen Angaben – zu befreien[509]. Derzeit könne die Kommission die Beteiligten zwar von bestimmten im Formblatt CO verlangten Angaben, nicht

---

[507] Bekanntmachung der Kommission über Vereinbarungen von geringer Bedeutung, die den Wettbewerb gemäß Art. 81 Abs. 1 des Vertrags zur Gründung der Europäischen Gemeinschaft nicht spürbar beschränken (de minimis), a.a.O. (Fußnote 506), S. 13, Tz. 7 ff.

[508] Fiebig, International Law Limits, ECLR 1998, 323, 331.

[509] Ähnlich Ezrachi, Limitations on The Extraterritorial Reach, ECLR 2001, 137, 145, der bei Drittstaaten-Unternehmen für eine Anmeldung in Kurzform plädiert.

aber gänzlich von der Anmeldepflicht befreien. Nach Ansicht *Fiebigs* dürfte die Merger Task Force der Kommission mittlerweile über genügend Erfahrung verfügen, um auch auf der Grundlage sehr weniger Informationen entscheiden zu können, ob sich ein Zusammenschluss in einem bestimmten Industriezweig wahrscheinlich auf den Wettbewerb in der Gemeinschaft auswirken wird. Daher müsse es für die Beteiligten die Möglichkeit geben, bei der Kommission einen kurzen Schriftsatz mit eidesstattlicher Versicherung einzureichen, der die Transaktion und die relevanten Märkte beschreibe sowie die dort erreichten Marktanteile nenne: „The parties should be able to submit a short memo (with an affidavit verifying its accuracy) to the Merger Task Force describing the transaction, the relevant markets and the market shares involved [...]“[510]. Unter der Voraussetzung, dass die Kommission mit den Märkten vertraut sei und die Beteiligten bestimmte Marktanteile unterschritten[511], solle sie für das Zusammenschlussvorhaben eine formlose Unbedenklichkeitserklärung erteilen: „[...] the Merger Task Force should then issue an informal negative clearance“[512].

Es stellt sich allerdings die Frage, ob dieser Vorschlag *Fiebigs*, der den beteiligten Unternehmen bei unproblematischen Zusammenschlussvorhaben eine aufwendige Anmeldung ersparen will, für diese in der Praxis eine wesentliche Erleichterung im Vergleich zur derzeitigen Rechtslage darstellen würde. Denn selbst wenn *Fiebig* auf eine „förmliche“ Anmeldung nach Formblatt CO verzichten will, fällt ja auch bei ihm eine Anmeldung in der Sache nicht wirklich weg. Schließlich sollen die Unternehmen weiterhin ein „short memo“, das die wichtigsten Informationen im Zusammenhang mit dem geplanten Zusammenschluss enthält, bei der Kommission einreichen müssen, damit die Kommission den Zusammenschluss für unbedenklich erklären kann.

Bei den Kategorien von Zusammenschlüssen, die in der Bekanntmachung über ein vereinfachtes Verfahren als erfahrungsgemäß wettbewerbsrechtlich unbedenklich eingestuft werden[513], ist die Anmeldung ohnehin bereits jetzt mit einem

---

510 Fiebig, International Law Limits, ECLR 1998, 323, 331.

511 Fiebig schlägt einen Marktanteil von 25% vor und beruft sich dabei auf Erwägungsgrund 15 zur FKVO in ihrer ursprünglichen Fassung, der diesen Wert als Vermutungsschwelle nennt, bei deren Unterschreitung von der Vereinbarkeit des Zusammenschlusses mit dem Gemeinsamen Markt ausgegangen werden kann, vgl. ABl. EG Nr. L 257 vom 21.09.1990, S. 15. Die 25%- Schwelle ist insoweit im Rahmen der materiellen Prüfung des Zusammenschlusses, d.h. bei der Frage zu berücksichtigen, ob die Eingreifkriterien erfüllt sind, nämlich ob gemäß Art. 2 Abs. 3 eine beherrschende Stellung im Gemeinsamen Markt begründet oder verstärkt wird.

512 Fiebig, International Law Limits, ECLR 1998, 323, 331.

513 ABl. EG Nr. C 217 vom 29.07.2000, S. 32 f, Tz. 1, 4 f.; siehe oben 1. Teil, 1. Abschnitt, B, V.

erheblich geringeren Aufwand verbunden. Denn es handelt sich dabei zugleich um die Fallgruppen, bei denen der Umfang der zu erteilenden Angaben nach Formblatt CO stark reduziert ist[514].

So sieht das Formblatt CO eine Anmeldung in Kurzform bei Gemeinschaftsunternehmen vor, die überhaupt nicht oder nur in geringem Maße im Gemeinsamen Markt bzw. im Gebiet des EWR tätig sind. Voraussetzung ist nach dem Formblatt erstens, dass der von dem Gemeinschaftsunternehmen selbst im EWR erzielte Umsatz nicht über einer bestimmten Schwelle liegt. Zweitens dürfen die von dem Gemeinschaftsunternehmen im EWR eingebrachten Vermögenswerte einen bestimmten Betrag nicht überschreiten[515]. Dem liegt eine Fallkonstellation zugrunde, in der die Mutterunternehmen zwar erhebliche gemeinschaftsweite Umsätze erzielen, so dass die Umsatzschwellen gemäß Art. 1 überschritten werden, das Gemeinschaftsunternehmen selbst im Gemeinsamen Markt jedoch keine Bedeutung hat. Als „typischer" Fall kann gerade die Gründung eines Gemeinschaftsunternehmens in Drittstaaten angeführt werden, das im Gegensatz zu seinen Müttern selbst keinen oder nur geringen Bezug zum Gemeinsamen Markt hat.

Daneben verringert sich der Umfang der Angaben, wenn keine „betroffenen Märkte" im Sinne des Formblattes CO vorliegen, also die Beteiligten in horizontaler und vertikaler Hinsicht bestimmte Marktanteile unterschreiten[516]. Denn die Abschnitte 7 und 8 des Formblattes CO, nach denen von Anmeldern eine ausführliche wettbewerbliche Analyse verlangt wird, beziehen sich ausschließlich auf betroffene Märkte. Insofern ist der von den Unternehmen für die Anmeldung zu betreibende Aufwand bereits jetzt reduziert, wenn gewisse Marktanteile nicht erreicht werden[517].

Abgesehen von diesen Fallgruppen wird der Kommission bereits nach derzeitiger Rechtslage in Art. 3 Abs. 2 VerfVO das Ermessen eingeräumt, die Beteiligten „von der Pflicht zur Vorlage einzelner im Formblatt CO verlangter Angaben

---

514 Siehe oben, 1. Teil, 1. Abschnitt, D, I, 2, b.

515 Formblatt CO, Einleitung, C, ABl. EG Nr. L 61 vom 02.02.1998, S. 12; ausführlich zur Anmeldung in Kurzform 1. Teil, 1. Abschnitt, D, I, 2, b.

516 Formblatt CO, Abschnitt 6, III, ABl. EG Nr. L 61 vom 02.03.1998, S. 19, siehe auch oben, 1. Teil, 1. Abschnitt, D, I, 2, a, b. – Selbstverständlich liegen auch dann keine betroffenen Märkte vor, wenn die beteiligten Unternehmen überhaupt keine horizontalen bzw. vertikalen Beziehungen haben, d.h. nicht auf denselben oder nach- bzw. vorgelagerten Märkten tätig sind.

517 Falls die von den Unternehmen in der Anmeldung vorgenommene Marktabgrenzung und Berechnung der Marktanteile unzutreffend sein sollte, kann die Kommission die Anmeldung für unvollständig erklären und weitere Information nachfordern, vgl. 4 Abs. 2 VerfVO, siehe oben, 1. Teil, 1. Abschnitt D, I, 3.

einschließlich Unterlagen zu befreien, wenn sie der Ansicht ist, dass diese Angaben für die Prüfung des Falles nicht notwendig sind"[518].

Die erforderlichen Angaben lassen sich also schon nach derzeitiger Rechtslage beschränken. Letztlich kommt dies in der Sache den Vorstellungen *Fiebigs* nahe, der bei voraussichtlich unproblematischen Vorhaben eine formlose Anmeldung in Kurzversion genügen lassen will.

(3) Befreiung vom Vollzugsverbot

Ezrachi[519] möchte der Kommission die Möglichkeit einzuräumen, Drittstaatenunternehmen im Einzelfall nicht nur von der vollständigen Anmeldung, sondern auch vom Vollzugsverbot zu befreien. Seiner Ansicht nach ist weder die aufwendige Anmeldung noch der Aufschub des Vollzuges gerechtfertigt, wenn sich herausstellt, dass ein Zusammenschluss keine Auswirkungen auf den Gemeinsamen Markt hat. Vielmehr solle bei Drittstaatenzusammenschlüssen die Option einer ex post-Kontrolle – allerdings mit „Vetorecht" der Kommission – eröffnet werden. Die Beteiligten könnten dann selbst evaluieren, ob sie die Kosten einer vollständigen Notifizierung und eines Aufschub des Vollzugs tragen oder das Risiko einer kostspieligen späteren Entflechtung nach einer nachträglichen Untersagung eingehen wollten. Je nach Höhe dieses Risikos würde die Entscheidung in die eine oder andere Richtung ausfallen. *Ezrachi* schlägt hierzu konkret vor, dass Drittstaatenunternehmen die Möglichkeit haben sollten, lediglich eine Anmeldung in Kurzversion bei der Kommission einzureichen verbunden mit dem Ersuchen, sie von der vollen Anmeldung nach Formblatt CO sowie vom Vollzugsverbot zu befreien.

Die Kommission könne dann auf dieser Grundlage entscheiden, dem Ersuchen stattzugeben, d.h. lediglich eine ex post - Prüfung statt einer ex ante - Prüfung des Zusammenschlusses durchzuführen. Die von dem geplanten Zusammenschluss ausgehende potentielle Beschränkung des Wettbewerbs und somit auch dessen Untersagungswahrscheinlichkeit, die Möglichkeit, den Zusammenschluss wieder zu entflechten bzw. ihn zu modifizieren, würden bei dieser Entscheidung eine Rolle spielen.

Auch der Vorschlag *Ezrachis* unterscheidet sich praktisch nicht von dem, was nach derzeitiger Rechtslage bereits möglich ist, so dass mit ihm keine wesentlichen Erleichterungen für die Unternehmen verbunden sind. Die von ihm geforderte Anmeldung in Kurzversion ist bei wettbewerbsrechtlich unproblematischen Vorhaben nach dem oben Gesagten schon jetzt vorgesehen. Daneben lässt es die FKVO auch heute schon zu, von einer ex ante - Kontrolle abzusehen und

---

[518] Siehe oben, 1. Teil, 1. Abschnitt, D, I, 2, b.

[519] Ezrachi, Limitations on The Extraterritorial Reach, ECLR 2001, 137, 145.

lediglich eine ex post - Kontrolle durchzuführen. Denn gemäß Art. 7 Abs. 4 sind Befreiungen vom Vollzugsverbot möglich, wie sie *Ezrachi* für voraussichtlich wettbewerbsrechtlich unbedenkliche Drittstaatenzusammenschlüsse verlangt.

Zunächst ist festzustellen, dass bei Zusammenschlüssen, die keine Bedenken gegen die Vereinbarkeit mit dem Gemeinsamen Markt aufwerfen und die daher schon nach dem Vorverfahren gemäß Art. 6 Abs. 1 b freigegeben werden, das Vollzugsverbot allenfalls einen Monat andauert. Insofern hält sich der Eingriff in die unternehmerische Freiheit bei den hier problematisierten Vorhaben, die zwar die Schwellenwerte gemäß Art. 1 erfüllen, sich jedoch als unbedenklich erweisen, ohnehin schon jetzt in Grenzen. Zum anderen steht es im Ermessen der Kommission, die Beteiligten auf deren Antrag hin von der grundsätzlichen Pflicht zum Aufschub des Vollzuges sogar gänzlich zu befreien. Bei der Ausübung des Ermessens berücksichtigt die Kommission nach Art. 7 Abs. 4 S. 3 unter anderem die von dem Zusammenschlussvorhaben ausgehende mögliche Gefährdung des Wettbewerbs. Insofern besteht gerade besteht gerade für die hier thematisierten voraussichtlich unbedenklichen Vorhaben die Möglichkeit, von der präventiven Kontrolle ausgenommen zu werden. Dabei kann die Befreiung vom Vollzugsverbot gemäß Art. 7 Abs. 4 S. 5 auch schon „vor der Anmeldung oder nach Abschluss des Rechtsgeschäfts beantragt und erteilt werden". Die Unternehmen würden dann also nicht einmal mehr dem einmonatigen Vollzugsverbot während des Vorverfahrens unterliegen. Insofern ist bei entsprechend zeitiger Beantragung durch die Unternehmen und Genehmigung durch die Kommission – nämlich vor Beginn des Vorverfahrens – eine ungehinderte Umsetzung des Zusammenschlussvorhabens ohne jegliche Wartezeit gewährleistet.

(4) Verkürzung des Vollzugsverbotes

Als milderes Mittel wäre auch eine Verkürzung des Vollzugsverbotes bei Drittstaatenzusammenschlüssen in Betracht zu ziehen. Während das Vollzugsverbot in Fällen, in denen ein Hauptverfahren eingeleitet wird, mehrere Monate währt, dauert es bei einer Freigabe des Zusammenschlusses schon nach dem Vorverfahren höchstens einen Monat[520]. Die hier problematisierten Vorhaben in Drittstaaten erfüllen zwar die Aufgreifschwellen, haben aber allenfalls unerhebliche Auswirkungen in der Gemeinschaft. Bei erster materieller Beurteilung durch die Kommission wird sich somit meist unproblematisch herausstellen, dass von ihnen keine Gefahr für den Wettbewerb im Gemeinsamen Markt ausgeht. Daher werden diese Zusammenschlüsse in aller Regel schon nach dem Vorverfahren gemäß Art. 6 Abs. 1 lit. b für wettbewerblich unbedenklich erklärt, so dass sich

---

[520] Siehe oben 1. Teil, 1. Abschnitt, D, II, 1.

ein Hauptverfahren erübrigt[521]. Demnach ergibt sich eine Wartezeit von höchstens einem Monat nach Eingang der Anmeldung.

Dieses einen Monat dauernde Vollzugsverbot von wird praktisch kaum noch zu verkürzen sein. Denn die Kommission muss nach Eingang der Anmeldung nicht nur ihre Zuständigkeit, d.h. die Erfüllung der Aufgreifkriterien feststellen. Sie muss vielmehr auch in einer Art summarischen Form prüfen, ob der geplante Zusammenschluss dahingehend Anlass zu Bedenken gibt, dass die Untersagungskriterien nach Art. 2 erfüllt sein könnten. Es ist daher nicht realistisch, dies in der Verwaltungspraxis in einem noch kürzeren Zeitraum zu leisten.

c) Zusammenfassung

Anmeldepflicht und Vollzugsverbot sind im Grundsatz erforderliche Mittel für eine effektive Fusionskontrolle. Dies gilt erst recht bei Auslandssachverhalten, da die Kommission außerhalb des Gemeinschaftsgebietes über so gut wie gar keine Ermittlungsmöglichkeiten verfügt. Die Ausgestaltung der Verfahrensregelungen der FKVO tragen dafür Sorge, dass nicht mehr als notwendig in souveräne Rechte von Drittstaaten eingegriffen wird. So hält sich der Aufwand der Anmeldung bei voraussichtlich wettbewerbsrechtlich unproblematischen Vorhaben in engem Rahmen. Außerdem ist in diesen Fällen unter bestimmten Voraussetzungen eine Befreiung vom Vollzugsverbot möglich. Demnach werden Drittstaatenzusammenschlüsse, die zwar die Aufgreifschwellen überschreiten, sich aber voraussichtlich nicht wesentlich in der Gemeinschaft auswirken, nicht unnötig belastet.

IV. Angemessenheit

1. Regelungsziel und Eingriffsintensität

a) Einführung

Auch wenn die in Frage stehenden Regelungen, nämlich die Anmeldepflicht sowie das Vollzugsverbot aufgrund der Überschreitung von Umsatzschwellenwerten, geeignet und erforderlich sind, muss das Augenmerk zusätzlich noch darauf gerichtet werden dass die Verhältnismäßigkeit im engeren Sinne gewahrt bleibt. Denn ein zu weite Ausdehnung des extraterritorialen Anwendungsbereiches der FKVO könnte einen übermäßigen Eingriff in die Souveränität von Drittstaaten darstellen. Um zu untersuchen, ob die Regelungen angemessen sind, müssen das Regelungsziel und dessen Bedeutung auf der Seite der Gemeinschaft

---

[521] Siehe oben 1. Teil, 1. Abschnitt, B, III.

und der Eingriff und dessen Intensität auf der Seite der betroffenen Drittstaaten in Relation gesetzt werden.

Ziel der präventiven Zusammenschlusskontrolle durch die FKVO ist, eine vom Wettbewerb geprägte Marktstruktur zu erhalten und Wettbewerbsbeschränkungen von vornherein zu unterbinden. Dieses Ziel hat für die Gemeinschaft einen hohen Stellenwert. Zu seiner Verwirklichung dienen Anmeldepflicht und Vollzugsverbot als wesentliche Instrumentarien einer präventiven Kontrolle. Unmittelbares Ziel dieser Regelungen ist, bestimmte Zusammenschlüsse zu erfassen und die Schaffung vollendeter Tatsachen bis zum Ende der wettbewerbsrechtlichen Prüfung durch die Kommission zu verhindern; in der Praxis hat es sich als fast unmöglich herausgestellt, bereits vollzogene Zusammenschlüsse nach einer Untersagung zu entflechten. Ginge ein wettbewerbsschädigender Zusammenschluss durch das Netz der Kontrolle, bestünde somit die Gefahr irreversibler Veränderungen der Marktstruktur auf den jeweils von dem Zusammenschluss betroffenen Märkten in der Gemeinschaft. Mit einer präventiven Fusionskontrolle soll daher eine möglichst lückenlose Erfassung aller potentiell wettbewerbsschädlichen Zusammenschlüsse erreicht werden. Daher ist es für die Gemeinschaft von großer Bedeutung, schon solche Zusammenschlussvorhaben aufzugreifen, die den – auch nur abstrakten – Verdacht begründen, dass sie den Wettbewerb in der Gemeinschaft beschränken könnten. Dies geschieht durch die Umsatzschwellen. Je höher diese gesetzt sind, bzw. je stärker ein räumlicher Bezug auf das Gemeinschaftsgebiet gefordert wird, umso mehr extraterritoriale Vorhaben werden von vornherein aus dem Anwendungsbereich der FKVO herausgehalten. Insoweit dient die diesbezügliche Gestaltung der gesetzlichen Regelung unmittelbar der Wahrung der souveränen Rechte von Drittstaaten. Damit gehören die Umsatzschwellen zu den zentralen Parametern, die für einen gerechten Ausgleich der Interessen der Gemeinschaft und denen der Drittstaaten sorgen.

b) Tatbestandsseite: Schwellenwerte

(1) Vorbemerkungen

Wären die Aufgreifschwellenwerte einer Fusionskontrollverordnung zu niedrig angesetzt, widerspräche dies dem völkerrechtlichen Auswirkungsprinzip. Denn in diesem Falle hätten sie keine Aussagekraft mehr hinsichtlich eines Verdachts zu erwartender Wettbewerbsbeschränkungen. Indessen führen die derzeitigen Schwellenwerte der FKVO nicht zu einer unangemessenen Ausdehnung ihres (extraterritorialen) Anwendungsbereiches und halten damit dem Verhältnismäßigkeitsgebot stand.

Dies zeigt die Zahl der Zusammenschlüsse weltweit im Verhältnis zur Zahl der nach der FKVO anmeldepflichtigen Zusammenschlüsse von gemeinschaftsweiter Bedeutung im Sinne des Art. 1. So gab es im Jahre 2001 in Nordamerika (Kanada und USA) 7.378 Zusammenschlüsse, in Zentral- und Südamerika 557, in Afrika 374, in Asien und Australien 3.486, in Westeuropa (EU-Länder sowie Norwegen, die Schweiz und die Türkei) 9.044, in Osteuropa (einschließlich Russland) 1.304. Im selben Jahr sind jedoch nur 335 Zusammenschlüsse bei der Kommission angemeldet worden. Nur ein kleiner Anteil der Zusammenschlüsse weltweit wurde somit von den Aufgreifschwellen der FKVO erfasst[522]. Die FKVO siebt durch die Kombination verschiedener Arten von Schwellenwerten sowie durch deren Höhe Zusammenschlüsse mit Beteiligten von bedeutendem Gewicht heraus, bei denen – pauschal betrachtet – der Verdacht von Gemeinschaftsauswirkungen besteht.

(2) Art der Schwellenwerte

Schwellenwerte, die sich auf einen weltweit erzielten Umsatz beziehen, können den Verdacht auf Inlands- bzw. Gemeinschaftsauswirkungen nicht hinreichend begründen. Sieht das Fusionskontrollrecht lediglich Schwellenwerte bezogen auf den weltweiten Umsatz vor, besteht die Gefahr, dass Auslandszusammenschlüsse erfasst werden, die mit dem betreffenden Land in keinerlei Beziehung stehen. Denn die Umsätze der beteiligten Unternehmen können ausschließlich im Ausland erzielt worden sein. So ist etwa – nachdem es vorher lediglich auf den weltweit erzielten Umsatz angekommen war[523] – mit der 1999 in Kraft getretenen Kartellrechtsnovelle in der Bundesrepublik Deutschland in § 35 Abs. 1 Nr. 2 GWB ein Schwellenwert für den Inlandsumsatz eingeführt worden. Heute gibt es nur noch wenige Staaten – etwa die Ukraine[524] und Tschechien[525] –, in denen die Überschreitung eines weltweiten Umsatzes als Aufgreifkriterium in der Fusionskontrolle ausreicht. Allerdings wird der bestehende weite extraterritoriale Anwendungsbereich in Tschechien durch das in Art. 1 Abs. 3 des Gesetzes zum Schutz des wirtschaftlichen Wettbewerbs kodifizierte Auswirkungsprinzip wieder eingeschränkt. Nach der gegenwärtigen Verwaltungspraxis des Wettbe-

---

[522] Statistischer Überblick über die Zusammenschlusstätigkeit weltweit sowie die Zahl der notifizierten Zusammenschlüsse in verschiedenen Fusionskontrollregimen für die Jahre 1998 bis 1. Halbjahr 2002 in: Campbell/Davies, Merger Control 2003, S. 7 ff., der auch bezogen auf die vorangegangenen Jahre 1998 bis 2000 sowie für das 1. Halbjahr 2002 zeigt, dass der Anteil der nach FKVO angemeldeten Zusammenschlüsse an den Zusammenschlüssen weltweit gering war.

[523] Ein Korrektiv bei Auslandszusammenschlüssen stellte hier aber § 98 Abs. 2 GWB a. F. dar, in dem das Auswirkungsprinzip niedergelegt gewesen ist.

[524] Campbell/Davies, Merger Control 2003, S. 224.

[525] Campbell/Davies, Merger Control 2003, S. 62.

werbsamtes sollen Zusammenschlussvorhaben nicht prüfbedürftig sein, an denen ausschließlich ausländische Unternehmen beteiligt sind, sofern diese in der Tschechischen Republik keine Tochtergesellschaften haben und ihr gemeinsamer Marktanteil unter 10% liegt[526].

Wie die meisten Fusionskontrollregime mit Umsatzschwellen als Aufgreifkriterien setzt die FKVO in Art. 1 nicht nur einen weltweit, sondern auch einen gemeinschaftsweit erzielten Mindestumsatz voraus[527]. Dadurch werden Drittstaatenzusammenschlüsse, die keinerlei Bezug zur Gemeinschaft haben, von der Kontrolle ausgenommen. Dabei müssen jeweils wenigstens zwei beteiligte Unternehmen den gemeinschaftlichen Umsatzschwellenwert überschreiten. Im Vergleich dazu fordert etwa das bundesdeutsche Fusionskontrollrecht in § 35 Abs. 1 Nr. 2 GWB die Überschreitung eines bestimmten Inlandsumsatzes lediglich durch eines der am Zusammenschluss beteiligten Unternehmen[528]. § 130 Abs. 2 GWB stellt allerdings ein gewisses Korrektiv dar[529].

---

[526] Siehe „Expository Standpoint Concerning Obligatory Notification of Concentrations Realised Abroad" unter http://www.compet.cz/Legislation/Stanovisko_eng.htm - Stand Mai 2003; vgl. auch Walkerová/Zwetkow, Das neue tschechische Kartellgesetz, ZvglRWiss 101 (2002), 75, 79; Campbell/Davies, Merger Control 2003, S. 62.

[527] Zum Erfordernis von Inlandsumsätzen in vielen Staaten vgl. 2. Teil, 3. Abschnitt, A.

[528] Es können also auch solche Zusammenschlüsse geprüft werden, bei denen eines der beteiligten Unternehmen nicht auf dem deutschen Markt tätig ist, siehe bspw. die Untersagungsentscheidung des BKartA vom 27.02.1997 im Fall Potash Corporation of Saskatchewan/Kali + Salz, WuW/E BKartA 2885, und die Entscheidung des Bundesministers für Wirtschaft vom 22.07.1997 im Verfahren der Ministererlaubnis, WuW/E BMW 225.

[529] Daneben muss gemäß § 130 Abs. 2 GWB geprüft werden, ob der Auslandszusammenschluss Inlandsauswirkungen hat. Nach einem Merkblatt des Bundeskartellamtes – abrufbar unter http://www.bundeskartellamt.de/Inlandsauswirkung.pdf. - Stand März 2003 – werden solche Auswirkungen in der Regel angenommen, wenn beide Unternehmen schon vor dem Zusammenschluss in Deutschland tätig waren, wobei für eine „Tätigkeit" die Belieferung des deutschen Marktes, d.h. die Erzielung von Inlandsumsätzen ausreicht. Wenn also neben demjenigen beteiligten Unternehmen, welches den Inlandsumsatzschwellenwert von 25 Mio. € erreicht, auch das andere beteiligte Unternehmen Inlandsumsätze erzielt, ohne dass es bei letzterem der Überschreitung eines bestimmten Schwellenwertes bedarf, liegen nach der Auslegung des Bundeskartellamtes somit Inlandsauswirkungen im Sinne des § 130 Abs. 2 vor. Im Übrigen können Inlandsauswirkungen nach dem im Merkblatt beschriebenen Verständnis des Bundeskartellamtes auch dann gegeben sein, wenn nur eines der beteiligten Unternehmen über Inlandsumsätze verfügt. So werden Inlandsauswirkungen etwa regelmäßig schon dann als gegeben angesehen, wenn das erworbene Unternehmen den genannten Inlandsumsatzschwellenwert überschreitet. Es kommt,

Indem die FKVO neben dem weltweiten Umsatzschwellenwert auch einen Schwellenwert für gemeinschaftsweiten Umsatz vorsieht, der zudem von jeweils zwei Unternehmen überschritten werden muss, ist die (extraterritoriale) Jurisdiktion nach der FKVO an mehr Bedingungen geknüpft als die (extraterritoriale) Anwendbarkeit anderer Fusionskontrollordnungen.

(3) Höhe der Schwellenwerte

Auch wenn die Kombination verschiedener Schwellenwerte in Art. 1 Abs. 2 bzw. Abs. 3 einen gewissen Gemeinschaftsbezug des Vorhabens sicherstellt, dürfen die Schwellenwerte nicht zu niedrig sein. Eine genaue absolute Grenze nach unten lässt sich hierfür allerdings schwerlich ziehen. Indessen zeigt ein Blick auf die Schwellenwerte anderer Fusionskontrollordnungen, dass die Schwellen der FKVO im Vergleich jedenfalls nicht niedrig sind.

(i) Vergleich mit den USA

Hier können zunächst die USA herangezogen werden, die hinsichtlich ihrer Wirtschaftskraft und räumlichen Ausdehnung, die bei der Höhe des Inlandsumsatzes eine Rolle spielen, noch am ehesten mit der EG vergleichbar sind. Die Schwellenwerte der US-amerikanischen Fusionskontrolle sind in Section 7 A des Clayton Acts geregelt[530]. Hierbei ist zunächst der sogenannte „size of transaction test" maßgeblich, bei dem es sich jedoch nicht um einen umsatzbezogenen Schwellenwert handelt, so dass er nicht mit den Umsatzschwellenwerten der FKVO vergleichbar ist. Danach unterliegt ein Zusammenschluss ohne weitere Voraussetzungen grundsätzlich dann der Anmeldepflicht und dem Vollzugsverbot, wenn das erwerbende Unternehmen in Folge der Transaktion stimmberechtigte Aktien („voting securities") und Vermögenswerte („assets") im Wert von über 200 Mio. US-$ innehätte. Beträgt die so bestimmte „size of transaction" höchstens 50 Mio. US-$, unterliegt der Zusammenschluss keinen „premerger requirements".

Wenn sich die „size of transaction" auf über 50 Mio. US-$, aber höchstens 200 Mio. US-$ beläuft, kommt es für das Bestehen der Anmeldepflicht und des Vollzugsverbotes kumulativ auf die Größe der beteiligten Unternehmen an[531]. Hierbei spielt unter anderem der Gesamtumsatz der Unternehmen eine Rolle. Dieser „size of parties test" der auf die Größe sowohl des erwerbenden als auch

---

allgemein gesprochen, darauf an, dass das Zielunternehmen gewichtige Inlandsumsätze hat.

530 15 U.S.C. §18a, sog. Hart Scott Rodino Antitrust Improvements Act, siehe schon oben 2. Teil, 2. Abschnitt, A I.

531 Dabei wird auf den gesamten zugehörigen Konzern abgestellt, vgl. Campbell/Davies, Merger Control 2003, S. 235.

des erworbenen Unternehmens abstellt, ist erfüllt, wenn eines der beteiligten Unternehmen weltweite Umsätze von mindestens 10 Mio. US-$ erzielt oder weltweit über Vermögenswerte in dieser Höhe verfügt und das andere beteiligte Unternehmen weltweite Umsätze von mindestens 100 Mio. US-$ erzielt oder über Vermögenswerte in dieser Höhe verfügt. Zusammen müssen die Parteien somit einen weltweiten Umsatz von mindestens 110 Mio. US-$ erzielen (oder Vermögenswerte in dieser Höhe haben).

Im Vergleich[532] dazu sind die entsprechenden Schwellenwerte der FKVO hoch: Art. 1 Abs. 2 lit. a setzt einen zusammengerechneten weltweiten Gesamtumsatz der beteiligten Unternehmen in Höhe von mehr als 5 Mrd. € voraus, der gesenkte weltweite Schwellenwert in Art 1 Abs. 3 lit. a immerhin noch einen Gesamtumsatz der beteiligten Unternehmen von 2,5 Mrd. €.

Das US-amerikanische Recht sieht in Section 802.50 der Premerger Notification Rules[533] bei dem Erwerb von ausländischen Vermögenswerten Befreiungen von der Notifizierungspflicht vor. Dabei ist gleichgültig, ob der Erwerber ein US-amerikanisches oder ausländisches Unternehmen ist[534]. Umfasst sind also auch „reine" Auslandszusammenschlüsse. Für die Frage, ob Anmeldepflicht und Vollzugsverbot bestehen, kommt es auf die Höhe von Inlandsumsätzen an: Befreit sind solche Zusammenschlüsse dann, wenn die ausländischen Vermögenswerte, die das erwerbende Unternehmen in Folge der Transaktion innehaben wird, in den USA einen Umsatz von höchstens 50 Mio. US-$ generieren. Wird dieser Schwellenwert überschritten, kann der Zusammenschluss dennoch von Anmeldepflicht und Vollzugsverbot befreit sein, wenn – neben weiteren kumulativ zu erfüllenden Voraussetzungen[535] – sowohl das erwerbende als auch das erworbene Unternehmen jeweils einen Inlandsumsatz 110 Mio. US-$ unterschreiten. Anmeldepflicht und Vollzugsverbot bestehen also schon dann, wenn – neben der Überschreitung der oben beschriebenen weltweiten Schwellenwerte in

---

532 1 € entsprach 1,1239 US-$ am 03.05.2003, siehe http://www.ecb.int/stats/eurofxref/eurofxref-xml.html.

533 16 CFR Part 802 – die Premerger Notification Rules werden auch „HSR rules" nach dem Hart Scott Rodino Act genannt. Eine Parallelvorschrift für den Erwerb stimmberechtigter Aktien findet sich in Section 802.501; siehe zu den Befreiungsvorschriften schon oben 2. Teil, 2. Abschnitt, A, II.

534 Campbell/Davies, Merger Control 2003, S. 238.

535 Sowohl das erwerbende als auch das erworbene Unternehmen müssen ausländische Personen sein, die in den USA gelegenen Vermögenswerte sowohl des erwerbenden als auch des erworbenen Unternehmens müssen 110 Mio. € unterschreiten, das erwerbende Unternehmen darf in Folge der Transaktion Vermögenswerte in Höhe von höchstens 200 Mio. US-$ innehaben.

Section 7 A des Clayton Acts – eines von beiden Unternehmen den Inlandsumsatzwert von 110 Mio US-$ erreicht.

Die US-amerikanischen Schwellenwerte für den US-Inlandsumsatz in Höhe von 50 Mio. bzw. 110 Mio. US-$ sind verglichen mit denen der FKVO für den gemeinschaftsweiten Umsatz niedrig. Die FKVO setzt gemäß Art. 1 Abs. 2 lit. b voraus, dass (mindestens) zwei beteiligte Unternehmen jeweils einen gemeinschaftsweiten Umsatz in Höhe von 250 Mio. €, d.h. zusammen 500 Mio. € überschreiten. Art. 1 Abs. 3 lit. d sieht vor, dass (mindestens) zwei beteiligte Unternehmen einen gemeinschaftsweiten Umsatz von jeweils mehr als 100 Mio. €, also insgesamt 200 Mio. € erzielen. Auch nach der letzteren Vorschrift sind die durch die FKVO aufgebauten Zuständigkeitshürden noch höher als die entsprechenden Hürden für eine US-amerikanische Zuständigkeit. Denn zu bedenken ist, dass in den USA nur ein Unternehmen den Schwellenwert von 110 Mio. US-$ Inlandsumsatz erreichen muss, während nach Gemeinschaftsrecht jeweils zwei Unternehmen einen gemeinschaftsweiten Umsatz von mehr als 100 Mio. € sowie kumulativ gemäß Art. 1 Abs. 3 lit. b und c bestimmte Umsätze in den Mitgliedstaaten erzielen müssen (u.a. muss gemäß Art. 1 Abs. 3 lit. b der Gesamtumsatz aller beteiligten Unternehmen in jeweils mindestens drei Mitgliedstaaten 100 Mio. € übersteigen, so dass in der Gemeinschaft ein Umsatz von 300 Mio. € überschritten werden muss).

(ii) Vergleich mit der Bundesrepublik Deutschland

Die relative Höhe der FKVO-Schwellenwerte für gemeinschaftsweiten Umsatz zeigt sich aber auch bei einem Vergleich mit der bundesdeutschen Fusionskontrolle. Gemäß § 35 Abs. 1 Nr. 2 GWB ist ausreichend, dass ein beteiligtes Unternehmen einen Inlandsumsatz in Höhe von mehr als 25 Mio. € erzielt. Im Vergleich dazu verlangt Art. 1 Abs. 2 lit. b, dass mindestens zwei beteiligte Unternehmen jeweils einen gemeinschaftsweiten Umsatz von mehr als 250 Mio. € erreichen. Das einzelne beteiligte Unternehmen muss also einen zehnmal höheren Schwellenwert überschreiten. Da mindestens zwei beteiligte Unternehmen einen gemeinschaftsweiten Umsatz von mehr als 250 Mio. € erzielen müssen, ist der geforderte gemeinschaftsweite Umsatz von über 500 Mio. € sogar um das zwanzigfache höher als der in der in der Bundesrepublik vorgesehene Inlandsumsatz von über 25 Mio. €. Dabei ist außerdem zu berücksichtigen, dass die Bundesrepublik Deutschland unter den EU-Mitgliedstaaten die – gemessen am Bruttosozialprodukt[536] – größte Wirtschaftskraft verfügt. Wenn hier schon der Schwellenwert von 25 Mio. € als ausreichender „link" zum deutschen Markt angesehen wird[537], so bedeutet dies, dass der von der FKVO in Art. 1 Abs. 2

---

536 Fischer Weltalmanach 2003 S. 1088.

537 Jedoch kann § 130 Abs. 2 GWB ein gewisses Korrektiv darstellen, siehe dazu Fußnote 529.

lit. b verlangte, um das zehn bzw. zwanzigfache höhere Gemeinschaftsumsatz verhältnismäßig hoch angesetzt ist. Dies gilt auch noch für die Schwellenwerte in Art. 1 Abs. 3. Nach dieser Vorschrift sind die Schwellenwerte für den weltweiten und gemeinschaftsweiten Umsatz zwar gesenkt, indessen müssen zusätzlich bestimmte mitgliedstaatliche Umsätze erzielt werden: Nach Art. 1 Abs. 3 lit. b muss der Gesamtumsatz aller beteiligten Unternehmen in mindestens drei Mitgliedstaaten jeweils 100 Mio. € übersteigen, so dass danach innerhalb der Gemeinschaft insgesamt ein Umsatz von über 300 Mio. € zu erzielen ist. Kumulative Voraussetzung ist, dass in diesen Mitgliedstaaten gemäß Art. 1 Abs. 3 lit. c zwei beteiligte Unternehmen jeweils einen Umsatz von mehr als 25 Mio. € erzielen (im Unterschied zu § 35 Abs. 1 Nr. 2 GWB, nach dem nur ein Unternehmen einen Inlandsumsatz in dieser Höhe erreichen muss). Weitere kumulative Voraussetzung ist – neben einem weltweit zu erzielenden Mindestumsatz aller Beteiligten von über 2,5 Mrd. € –, dass der gemeinschaftsweite Umsatz mindestens zweier beteiligter Unternehmen jeweils 100 Mio. € übersteigt.

(iii) Einflussfaktor: Größe des Binnenmarktes

Im Anschluss an die vorstehend gezogenen Vergleiche muss noch einmal darauf hingewiesen werden, dass angesichts der Globalisierung der Wirtschaft in einem bedeutendem Wirtschaftsraum selbst vergleichsweise hohe Schwellenwerte leicht erreicht werden. Insofern muss bei einem Vergleich unterschiedlicher Rechtordnungen notwendigerweise auch die Größe des jeweiligen Wirtschaftsraumes ins Kalkül gezogen werden. Zu berücksichtigen ist, dass der Europäische Binnenmarkt mit derzeit ca. 375 Mio. Konsumenten[538] zumindest auf der Endkundenebene den größten Markt darstellt. Durch den Beitritt der Mitgliedskandidaten wird sich in dieser Hinsicht der Abstand zu den USA (281,5 Mio. Einwohner[539]) noch weiter vergrößern.

Dennoch braucht der Vergleich mit den USA nicht relativiert zu werden. Denn besondere Bedeutung ist auch der Wirtschaftskraft des entsprechenden Wirtschaftsraums als Indikator für die industrielle Nachfrage beizumessen. Hier ergibt eine Gegenüberstellung der Bruttosozialprodukte von USA und EG eine annähernde Vergleichbarkeit der Wirtschaftsräume. Die USA hatten im Jahr 2000 ein BSP von 9.837 Mrd. US-$, die vier stärksten Nationen der EG (Deutschland, Großbritannien, Frankreich und Italien) hatten demgegenüber im Jahr 2000 zusammengerechnet ein BSP von 5.656 Mrd. US-$[540]. Damit kann

---

538 Fischer Weltalmanach S.1041 f.

539 Fischer Weltalmanach S. 839.

540 Fischer Weltalmanach S. 1088; nach den dort veröffentlichten Zahlen folgen Spanien mit 595, Niederlande mit 398, Belgien mit 251, Schweden 240 und Österreich mit 205 Mrd. US-$; die Beitrittsstaaten haben vergleichsweise geringe BSP (Polen 162, Tschechische Rep. 54 und Ungarn 47 Mrd. US-$).

also nicht davon ausgegangen werden, dass auf dem Europäischen Markt automatisch vergleichsweise höhere Umsatzerlöse festzustellen wären. Sollte dies möglicherweise in der Zukunft aufgrund einer weiteren wesentlichen Vergrößerung des EG-Binnenmarktes der Fall sein, müssten die Umsatzschwellen gegebenenfalls angehoben werden.

c) Rechtsfolgenseite: Anmeldepflicht und Vollzugsverbot

Freilich werden durch diese Aufgreifkriterien viele Vorhaben erfasst, die sich als unproblematisch herausstellen. Insofern werden auch zahlreiche Drittstaatenzusammenschlüsse „umsonst" der Anmeldepflicht und dem Vollzugsverbot nach FKVO unterworfen. Indessen ist der Eingriff in Souveränitätsrechte von Drittstaaten durch die „Fremdbestimmung" der dortigen Unternehmen durch die Anmeldepflicht und das Vollzugsverbot nach FKVO nicht so intensiv. Dies gilt besonders für die Fallgruppe der hier problematisierten Zusammenschlüsse, die zwar die Aufgreifschwellen gemäß Art. 1 erfüllen, sich aber im Vorverfahren als wettbewerbsrechtlich unbedenklich herausstellen. Der Zeit- und Kostenaufwand für Drittstaatenunternehmen aufgrund der Anmeldepflicht hält sich nämlich insbesondere dann in Grenzen, wenn es sich um Kategorien von Zusammenschlüssen handelt, die in der Regel unproblematisch sind. Denn für solche Zusammenschlüsse ist eine Verringerung der Angaben nach Formblatt CO vorgesehen[541]. Auch das höchstens einmonatige Vollzugsverbot für Zusammenschlüsse, die sich als unbedenklich herausstellen, ist kein übermäßiger Eingriff, zumal hiervon auch gänzliche Befreiungen möglich sind und bereits im Vorfeld der Anmeldung beantragt werden können[542]. Sollte ein solcher Zusammenschluss für die Volkswirtschaft eines Drittstaates aus industriepolitischen Gründen wichtig sein, so könnte er ohne große Hindernisse und zeitliche Verzögerungen verwirklicht werden. Selbst wenn erklärtes wirtschaftspolitisches Ziel eines Drittstaates die größtmögliche Freiheit der Unternehmen von präventiven Kontrollmechanismen ist, halten sich die durch die FKVO vorgesehenen Eingriffe in Grenzen. Diese vergleichsweise geringen Eingriffe sind auch daher akzeptabel, weil die Drittstaatenunternehmen, indem sie Waren oder Dienstleistungen im Gemeinsamen Markt absetzen, am Wirtschaftsleben der Gemeinschaft teilnehmen und die Wirtschaft des Drittstaates hiervon auch profitiert. Insofern müssen Regelungen mit extraterritorialer Wirkung bis zu einem gewissen Ausmaß hingenommen werden, die ein Verhalten von Drittstaatenunternehmen umfassen, das möglicherweise Rückwirkungen auf die Gemeinschaft hat.

Der Schutz des Wettbewerbs in der Gemeinschaft als Zweck und die dazu eingesetzten Mittel, Anmeldepflicht und vorläufiges Vollzugsverbot aufgrund der

---

[541] 1. Teil, 1. Abschnitt, D, I, 2, b.

[542] 1. Teil, 1. Abschnitt, D, II, 1; 5. Teil, 3. Abschnitt, B, III, 3, b, (3).

Überschreitung von Umsatzschwellenwerten, stehen demnach nicht außer Verhältnis. Diese Regelungen greifen damit nicht übermäßig in die wirtschaftliche Souveränität von Drittstaaten ein und sind angemessen.

2. Abgestufte Anforderungen an die Wahrscheinlichkeit von Auswirkungen

Verhältnismäßigkeitsgesichtspunkte lassen sich auch auf die Anforderungen an die Wahrscheinlichkeit von Auswirkungen für eine völkerrechtlich sinnvolle Anknüpfung anwenden. Wie oben ausgeführt[543] gibt es keine allgemeingültigen Anforderungen für eine solche Anknüpfung. Diese ergeben sich vielmehr unter Berücksichtigung der jeweiligen Souveränitätsrechte der Staaten, hier der Gemeinschaft und der Drittstaaten.

Zweck der Vorschriften der Fusionskontrolle ist der Schutz der Wettbewerbsordnung. Je wahrscheinlicher eine erhebliche Gefährdung dieser Ordnung ist, desto intensivere Mittel sind zu ihrem Schutz erlaubt. Je wahrscheinlicher also erhebliche wettbewerbsbeeinträchtigende Auswirkungen durch einen Drittstaatensachverhalt sind, desto intensiver darf die Gemeinschaft in Drittstaatenrechte eingreifen. Umgekehrt lässt sich konstatieren, dass je intensiver das Mittel ist, d.h. je intensiver die Regelung in Drittstaatenangelegenheiten eingreift, desto höhere Anforderungen an die Wahrscheinlichkeit der von Drittstaatensachverhalten ausgehenden Auswirkungen gestellt werden müssen.

Vergleicht man die verschiedenen Eingriffsinstrumentarien, nämlich die Anmeldepflicht, das vorläufige Vollzugsverbot, die Einleitung des Hauptverfahrens und schließlich die Untersagung bzw. die Genehmigung lediglich unter Auflagen, so stellt darunter die Untersagung eines Zusammenschlusses den schärfsten Eingriff dar. Daher ist eine sinnvolle Anknüpfung für eine Untersagung eines Drittstaatenzusammenschlusses nur dann gegeben, wenn eine sehr hohe, an Sicherheit grenzende Wahrscheinlichkeit für eine von dem Zusammenschluss ausgehende Wettbewerbsbeschränkung besteht. Die FKVO trägt dem Rechnung, indem Art. 2 Abs. 3 als Voraussetzung für eine Untersagung die Begründung oder Verstärkung einer beherrschenden Stellung, durch die der Wettbewerb im Gemeinsamen Markt erheblich behindert würde, nennt[544].

Die Einleitung des Hauptverfahrens gemäß Art. 6 Abs. 1 lit. c vereitelt zwar häufig noch nicht den Zusammenschluss, stellt jedoch ebenfalls einen vergleichsweise intensiven Eingriff dar, wird doch nach Art. 7 Abs. 1 i. V. m. Art. 10 Abs. 2, 3 in der Regel das Vollzugsverbot für die Dauer dieses Verfahrens, nämlich bis zu vier weiteren Monaten aufrechterhalten. Daher sind an die

---

[543] 1. Teil, 2. Abschnitt, D, III, 2.

[544] 3. Teil, 2. Abschnitt, B.

sinnvolle Anknüpfung hinsichtlich der Wahrscheinlichkeit der wettbewerbsbeschränkenden Auswirkungen relativ hohe Anforderungen zu stellen. Hier wird ebenfalls eine hohe, aber anders als für die Untersagung keine mit an Sicherheit grenzende Wahrscheinlichkeit zu fordern sein. Art. 6 Abs. 1 lit. c setzt für die Einleitung des Hauptverfahrens ernsthafte Bedenken hinsichtlich der Vereinbarkeit des angemeldeten Zusammenschlusses mit dem Gemeinsamen Markt voraus. Dies wird in der Verwaltungspraxis der Kommission dahingehend ausgelegt, dass durch den Zusammenschluss gravierende Veränderungen der Marktstruktur bewirkt werden müssen. Häufig handelt es sich um Zusammenschlüsse, deren Beteiligte in sich überschneidenden Bereichen tätig sind, so dass sie gemeinsam erhebliche Marktanteile erreichen[545]. Damit besteht aber in diesen Fällen, auch wenn es sich um Drittstaatenzusammenschlüsse handelt, regelmäßig eine hohe Wahrscheinlichkeit wettbewerbsbeschränkender Auswirkungen, so dass eine sinnvolle Anknüpfung gegeben ist.

Im Vergleich dazu stellt das während des Vorverfahrens einzuhaltende Vollzugsverbot einen geringeren Eingriff dar. Dies gilt erst Recht für die Anmeldepflicht. Denn diese berührt als solche nicht die Realisierung des Zusammenschlusses. Sie stellt insbesondere dadurch eine Belastung dar, dass gegenüber der Kommission umfangreiche Auskünfte erteilt werden müssen und hiermit ein erheblicher Zeit- und Kostenaufwand verbunden ist.

Wegen dieser vergleichsweise geringen Eingriffsintensität von Anmeldepflicht und Vollzugsverbot sind auch die Anforderungen an eine sinnvolle Anknüpfung vergleichsweise gering. Es reicht hier eine deutlich geringere Prognosewahrscheinlichkeit wettbewerbsschädigender Auswirkungen als für die Untersagung. Ausreichend ist die bloße – wenn auch nur geringe – Möglichkeit solcher Auswirkungen. Die Umsatzschwellen genügen daher den Anforderungen an eine sinnvolle Anknüpfung von Anmeldepflicht und Vollzugsverbot, auch wenn dadurch Zusammenschlüsse erfasst werden, die aufgrund ihrer Größe lediglich den Verdacht erwecken, sich wettbewerbsschädigend im Gemeinsamen Markt auszuwirken.

C. Ergebnis

Durch die Umsatzschwellen in Art. 1 werden viele Drittstaatenzusammenschlüsse aufgegriffen, von denen keine reale Gefahr wettbewerbsbeschränkender Auswirkungen im Gemeinsamen Markt ausgeht. Teile der Literatur sehen dies unter dem Gesichtspunkt des völkerrechtlichen Auswirkungsprinzips als bedenklich an. Im Ergebnis lässt sich jedoch feststellen, dass die Umsatzschwellen eine sinnvolle Anknüpfung im Sinne des Auswirkungsprinzips darstellen, um

---

545 Siehe 3. Teil, 2. Abschnitt, B, II, 2 zu Zusammenschussfällen, in denen ein Hauptverfahren eingeleitet worden ist. Nicht in jedem Fall ist der Zusammenschluss untersagt worden.

Zusammenschlüsse in Drittstaaten der Anmeldepflicht und dem Vollzugsverbot nach der FKVO zu unterwerfen.

Grundlage für dieses Ergebnis bildet die Überlegung, dass für Regelungen im Ermittlungsstadium, wie sie Anmeldepflicht und Vollzugsverbot darstellen, generell geringere Anforderungen an eine sinnvolle Anknüpfung, und zwar an die Wahrscheinlichkeit von Auswirkungen, gestellt werden müssen. Denn es liegt ja gerade im Wesen dieser Regelungen, dass der Sachverhalt in diesem Zeitpunkt noch unklar ist.

Dies sagt allerdings noch nichts darüber aus, ob die in Frage stehenden Regelungen nicht doch unverhältnismäßig in souveräne Rechte von Drittstaaten eingreifen, indem der extraterritoriale Anwendungsbereich der FKVO durch die Umsatzschwellen übermäßig ausgedehnt wird. Jedoch sind keine „milderen Mittel" ersichtlich, die eine ebenso effektive Fusionskontrolle gewährleisten. Zum einen scheitert der Versuch, den extraterritorialen Anwendungsbereich durch andere, zusätzliche Kriterien zu verengen, an der mangelnden Rechtssicherheit und Praktikabilität dieser Kriterien. Insofern stellen die Umsatzschwellen, wenn sie auch nicht ideal sind, „die besten aller möglichen Kriterien" dar. Zum anderen sind auf der Seite der Rechtsfolgen bei Überschreitung der Umsatzschwellen schon weitgehende „Abmilderungen" durch die FKVO vorgesehen. So vermindert sich bei unproblematischen Zusammenschlüssen der für die Anmeldung zu betreibende Aufwand. Außerdem sind Befreiungen vom Vollzugsverbot möglich. Gerade auch unter diesem Gesichtspunkt stellen Anmeldepflicht und Vollzugsverbot vergleichsweise geringe Eingriffe dar. Sie sind daher, auch wenn durch die Umsatzschwellen sich als unbedenklich erweisende Zusammenschlüsse erfasst werden, noch angemessen. Die Anmeldepflicht und das Vollzugsverbot, die durch die Überschreitung der Schwellenwerte ausgelöst werden, stellen daher keinen übermäßigen Eingriff in die wirtschaftliche Souveränität von Drittstaaten dar.

Freilich verursacht es in der Praxis Probleme, wenn sich immer mehr Fusionskontrollregime aufgrund pauschaler Kriterien unabhängig vom Ort des Zusammenschlusses oder vom Sitz der beteiligten Unternehmen für zuständig erklären. So müssen sich viele Unternehmen schon jetzt weltweit in diversen Staaten anmelden. Hierbei kommt es zu verfahrensrechtlichen Regelungskollisionen, wenn etwa verschiedene Fusionskontrollregime unterschiedliche Wartefristen vorsehen. Diese Problematik ist aber keine völkerrechtliche, sondern eine rechtspolitische. Letztere kann beispielweise durch Harmonisierung des Verfahrensrechts gelöst werden[546]. Die Übertragung von Zuständigkeiten auf eine zent-

[546] Vgl. zur Problematik der Regelungskollision im Verfahrensrecht: Meibom/Geiger, Weltkartellrecht, EuZW 2002, S. 261, 265.

rale Institution, wie es die FKVO gemäß Art. 21 Abs. 2 im Verhältnis zu den Mitgliedstaaten bereits vorsieht, ist eine anderen Lösungsmöglichkeit.

6. Teil: Völkerrechtmäßigkeit von Geldbußen wegen Verstößen gegen Anmeldepflicht und Vollzugsverbot

Es ist nicht völkerrechtswidrig, Zusammenschlüsse in Drittstaaten, welche die Aufgreifkriterien gemäß Art. 1 erfüllen, der Anmeldepflicht und dem Vollzugsverbot zu unterwerfen. Insbesondere widersprechen auch die formalen Kriterien, nämlich die Umsatzschwellen, dem Prinzip der sinnvollen Anknüpfung nicht. Es stellt sich nunmehr die Frage, ob es völkerrechtlichen Bedenken begegnet, solchen Unternehmen auch Geldbußen wegen Verstoßes gegen die oben genannten Pflichten aufzuerlegen. Zu untersuchen ist wiederum, inwieweit hierfür eine sinnvolle Anknüpfung besteht. Erst die Sanktionierung durch Bußgelder stellt einen direkten Eingriff in das Vermögen von Unternehmen in Drittstaaten durch die Gemeinschaft dar. Die Kommission hat sich indessen nicht gescheut, bei Verstößen gegen Anmeldepflicht und Vollzugsverbot auch gegenüber Unternehmen in Drittstaaten Geldbußen festzusetzen.

1. Abschnitt: Einzelakt als Prüfungsgegenstand

Es stellt sich auch im Rahmen der Geldbuße die Frage, ob schon die Normen als solche, nämlich Art. 14 Abs. 1 lit. a, b sowie Art. 14 Abs. 2 lit. b, Völkerrecht verletzen könnten, oder ob dies erst durch eine Entscheidung über die Festsetzung einer Geldbuße im Einzelfall geschehen kann. Sowohl die pflichtauslösenden Grundbestimmungen, Art. 4 Abs. 1 sowie Art. 7 Abs. 1, als auch die zugehörigen Sanktionsnormen gemäß Art. 14 haben ex-traterritoriale Wirkung. Denn beide sind sie unabhängig vom Sitz der Unternehmen oder vom Ort des Zusammenschlusses, also auch in Drittstaaten anwendbar.

Allerdings bedürfen Anmeldepflicht und Vollzugsverbot keines Umsetzungsaktes mehr, sondern ordnen aus sich selbst heraus ein Verhalten in Drittstaaten an. Damit greifen sie unmittelbar in Souveränitätsrechte von Drittstaaten ein. Insofern kam hier schon eine Völkerrechtsverletzung durch Art. 4 Abs. 1 bzw. Art. 7 Abs. 1 selbst in Betracht[547]. Im Unterschied dazu erfordert die Festsetzung einer Geldbuße auf der Grundlage der zugehörigen Sanktionsnorm einen Umsetzungsakt, nämlich eine Entscheidung der Kommission. Dies spräche an sich dafür, dass erst dieser Umsetzungsakt unmittelbar in die Rechtsposition von Drittstaaten eingriffe und in dem Erlass der Norm des Art. 14 selbst noch kein Völkerrechtsverstoß läge.

Indessen kann auch eine Norm, die noch durch die rechtsanwendenden Organe umgesetzt werden muss, selbst völkerrechtswidrig sein. Dies ist dann der Fall, wenn ein Gesetz so mangelhaft ist, dass Verwaltungsbehörden und Gerichte

---

[547] Siehe 4. Teil, 2. Abschnitt, B; – im Ergebnis sind die Regelungen völkerrechtsgemäß, siehe 5. Teil.

nicht imstande sind, es völkerrechtmäßig anzuwenden[548]. Auf Art. 14 übertragen hieße dies, dass die Kommission bei der extraterritorialen Anwendung dieser Norm – als eine Art Automatismus – keine andere Möglichkeit hätte, als gegen das Prinzip der sinnvollen Anknüpfung zu verstoßen. Art. 14 räumt der Kommission jedoch nicht nur Auswahlermessen, sondern auch schon Entschließungsermessen ein. Wenn die Festsetzung einer Geldbuße im Einzelfall völkerrechtswidrig wäre, weil dafür insbesondere keine sinnvolle Anknüpfung bestünde, könnte die Kommission somit von ihrem Entschließungsermessen dahingehend Gebrauch machen, keine Geldbuße zu verhängen. Eben aufgrund dieses Ermessenspielraums wäre ein Automatismus völkerrechtswidriger Umsetzungsakte von vornherein ausgeschlossen. Eine Völkerrechtsverletzung durch Art. 14 selbst scheidet damit aus. Prüfungsgegenstand müssen folglich die Anwendungsakte, nämlich die Entscheidungen der Kommission über die Festsetzung einer Geldbuße sein.

2. Abschnitt: Sinnvolle Anknüpfung nach dem Auswirkungsprinzip

A. Vorbemerkungen

Im Hinblick auf die Anmeldepflicht und das Vollzugsverbot im Vorverfahren ist bereits die Überschreitung der in Art. 1 aufgestellten Umsatzschwellen, d.h. das Vorliegen formaler Kriterien für eine sinnvolle Anknüpfung ausreichend[549]. Anmeldepflicht und Vollzugsverbot sollen – auch bei Zusammenschlussvorhaben in Drittstaaten – nicht von materiellen und damit auch auslegungsbedürftigen Kriterien abhängen. Denn die Unternehmen werden nicht von der Kommission zur Anmeldung aufgefordert. Vielmehr müssen sie von sich aus prüfen und entscheiden, ob der von ihnen geplante Zusammenschluss anmeldepflichtig ist und sein Vollzug aufgeschoben werden muss. Daher müssen die Aufgreifkriterien hinreichende Rechtssicherheit bieten und ihr Vorliegen einfach zu bestimmen sein. Materielle Kriterien wären insoweit ungeeignet.

Die Argumente gegen materielle, auslegungsbedürftige Kriterien entfallen indessen möglicherweise bei der Verhängung einer Geldbuße gegenüber Drittstaatenunternehmen. Denn diese Entscheidung liegt ja bei der Kommission. Zu untersuchen ist, ob eine völkerrechtlich sinnvolle Anknüpfung auch hier lediglich die Erfüllung formaler Kriterien – die Überschreitung von Umsatzschwellenwerten – oder gewisse materiellrechtliche Gegebenheiten voraussetzt.

---

[548] Verdross/Simma, Universelles Völkerrecht, S.856.

[549] Siehe 5. Teil.

B. Formelle bzw. materielle Rechtswidrigkeit als denkbare Sachverhaltskonstellationen

Bei einem Verstoß gegen Anmeldepflicht bzw. Vollzugsverbot sind zwei Konstellationen denkbar: Bei der ersten Konstellation handelt es sich um einen Zusammenschluss, welcher die Untersagungskriterien gemäß Art. 2 erfüllt. Bei der zweiten Konstellation liegt zwar ein Verstoß gegen Anmeldepflicht bzw. Vollzugsverbot vor, indessen sind die Untersagungskriterien nicht erfüllt. Bedient man sich einer Terminologie aus dem deutschen Verwaltungsrecht, ließe sich von formeller Rechtswidrigkeit auf der einen Seite und materieller Rechtswidrigkeit auf der anderen Seite sprechen. Formelle Rechtswidrigkeit liegt vor, wenn gegen die Anmeldepflicht und das Vollzugsverbot als Verfahrenspflichten verstoßen wurde[550], materielle Rechtswidrigkeit, wenn die materiellen Untersagungsvoraussetzungen des Art. 2 eingreifen. Damit ist in der ersten Konstellation sowohl formelle als auch materielle Rechtswidrigkeit gegeben, in der zweiten Konstellation lediglich formelle Rechtswidrigkeit.

In der ersten Konstellation, in der neben formeller auch materielle Rechtswidrigkeit vorliegt, ist eine völkerrechtlich sinnvolle Anknüpfung nach dem Auswirkungsprinzip für die Festsetzung der Geldbuße wegen Verstoßes gegen Art. 4 Abs. 1 bzw. Art. 7 Abs. 1 unproblematisch. Denn die Erfüllung der Untersagungskriterien gemäß Art. 2 beinhaltet ja immer, dass erhebliche wettbewerbsbehindernde Auswirkungen des Zusammenschlussvorhabens auf dem Gebiet des Gemeinsamen Marktes vorliegen.

Problematischer ist hingegen die zweite Konstellation, in der sich die Beteiligten zwar formell, nicht aber materiell rechtswidrig verhalten haben. Hier haben sie zwar gegen Anmeldepflicht bzw. Vollzugsverbot verstoßen, jedoch erfüllt der Zusammenschluss nicht die Untersagungskriterien. Damit hat der Zusammenschluss in Drittstaaten jedenfalls keine Auswirkungen auf den Gemeinsamen Markt im Sinne des Art. 2, so dass eine völkerrechtlich sinnvolle Anknüpfung für die Auferlegung einer Geldbuße möglicherweise zweifelhaft sein könnte. Dies gilt erst Recht für die Fallgruppe von Zusammenschlüssen, die zwar die

---

[550] In der Literatur wird lediglich die Nichteinhaltung der Anmeldepflicht als Verstoß gegen Verfahrensvorschriften bezeichnet, während die Verletzung des Vollzugsverbotes als Verletzung von materiellen Verboten bezeichnet wird, vgl. etwa FK-Kindhäuser, Band VI, FKVO, Art. 14, Rn. 3 ff., 18, 20; Wagemann in: Wiedemann, Hdb. Kartellrecht, § 17, Rn. 179 f.; in diesem Zusammenhang soll jedoch auch der Verstoß gegen das Vollzugsverbot als Verstoß gegen Verfahrenspflichten, d.h. als formeller Verstoß bezeichnet werden, um zu verdeutlichen, dass bei Vollziehung des Zusammenschlusses entgegen Art. 7 Abs. 1 nicht notwendig ein Verstoß gegen materielles Wettbewerbsrecht vorliegen muss, weil damit nicht automatisch im Sinne des Art. 2 eine marktbeherrschende Stellung begründet oder verstärkt wird, durch die der Wettbewerb beschränkt wird.

Aufgreifkriterien gemäß Art. 1 erfüllen, bei denen jedoch – etwa aufgrund sehr geringer Marktanteile im Gemeinsamen Markt – schon offensichtlich ist, dass sie wettbewerbsrechtlich unbedenklich sind.

C. Fähigkeit der Kommission zur materiellen Prüfung

Bevor der Frage nachgegangen wird, ob es materieller Auswirkungen für eine sinnvolle Anknüpfung bedarf, muss indessen die Vorfrage geklärt werden, ob die Kommission im Zeitpunkt der Festsetzung der Geldbuße den Zusammenschluss überhaupt materiell beurteilen kann. Denn wenn die Kommission hierzu gar nicht in der Lage wäre, könnten materielle Erwägungen auch bei der Sanktionierung von Verstößen gegen Anmeldepflicht und Vollzugsverbot keine Rolle spielen. Dabei muss nach der Art des Verstoßes differenziert werden.

I. (Gänzlich) unterlassene Anmeldung

Die Kommission kann gemäß Art. 14 Abs. 1 lit. a ein Bußgeld gegen die Beteiligten festsetzen, wenn diese die Anmeldung gänzlich unterlassen. In diesem Fall kann die Kommission nur „über Umwege" – etwa durch Wettbewerber – von dem Zusammenschluss und dem Verstoß gegen Art. 4 Abs. 1 erfahren[551]. Da mangels Anmeldung auch die Angaben der Beteiligten nach dem Formblatt CO fehlen, dürfte eine materielle Beurteilung des Zusammenschlusses durch die Kommission schwierig, wenn nicht unmöglich sein. Insbesondere setzt eine Entscheidung im Vorverfahren darüber, den Zusammenschluss als unbedenklich freizugeben oder ein (Haupt-)Verfahren einzuleiten, nach Art. 6 Abs. 1 den „Eingang der Anmeldung" voraus. Solange die Unternehmen die Anmeldung nicht nachholen, kann die Kommission in materieller Hinsicht nicht beurteilen, ob und – falls ja – welche Auswirkungen der Zusammenschluss auf den Gemeinsamen Markt hat.

II. Verspätete Anmeldung

Art. 14 Abs. 1 lit. a als Rechtsgrundlage zur Festsetzung einer Geldbuße wegen unterlassener Anmeldung umfasst auch die verspätete Anmeldung[552]. Denn nach Art. 4 Abs. 1 muss das Zusammenschlussvorhaben innerhalb einer bestimmten

---

551 Eine andere Möglichkeit ist, dass die Kommission anlässlich der Prüfung weiterer Zusammenschlussvorhaben von gemeinschaftsweiter Bedeutung erfährt, dass ein Unternehmen bereits früher an einem anmeldepflichtigen Zusammenschluss beteiligt war, vgl. Entscheidung der Kommission vom 10.02.1999, Sache Nr. IV/M.969, „A.P. Møller", ABl. EG Nr. L 183 vom 16.07.1999, S. 29.

552 FK-Kindhäuser, Band VI, FKVO, Art. 14, Rn. 3.

Frist angemeldet werden, so dass die nicht fristgemäße Anmeldung einen – bußgeldbewehrten – Verstoß gegen diese Vorschrift darstellt.

Hier erhält die Kommission, wenn auch verspätet, durch die Anmeldung die notwendigen Informationen, um den Zusammenschluss materiell wettbewerbsrechtlich beurteilen zu können[553]. Die Kommission ist gemäß Art. 6 Abs. 1 verpflichtet, unmittelbar nach Eingang der – in diesem Fall verspäteten – Anmeldung mit der Prüfung des Zusammenschlusses zu beginnen, d.h. das Vorverfahren einzuleiten. Im Rahmen dieses Vorverfahrens wird eine Art summarische Prüfung der materiellen Kriterien des Art. 2 durchgeführt[554]. Somit ist die Kommission im Falle einer Geldbuße wegen verspäteter Anmeldung in der Lage, materiell zu beurteilen, ob sich der Zusammenschluss wettbewerbsbehindernd auswirken wird (oder bereits ausgewirkt hat). So war etwa in den Fällen *„Samsung/AST"* wie auch *„A.P. Møller"* vor der Entscheidung über die Festsetzung der Geldbuße wegen verspäteter Anmeldung bereits eine „Unbedenklichkeitserklärung" gemäß Art. 6 I lit. b ergangen[555].

III. Unrichtige oder entstellte Angaben

Auch bei unrichtigen oder entstellten Angaben in der Anmeldung kann die Kommission gemäß Art. 14 Abs. 1 lit. b eine Geldbuße verhängen[556]. Unrichtige bzw. entstellte Angaben in der Anmeldung kommen einer gänzlich unterlassenen Anmeldung insofern gleich, als dass auch hier wesentliche Informationen fehlen können. Dies kann einer materiellen Einschätzung des Zusammenschlusses entgegenstehen. So kann eine nach Art. 6 Abs. 1 lit. a oder lit. b getroffene Entscheidung im Vorverfahren, nach welcher der angemeldete Zusammenschluss nicht unter die Verordnung fällt bzw. zwar unter die Verordnung fällt, jedoch wettbewerbsrechtlich unbedenklich ist, gemäß Art. 6 Abs. 1 b widerrufen

---

553 Zusätzlich zu den Angaben, welche die beteiligten Unternehmen nach dem Formblatt CO gemacht haben, kann die Kommission durch Befragungen von Wettbewerbern und Kunden Informationen erhalten, um einen vollständigen Überblick über die relevanten Märkte zu gewinnen und die Folgen des Zusammenschlusses für den Gemeinsamen Markt zu analysieren zu können, vgl. auch Entscheidung der Kommission v. 28.07.1999, Sache Nr. IV/M.1543, „Sanofi/Synthélabo", WuW/E EU-V, 468, 468", in der derartige Befragungen erwähnt werden .

554 Siehe oben 1. Teil, 1. Abschnitt, B, III.

555 Entscheidung der Kommission vom 18.2.1998, Sache Nr. IV/M.920, „Samsung/AST", ABl. EG Nr. L 225 vom 26.08.1999, S. 12, 13, Tz. 2, siehe auch Zusammenfassung in WuW 1998, S. 577; Entscheidung der Kommission vom 10.2.1999, Sache Nr. IV/M.969, „A.P. Møller", ABl. EG Nr. L 183 vom 16.07.1999, S 29 Tz. 1.

556 Vgl. Entscheidung der Kommission vom 28.07.1999, Sache Nr. IV/M.1543, „Sanofi/Synthélabo", WuW/E EU-V 468 ff.

werden, wenn diese Entscheidung auf unrichtigen Angaben beruht[557]. Inwieweit der Zusammenschluss wettbewerbsbehindernde Auswirkungen auf den Gemeinsamen Markt hat, kann die Kommission erst dann beurteilen, wenn die beteiligten Unternehmen ihre Angaben berichtigen.

IV. Verstoß gegen Vollzugsverbot

Eine Geldbuße kann gemäß Art. 14 Abs. 2 lit. b auch verhängt werden, wenn die beteiligten Unternehmen den Zusammenschluss entgegen Art. 7 Abs. 1 vollziehen. Meist werden Unternehmen, die den Zusammenschluss vor seiner Genehmigung vollziehen, auch der Anmeldepflicht nicht nachgekommen sein[558]. Die Kommission wird erst dann in der Lage sein, die materiellen Auswirkungen des Zusammenschlusses auf den Gemeinsamen Markt auf der Grundlage gesicherter Informationen zu beurteilen, wenn die beteiligten Unternehmen die Anmeldung nachholen.

Wenn dies der Fall ist, wird nach Eingang der Anmeldung gemäß Art. 6 Abs. 1 – wenn auch zu einem späteren Zeitpunkt als üblich – das Vorverfahren durchgeführt. Dies geschieht auf der Grundlage der Angaben des bzw. der Anmeldenden nach dem Formblatt CO. Die dort verlangten Angaben sind auf eine vor dem Vollzug des Zusammenschlusses vorgenommene Prognose über die wettbewerblichen Auswirkungen des Zusammenschlusses nach dessen Vollzug ausgerichtet[559]. Somit dürfte für die Entscheidung nach Art. 6 Abs. 1 bei der summarischen materiellen Prüfung eine ex ante Sicht einzunehmen sein, obschon der Zusammenschluss bei einem Verstoß gegen das Vollzugsverbot bereits realisiert ist.

Trifft die Kommission nun eine Entscheidung über eine Geldbuße, kann sie für die Einschätzung der materiellen Auswirkungen des Zusammenschlusses zunächst auf die Angaben der Beteiligten nach dem Formblatt CO und damit auf die ex ante - Sicht zurückgreifen. Darüber hinaus wird es in einigen Fällen zu

---

557 So geschehen im Fall „Sanofi/Synthélabo“, a.a.O., WuW/E EU-V 468, 468, Tz. 4,5, 27, in dem die Kommission erst durch Beschwerden Dritter Kenntnis davon erlangte, dass es sich um einen Zusammenschluss zweier Monopole im Bereich der betäubenden Wirkstoffe handelte.

558 Vgl. etwa Entscheidung der Kommission vom 18.2.1998, Sache Nr. IV/M.920, „Samsung/AST“, ABl. EG Nr. 225, vom 26.08.1999, S. 12, 14, Ziff. 9 ff.; Entscheidung der Kommission v. 10.02.1999, Sache Nr. IV/M. 969, „A.P. Møller“, ABl. EG Nr. L 183 vom 16.07.1999, S. 29, Ziff. 2.

559 Für die Anmeldung muss etwa angeführt werden, dass beteiligte Unternehmen auf denselben oder vor- bzw. nachgelagerten Märkten tätig sind und der Zusammenschluss dort zur Addition von Marktanteilen führen wird, Formblatt CO, Abschnitt 6, III, ABl. EG Nr. L 61 vom 02.03.1998, S. 11, 19.

diesem Zeitpunkt bereits möglich sein, nachzuprüfen, inwieweit sich der vollzogene Zusammenschluss tatsächlich wettbewerbsbehindernd auf die Marktverhältnisse ausgewirkt hat. Hier könnte daher zusätzlich gewissermaßen eine Beurteilung aus der ex post - Perspektive vorgenommen werden. Dies gilt insbesondere dann, wenn der Vollzug des Zusammenschlusses schon längere Zeit zurückliegt.

Möglicherweise ist die Kommission völkerrechtlich verpflichtet, eine solche ex post - Untersuchung bei der Entscheidung darüber zu berücksichtigen, ob eine Geldbuße gegenüber Unternehmen in Drittstaaten festgesetzt wird: In dem Fall, in dem ein unter Verstoß gegen Art. 7 Abs. 1 vollzogener Drittstaatenzusammenschluss gemäß Art. 6 Abs. 1 b für unbedenklich erklärt wird und sich – in der Rückschau – herausgestellt hat, dass von ihm tatsächlich keine wettbewerbshindernden Auswirkungen auf den Gemeinsamen Markt ausgegangen sind, könnte eine sinnvolle Anknüpfung für eine Verhängung einer Geldbuße fehlen oder zweifelhaft sein.

V. Zusammenfassung

Wenn der geldbußenbewehrte Verstoß darin liegt, dass Unternehmen die Anmeldung gänzlich unterlassen, kann die Kommission den Zusammenschluss mangels Informationen auch in einer Bußgeldentscheidung nicht hinreichend materiell wettbewerbsrechtlich beurteilen. Anders ist dies bei dem häufigeren Fall der verspäteten Anmeldung, bei dem meist zugleich ein Verstoß gegen das Vollzugsverbot vorliegt. Hier bekommt die Kommission Kenntnis davon, ob von dem Zusammenschluss materielle wettbewerbsbehindernde Auswirkungen ausgehen werden bzw. bereits ausgegangen sind. Dies soll im Folgenden an einer Entscheidung der Kommission über die Festsetzung einer Geldbuße in einem Drittstaatensachverhalt illustriert werden.

D. Fallbeispiel „Samsung/AST“

I. Kommissionsentscheidungen zur Freigabe sowie zur Festsetzung der Geldbuße

Der koreanische Computerhersteller Samsung Electronics Co. Ltd. („Samsung“) erwarb 1997 die Gesamtheit des US-amerikanischen Unternehmens AST Research Inc. („AST“) im Wege eines öffentlichen Übernahmeangebotes. Das Vorhaben ist bei der Kommission am 22. April 1997 angemeldet und am

26. Mai 1997 nach Art. 6 Abs. 1 b freigeben worden[560]. Die genaue Abgrenzung des Produktmarktes – etwa ein Markt für Personalcomputer oder ein weiter gefasster Markt für Computersysteme – sowie des räumlichen Bezugsmarktes – welt- oder EWR-weiter Markt – konnte in diesem Fall offen gelassen werden. Denn bei keiner der alternativen Marktabgrenzungen wäre der wirksame Wettbewerb durch den Zusammenschluss erheblich behindert worden.

Der Zusammenschluss war für wettbewerbsrechtlich unbedenklich erklärt worden, weil die beteiligten Unternehmen bei Personalcomputern nur kleine Marktanteile in der EU erreichten. Insbesondere Samsung war hier nur mit geringfügigen Verkäufen in der EU tätig, so dass keine Überschneidung der Tätigkeiten der beteiligten Unternehmen in Folge des Zusammenschlusses zu erwarten war. Die Kommission stellte insbesondere fest, dass es – wie auch immer der relevante Produktmarkt für Personalcomputer räumlich abgegrenzt werde – keine „betroffenen Märkte" im Sinne des Formblattes CO gebe. Im Ergebnis kam die Kommission daher zu dem Schluss, dass der Zusammenschluss nur einen „insignificant impact on competition" im EWR haben werde[561].

Im Vorverfahren stellte sich jedoch heraus, dass Samsung bereits früher, nämlich spätestens im Januar 1996 die Kontrolle über AST erworben hatte. Denn schon zu diesem Zeitpunkt benannte Samsung in Ausübung seiner zuvor erworbenen Stimmrechte die Mehrheit der Mitglieder des AST-Board. Mit dieser Mehrheit war Samsung in der Lage, strategische Entscheidungen bei AST zu bestimmen. Mit dem öffentlichen Übernahmeangebot im Jahre 1997 wollte Samsung sämtliche im Umlauf befindliche Stammaktien von AST erwerben.

In ihrer Entscheidung über die Festsetzung einer Geldbuße vom 18. Februar 1998[562] stellte die Kommission fest, dass bereits mit dem Kontrollerwerb im Januar 1996 ein Zusammenschluss von gemeinschaftsweiter Bedeutung vorlag, für den eine Anmeldepflicht innerhalb der in Art. 4 Abs. 1 vorgesehenen einwöchigen Frist bestand. Wie geschildert, wurde der Zusammenschluss jedoch erst im April 1997 angemeldet. Mit der verspäteten Anmeldung hat Samsung folglich gegen die Verpflichtung aus Art. 4 Abs. 1 verstoßen. Da der Zusammenschluss schon Anfang 1996 vollzogen worden war, bevor Samsung die gebotene Anmeldung vorlegte und die Kommission das Vorhaben freigab, wurde auch

---

[560] Entscheidung der Kommission vom 26.05.1997, Sache Nr. IV/.M. 920, „Samsung /AST", http://www.europa.eu.int/smartapi/cgi/sg[...]prod!CELEXnumdoc&lg=en&numdoc=3199 7M0920, Stand v. 01.08.2002, siehe auch ABl. EG Nr. C 203 v. 03.07.1997, S. 3.

[561] Entscheidung der Kommission vom 26.05.1997, Sache Nr. IV/.M. 920, „Samsung /AST", a.a.O., Tz. 11.

[562] Sache Nr. IV/M.920, „Samsung/AST", ABl. EG Nr. L 225 v. 26.08.1999, S. 12 ff.

das Vollzugsverbot gemäß Art. 7 Abs. 1 nicht befolgt[563]. Damit hat Samsung die Bußgeldtatbestände nach Art. 14 Abs. 1 lit. a und Abs. 2 lit. b verwirklicht.

Die Entscheidung, die Verstöße zu ahnden, d.h. eine Geldbuße zu verhängen, begründete die Kommission mit der Notwendigkeit, den Grundsatz zu wahren, dass „Unternehmen daran zu hindern sind, unter die Fusionskontrollverordnung fallende Zusammenschlüsse ohne ordnungsgemäße Anmeldung zu vollziehen. Zu diesem Zweck sollte sie die ihr vom Rat in Art. 14 zugestandenen Befugnisse ausüben. Aus diesen Gründen ist es nach Ansicht der Kommission erforderlich, gegen Samsung Geldbußen gemäß Art. 14 [...] festzusetzen."[564]

Allerdings führte die Kommission als mildernden und damit bußgeldmindernden Umstand an erster Stelle an, dass durch die Verletzung der Pflicht zur rechtzeitigen Anmeldung und durch den Vollzug des Zusammenschlusses der Wettbewerb nicht beeinträchtigt worden sei. Dies sei schon in der Entscheidung der Kommission nach Art. 6 Abs. 1 lit. b vom 26. Mai 1997 festgestellt worden. Der Anteil von AST am Gemeinschaftsmarkt für Personalcomputer betrage rund 2,5%, während Samsung in der Gemeinschaft nur geringfügige Mengen absetze. Daher führe der Zusammenschluss praktisch zu keiner Überschneidung. Die gemeinsame Marktstellung der beteiligten Unternehmen habe sich, abgesehen von einem leichten Anstieg des Marktanteils von AST, in den letzten drei Jahren nicht wesentlich verändert[565].

Wegen des Verstoßes gegen die Anmeldepflicht verhängte die Kommission gemäß Art. 14 Abs. 1 lit. a eine Geldbuße in Höhe von 5000 ECU. Wegen der Missachtung des Vollzugsverbotes setzte sie gemäß Art. 14 Abs. 2 lit. b für jeden der 14 Monate des Verstoßes eine Geldbuße in Höhe von 2000 ECU fest. Dies entsprach einem Gesamtbetrag von 33000 ECU[566].

II. Stellungsnahme

Vor der Entscheidung über die Verhängung der Geldbuße im Februar 1998 war bereits die Freigabe-Entscheidung nach Art. 6 Abs. 1 lit. b im Mai 1997 ergangen. Dies bedeutet, dass der Kommission im Zeitpunkt der Entscheidung über die Geldbuße bereits bekannt war, dass der Zusammenschluss *Samsung/AST* materiell unbedenklich war und damit keine erheblichen wettbewerbsbehindernden Auswirkungen auf den Gemeinsamen Markt haben würde. Der Zusammenschluss zählte sogar zur Fallgruppe der offensichtlich wettbewerblich unproble-

---

563 ABl. EG Nr. L 225 vom 26.08.1999, S. 14, Tz. 9.
564 ABl. EG Nr. L 225 vom 26.08. 1999, S. 16 f. Tz. 21 f.
565 ABl. EG Nr. L 225 vom 26.08. 1999, S. 17, Tz. 28.
566 ABl. EG Nr. L 225 vom 26.08.1999, S. 18, Tz. 30.

matischen Zusammenschlüssen, weil er mit den Worten der Kommission nur einen „insignificant impact on competition" im EWR haben würde[567].

Zudem ist diese Einschätzung wohl auch nicht durch die tatsächliche Entwicklung der Marktverhältnisse nach dem Vollzug des Zusammenschlusses widerlegt worden. Da zwischen dem Kontrollerwerb – spätestens – im Januar 1996 und der Entscheidung über die Festsetzung der Geldbuße im Februar 1998 mehr als zwei Jahre lagen, hätte eine wesentliche Behinderung des Wettbewerbs im Gemeinsamen Markt durch den Zusammenschluss zutage treten müssen. Jedenfalls ist hiervon in der Entscheidung über die Festsetzung der Geldbuße keine Rede.

Es stand mithin fest, dass der Drittstaatenzusammenschluss materiell unbedenklich war. Dieser Umstand wurde von der Kommission in ihrer Entscheidung jedoch nur bußgeldmindernd, nicht aber bußgeldausschließend berücksichtigt. Indessen hätte sie dies nicht erst auf der Stufe der Entscheidung über die Höhe der Geldbuße, sondern schon auf der Stufe des „Ob" ihrer Verhängung mit einbeziehen können. Es stellt sich die Frage, ob die Kommission im Drittstaatenfall *Samsung/AST* überhaupt eine Geldbuße verhängen durfte. Denn möglicherweise liegt in diesem Fall mangels wettbewerbsbehindernder Auswirkungen im Gemeinsamen Markt keine völkerrechtlich sinnvolle Anknüpfung vor[568]. Dies

---

[567] Entscheidung der Kommission vom 26.05.1997, Sache Nr. IV/.M. 920, „Samsung /AST", Tz. 11, http://www.europa.eu.int/smartapi/cgi/sg...prod!CELEXnumdoc&lg=en&numdoc=31997M0920, Stand vom 01.08.2002, ABl. EG Nr. C 203 vom 3.07.1997, S. 3.

[568] In ihrer Entscheidung spricht die Kommission allerdings die völkerrechtliche Frage, ob überhaupt eine sinnvolle Anknüpfung für die Festsetzung einer Geldbuße besteht, nicht an. Vielmehr wird die Problematik, dass es sich um einen Drittstaatenzusammenschluss handelt, lediglich im Rahmen des individuellen Verschuldens angesprochen. Dabei argumentierte Samsung, dass die Zuwiderhandlungen gegen die Pflichten aus Art. 4 Abs. 1 und Art. 7 Abs. 1 auf einen Irrtum zurückzuführen seien. Denn die lokalen Vertreter Samsungs in Kalifornien seien mit der Definition eines Zusammenschlusses nach Art. 1 nicht vertraut gewesen. Die Kommission ließ diese Entschuldigung nicht gelten. Vielmehr führte sie aus, dass jedem Unternehmen einer Größenordnung, welche den in Art. 1 festgelegten Schwellen entspreche, bekannt sein müsse, dass es die europäischen Fusionskontrollvorschriften zu beachten habe. Insofern liege zwar kein vorsätzlicher, aber ein fahrlässiger Verstoß vor, vgl. ABl. EG Nr. L 225 vom 26.08.1999, S. 15, Tz. 10 ff. – Die Kommission nimmt zu Recht an, dass das Verschulden Samsungs nicht deswegen entfällt, weil es als europa-fernes Unternehmen die Definition der gemeinschaftsweiten Bedeutung nicht gekannt habe. Es stellt sich bereits die Frage, ob ein Irrtum über das Bestehen rechtlicher Pflichten, also ein Verbotsirrtum überhaupt beachtlich ist. Selbst wenn dies zu bejahen wäre, wäre er heute, nach mehr als zehn Jahren Anwendungspraxis der FKVO, vermeidbar gewesen, so dass er nicht hätte anerkannt werden können. Im Zuge einer sich globali-

hängt davon ab, ob es – anders als bei der Anmeldepflicht und dem Vollzugsverbot selbst – bei den zugehörigen Sanktionen auf das Vorliegen bzw. die Erwartung materieller wettbewerbsbehindernder Auswirkungen ankommt.

E. Geldbuße bei lediglich formeller Rechtswidrigkeit

I. Vorbemerkungen

Es stellt sich die Frage, aus welchem Grund an eine sinnvolle Anknüpfung der Anmeldepflicht und des Vollzugsverbotes andere Anforderungen zu stellen sein könnten als an eine sinnvolle Anknüpfung der zugehörigen Sanktionen. Wie oben ausgeführt[569] gibt es keine allgemeingültigen Anforderungen an eine Anknüpfung extraterritorialer Regelungen.

Die Anmeldepflicht und das Vollzugsverbot für Drittstaatenzusammenschlüsse aufgrund der Überschreitung der Umsatzschwellen stellt noch keinen übermäßigen Eingriff in Drittstaatenrechte dar. Freilich wird dadurch der extraterritoriale Anwendungsbereich der FKVO auch auf solche Zusammenschlüsse ausgedehnt, die keine oder nur zu vernachlässigende Auswirkungen im Gemeinsamen Markt haben. An sich wäre auch hier eine Regelung, welche die Anmeldepflicht sowie das Vollzugsverbot an materielle Kriterien knüpfte, ein geringerer Eingriff in die Souveränität von Drittstaaten. Denn mittels solcher materieller Kriterien würden treffsicherer lediglich diejenigen Zusammenschlüsse erfasst, die sich tatsächlich wettbewerbsbehindernd auswirken bzw. eine reale Gefahr solcher Auswirkungen begründen. Eine solche Regelung wäre insoweit ein milderes Mittel. Indessen wäre sie aus den genannten Gründen der Rechtssicherheit und Praktikabilität und Manipulierbarkeit auf der „Aufgreifebene“ nicht ebenso geeignet[570].

---

sierenden Wirtschaft müssen sich Unternehmen auch mit nicht heimischen Rechtsordnungen auseinandersetzen. Dies gilt insbesondere für Unternehmen, welche die Umsatzschwellen nach Art. 1 überschreiten und daher über eine erhebliche Größe verfügen. Solche Großunternehmen haben in der Regel eine Rechtsabteilung und können auch auf spezialisierte anwaltliche Beratung zurückgreifen. Zudem wird durch das Erfordernis des gemeinschaftlichen Umsatzes sichergestellt, dass zumindest zwei der beteiligten Unternehmen durch Verkäufe – wenn auch über Importeure - eine beachtliche Geschäftstätigkeit im Gemeinsamen Markt aufweisen, so dass eine Beziehung zur Gemeinschaft und ihren Rechtsvorschriften besteht.

[569] 1. Teil, 2. Abschnitt, D, III, 2.

[570] 5. Teil, 3. Abschnitt, B, III, 2, b, c, (3).

II. Notwendigkeit einer Sanktionsmöglichkeit

Die eben genannten Gründe gegen materielle Anknüpfungspunkte bestehen bei der Verhängung einer Geldbuße möglicherweise nicht. Anders als bei Anmeldepflicht und Vollzugsverbot trifft die Kommission die Entscheidung über die Festsetzung einer Geldbuße. Sie, nicht die Unternehmen, muss beurteilen, ob und in welcher Höhe ein Bußgeld verhängt wird. Nach dem oben Gesagten ist sie dabei vielfach in der Lage, den Zusammenschluss materiell einzuschätzen und dies bei ihrer Entscheidung über die Geldbuße zu berücksichtigen. Im Beispielfall „*Samsung/AST*" hatte sich im Zeitpunkt der Festsetzung der Geldbuße bereits herausgestellt, dass es sich um einen wettbewerbsrechtlich unbedenklichen Zusammenschluss handelte. Jedenfalls in Fällen wie diesem, in denen die Kommission schon weiß, dass sich der Verstoß gegen Anmeldepflicht bzw. Vollzugsverbot nicht wettbewerbsschädigend auf den Gemeinsamen Markt auswirkt, erscheint die Verhängung der Geldbuße – auf den ersten Blick – als unzulässiger Selbstzweck.

Als „milderes Mittel" käme somit in diesen Fällen in Betracht, bei Zusammenschlüssen in Drittstaaten lediglich dann eine Geldbuße aufzuerlegen, wenn materielle wettbewerbsbehindernde Auswirkungen vorlägen oder eine reale Gefahr solcher Auswirkungen bestünde. Dies könnte dafür sprechen, dass eine völkerrechtlich sinnvolle Anknüpfung der extraterritorialen Festsetzung einer Geldbuße nicht nur eine formelle, sondern auch eine materielle Rechtswidrigkeit voraussetzt. Mit anderen Worten fehlte in diesen Fällen eine sinnvolle Anknüpfung möglicherweise dann, wenn zwar ein Verstoß gegen Anmeldepflicht bzw. Vollzugsverbot vorläge, dieser Verstoß aber folgenlos bliebe, nämlich keine wettbewerbsbeschränkenden Auswirkungen hätte bzw. zu keiner realen Wettbewerbsgefährdung in der Gemeinschaft führte.

Jedoch liefe es möglicherweise dem Regelungszweck der Geldbuße nach Art. 14 Abs. 1 lit. a, b bzw. Abs. 2 lit. b zuwider, wenn ihre – extraterritoriale – Verhängung vom Vorliegen zusätzlicher materieller Kriterien abhängig wäre. Funktion der Geldbuße ist es, die konkrete Verletzung der Wettbewerbsregeln zu ahnden und abschreckend zu wirken[571]. Die Sanktionen gemäß Art. 14 greifen lediglich bei Verletzung bestimmter, in der FKVO aufgestellter Pflichten und haben insoweit keinen eigenständigen Charakter[572]. Die hier in Frage stehenden Sanktionen nach Art. 14 verweisen auf die Anmeldepflicht und das Vollzugsverbot. Regelungszweck von Art. 14 Abs. 1 lit. a und lit. b sowie Art. 14 Abs. 2 lit. b ist

---

[571] Dieckmann in: Wiedemann, Hdb. Kartellrecht, § 46, Rn. 1.

[572] Vgl. Immenga in: Immenga/Mestmäcker, EG-Wettbewerbsrecht, Bd. I, Abschnitt VII, FKVO, Teil D, Art. 14, Rn. 1.

daher, die Einhaltung der Anmeldepflicht und des Vollzugsverbotes und damit letztlich das System der präventiven Fusionskontrolle zu sichern[573].

Es besteht auch für einen Zusammenschluss in Drittstaaten dann eine Anmeldepflicht sowie ein Vollzugsverbot, sobald die formalen Umsatzschwellen nach Art. 1 erfüllt sind. Eine Pflicht, die nicht sanktioniert werden kann, ist gleichsam „unvollkommen". Wenn also die Auferlegung einer Geldbuße bei Zusammenschlüssen in Drittstaaten vom Vorliegen zusätzlicher materieller Kriterien abhängig wäre, gäbe es mangels Sanktionsdrucks weniger Anreiz für die beteiligten Drittstaatenunternehmen, ihren Zusammenschluss bei bloßer Überschreitung der Umsatzschwellen anzumelden und das Vollzugsverbot einzuhalten. Viele Drittstaatenunternehmen kämen den Pflichten aus Art. 4 Abs. 1 und Art. 7 Abs. 1 nur noch nach, falls das Zusammenschlussvorhaben von gemeinschaftsweiter Bedeutung ihrer Ansicht nach auch materielle wettbewerbsbeschränkende Auswirkungen auf den Gemeinsamen Markt hätte. Dies würde letztlich wieder auf eine Selbsteinschätzung materieller, auslegungsbedürftiger Kriterien durch die Unternehmen hinauslaufen. Hierzu wären die Unternehmen zum einen nicht in der Lage, zum anderen bestünde die Gefahr, dass sie keine unparteiische wettbewerbsrechtliche Bewertung vornähmen[574]. Könnten die Geldbußen nur bei materiell bedenklichen Zusammenschlüssen verhängt werden, würde dies somit den Regelungszweck dieser Sanktionen vereiteln, eine effektive präventive Fusionskontrolle sicherzustellen.

Wenn hinsichtlich der Anmeldepflicht und des Vollzugsverbotes von Zusammenschlussvorhaben in Drittstaaten die Erfüllung der Umsatzschwellen als sinnvolle Anknüpfung ausreichend ist, so muss dies auch hinsichtlich der zugehörigen Sanktionen gelten. Anmeldepflicht bzw. Vollzugsverbot auf der einen Seite und die Sanktionen auf der anderen Seite müssen insoweit akzessorisch sein[575].

III. Angemessenheit einer Sanktionsmöglichkeit

Möglicherweise ist die Verhängung einer Geldbuße nicht angemessen, wenn nur ein formeller Verstoß, nämlich ein Verstoß gegen Anmeldepflicht bzw. Vollzugsverbot vorliegt, der Zusammenschluss aber nicht materiell wettbewerbswidrig ist. Je intensiver die Regelung in souveräne Rechte von Drittstaaten eingreift,

---

[573] Im Fall „Samsung/AST" betont die Kommission die Notwendigkeit der Verhängung einer Geldbuße zur Wahrung des Grundsatzes der präventiven Fusionskontrolle, ABl. EG Nr. L 225 vom 26.08.1999, S. 16 f. Tz. 21 f.; vgl. auch Löffler in: Langen/Bunte, Kartellrecht, Band I, Verordnung Nr. 4064/89 (Fusionskontrolle), Art. 14.

[574] Vgl. 5. Teil, 3. Abschnitt, B, III, 2, b, c, (3).

[575] Zur Akzessorietät von Bußgeldvorschriften zu den kartellverwaltungsrechtlichen Bestimmungen siehe Haymann, Extraterritoriale Wirkungen, S. 249 f.

desto höhere Anforderungen müssen an die Qualität einer völkerrechtlichen Anknüpfung gestellt werden[576].

Für Anmeldepflicht und Vollzugsverbot (im Vorverfahren), die als vergleichsweise geringe Eingriffe in die Souveränität von Drittstaaten einzustufen sind, sind die Anforderungen an eine völkerrechtliche Anknüpfung nicht allzu hoch. Hier reichen formale Umsatzkriterien, bei denen die Wahrscheinlichkeit, dass der Zusammenschluss eine reale Gefahr für den Wettbewerb in der Gemeinschaft darstellt, nicht hoch ist[577]. Für die extraterritoriale Verhängung einer Geldbuße müssen dagegen möglicherweise höhere Anforderungen an eine Anknüpfung gestellt werden, mit der Folge, dass die Überschreitung der Umsatzschwellen nicht ausreichte. Dies wäre der Fall, wenn die Verhängung der Geldbuße einen schwereren Eingriff als die Anmeldepflicht bzw. das Vollzugsverbot selbst darstellte.

Der Eingriff in die wirtschaftliche Souveränität von Drittstaaten durch die extraterritorialen Regelungen besteht darin, dass die FKVO dadurch auch in diesen Staaten ein bestimmtes Verhalten der Unternehmen vorschreibt, welches dort entweder bewusst gar nicht oder abweichend geregelt wurde. Anmeldepflicht und Vollzugsverbot reglementieren unmittelbar die Vorgehensweise bei einer Transaktion selbst. Dies ist anders bei der Verhängung einer Geldbuße, die selbst kein besonderes Verhalten hinsichtlich der Transaktion vorschreibt. Vielmehr stellt sie lediglich die Einhaltung bestimmter bestehender Verhaltenspflichten – hier der Anmeldepflicht und des Vollzugsverbotes – sicher, indem die Nichteinhaltung dieser Pflichten geahndet werden kann und so eine abschreckende Wirkung besteht.

Isoliert gesehen besteht das durch die verhängte Geldbuße angeordnete Verhalten lediglich in der Zahlung eines Geldbetrages. Im Gegensatz zu Anmeldepflicht und Vollzugsverbot betrifft eine Geldbuße damit direkt das Vermögen von Drittstaaten-Unternehmen in Drittstaaten. Der Eingriff in die wirtschaftliche Souveränität von Drittstaaten besteht bei der Verhängung einer Geldbuße also darin, dass die dortigen Unternehmen durch die Zahlungspflicht in ihrer finanziellen Handlungsfreiheit beeinträchtigt, schlimmstenfalls in ihrem Bestand gefährdet werden[578]. Dabei lässt sich nicht ohne weiteres sagen, ob die Auferlegung der Geldbuße einen schwereren Eingriff darstellt als Anmeldepflicht oder

---

[576] 1. Teil, 2. Abschnitt, D, III, 2, c, (2), (3).

[577] 5. Teil.

[578] Hierbei ist in Rechnung zu stellen, dass es sich bei den von der FKVO erfassten Zusammenschlüssen aufgrund der Höhe der Umsatzschwellen um Großfusionen handelt. Betroffen sind also möglicherweise für den Drittstaat bedeutsame Wirtschaftssubjekte, die volkswirtschaftlich – unter anderem durch die Zahl der Arbeitsplätze – ins Gewicht fallen können.

Vollzugsverbot, die ebenso mit finanziellen Einbußen der Unternehmen oder sogar gänzlicher Vereitelung des Vorhabens verbunden sein können[579].

Die Schwere des Eingriffs hängt letztlich von der Höhe der Geldbuße ab. Je höher die Geldbuße, desto höhere Anforderungen müssen tendenziell an eine sinnvolle Anknüpfung gestellt werden. Jedenfalls darf die Höhe der Geldbuße nicht außer Verhältnis zur Stärke der Anknüpfung stehen. So dürfen Unternehmen, die gegen Anmeldepflicht bzw. Vollzugsverbot verstoßen haben, deren Zusammenschluss sich aber nicht wettbewerbsbehindernd im Gemeinsamen Markt auswirkt, nicht mit der „Höchststrafe" belegt werden. Vielmehr muss die Kommission ihr Auswahlermessen dahingehend ausüben, dass sich die Geldbuße eher am unteren Ende des Bußgeldrahmens orientiert. Eine zu hohe Geldbuße bei lediglich formeller Rechtswidrigkeit wäre unangemessen, so dass dafür keine völkerrechtlich sinnvolle Anknüpfung vorläge.

Im Drittstaaten-Fall *„Samsung/AST"* hat die Kommission die Tatsache, dass der Zusammenschluss materiell wettbewerbsrechtlich unbedenklich war und allenfalls unbedeutende Auswirkungen im Gemeinsamen Markt hatte, richtigerweise bußgeldmindernd berücksichtigt[580]. Unter Berücksichtigung der Größe der beteiligten Unternehmen hat sie die Geldbuße auf einem vergleichsweise niedrigen Niveau, nämlich insgesamt 33000 ECU, festgesetzt[581].

F. Ergebnis

Es verstößt nicht gegen den völkerrechtlichen Grundsatz einer sinnvollen Anknüpfung, im Falle eines Drittstaatenzusammenschlusses eine Geldbuße wegen Verstoßes gegen Anmeldepflicht bzw. Vollzugsverbot zu verhängen, auch wenn keine reale Gefahr wettbewerbswidriger Auswirkungen im Gemeinsamen Markt gegeben ist. Anmeldepflicht und Vollzugsverbot im Vorverfahren bestehen auch für Zusammenschlüsse in Drittstaaten, wenn die Voraussetzungen des Art. 1 erfüllt sind. Durch die Überschreitung der Umsatzschwellen wird eine ausreichende völkerrechtliche Anknüpfung hergestellt. Die Gemeinschaft hat ein berechtigtes Interesse daran, die Nichteinhaltung dieser Pflichten auch gegenüber Drittstaatenunternehmen mit Sanktionen belegen zu können. Denn letztlich wird eine effektive präventive Fusionskontrolle durch die Möglichkeit der Ahndung mit einer Geldbuße und die damit einhergehende abschreckende Wirkung sichergestellt. Insofern dürfen aber die Anforderungen an eine sinnvolle Anknüpfung für die Anmeldepflicht und das Vollzugsverbot als Ausgangspflichten auf

---

579 Die Kosten der Transaktion können sich durch die Anmeldepflicht, und zwar durch die damit verbundene zusätzliche Inanspruchnahme von Personal und kostspieliger Rechtsberatung, sowie die mit dem Vollzugsverbot verbundene Wartezeit erhöhen.

580 ABl. EG Nr. L 225 vom 26.08.1999, S. 17, Tz. 28.

581 ABl. EG Nr. L 225 vom 26.08.1999, S. 18, Tz. 30.

der einen Seite und für die zugehörigen Sanktionen auf der anderen Seite nicht auseinanderfallen. Wenn also nach dem Auswirkungsprinzip bestimmte Verhaltenspflichten extraterritorial anwendbar sind, dann müssen auch die entsprechenden Sanktionen bei Verstoß gegen diese Pflichten extraterritorial verhängt werden können. Eine völkerrechtliche Pflicht zur gesonderten Prüfung der Gemeinschaftsauswirkung im Hinblick auf das „ob“ einer Geldbuße ist daher abzulehnen[582]. Das Vorliegen bzw. die Erwartung solcher Auswirkungen kann lediglich bei der Höhe der Geldbuße eine Rolle spielen.

[582] Vgl. Rehbinder in: Immenga/Mestmäcker, EG-Wettbewerbsrecht, Abschnitt I, Einleitung, E, Geltungs- und Anwendungsbereich, Rn. 113.

7. Teil: Reformvorschläge zur Anwendbarkeit der FKVO

Seit der Revision der FKVO von 1997[583] sind neuerliche Reformbestrebungen im Gange. Diese zielen insbesondere auf die Erweiterung der gemeinschaftlichen Zuständigkeit. Daher berühren sie auch die extraterritoriale Anwendbarkeit der FKVO.

1. Abschnitt: Grünbuch 2001

A. Im Grünbuch geplante Änderungen

Das von der Kommission vorgelegte Grünbuch 2001[584] behandelt neben Fragen der materiellen Zusammenschlusskontrolle[585] und Verfahrensfragen[586] vor allem auch Fragen der Zuständigkeit[587]. Gegenstand der Zuständigkeitsfragen war wiederum die Abgrenzung der Kompetenz der Gemeinschaft von der der Mitgliedstaaten[588].

I. Unzureichende Vermeidung von Mehrfachanmeldungen durch Art. 1 Abs. 3

Ein Hauptziel der Revision der FKVO von 1997 hatte darin bestanden, die Zahl der Zusammenschlussvorhaben, welche die Schwellenwerte der FKVO nicht erreichen, jedoch in mehreren Mitgliedstaaten angemeldet werden müssen, zu reduzieren[589]. Diese Mehrfachanmeldungen waren nach Auffassung der Kommission in vielen Fällen ein Zeichen dafür, dass von dem geplanten Zusammenschluss grenzüberschreitende Wirkungen ausgehen würden[590]. Daher sollten solche Zusammenschlüsse grundsätzlich[591] in die Zuständigkeit der Gemeinschaft fallen und damit nach Art. 21 Abs. 2 der Kontrolle durch die Mitgliedstaaten entzogen werden. Mit den 1998 in Kraft getretenen Schwellenwerten

---

583 Siehe 1. Teil, 1. Abschnitt, C, III, 3.

584 KOM (2001) 745/6 endgültig, abrufbar unter: http://europa.eu.int/comm/off/green/index_de.htm.

585 KOM (2001) 745/6 endgültig, S. 41 ff., Tz. 159 ff..

586 KOM (2001) 745/6 endgültig, S. 45 ff., Tz. 180 ff..

587 KOM (2001) 745/6 endgültig, S. 9 ff., Tz. 15 ff..

588 Siehe schon 1. Teil, 1. Abschnitt, C, IV.

589 Hierzu 1. Teil, 1. Abschnitt, C, III, 3.

590 KOM (2001) 745/6 endgültig, S. 11, Tz. 24 f..

591 Dieser Grundsatz kann nach Art. 9 durchbrochen werden, der trotz gemeinschaftsweiter Bedeutung eines Falles im Sinne des Art. 1 unter bestimmten Voraussetzungen eine Verweisungsmöglichkeit an die zuständige Behörde des Mitgliedstaates vorsieht.

nach Art. 1 Abs. 3[592] ist der Versuch unternommen worden, solche Zusammenschlüsse herauszufiltern und in die gemeinschaftliche Zuständigkeit zu überführen, die in mehreren Mitgliedstaaten von erheblicher Bedeutung sind und daher ansonsten möglicherweise dort angemeldet werden müssten. Hierzu wurden in Art. 1 Abs. 3 die Schwellenwerte für den weltweiten und gemeinschaftsweiten Umsatz gesenkt. Die Unternehmen müssen aber zusätzlich in mehreren Mitgliedstaaten einen bestimmten Umsatz überschreiten[593].

Tatsächlich ließen sich Mehrfachanmeldungen durch die neue Vorschrift nicht in nennenswertem Maße verringern So fielen im Jahre 2000 von 345 Anmeldungen insgesamt lediglich 20 Anmeldungen unter Art 1 Abs. 3. Dagegen betrug die Zahl der Mehrfachanmeldungen, d.h. die Zahl der in drei oder mehr Mitgliedstaaten angemeldeten Zusammenschlüsse in diesem Jahr 75. Tendenziell nähmen die Mehrfachanmeldungen, so die Kommission, sogar noch zu[594]. Die Kommission hat daher analysiert, ob sich diese Situation durch Änderung einzelner in Art. 1 Abs. 3 enthaltener Kriterien – etwa durch Herabsetzung eines der Schwellenwerte in Art. 1 Abs. 3 lit. a bis lit. d – verändern ließe[595]. Im Ergebnis lässt sich aber feststellen, dass es keine „idealen“ Schwellenwerte gibt, mit denen Mehrfachanmeldungen vermieden werden können[596].

Die mangelnde „Zielgenauigkeit“ des Art. 1 Abs. 3 im Hinblick auf die Verhinderung von Mehrfachanmeldungen liegt möglicherweise auch darin begründet, dass diese Regelung in Art. 1 Abs. 3 lit. b und lit. c einheitliche Schwellenwerte für alle Mitgliedstaaten aufstellt, die in einzelnen Mitgliedstaaten zu erzielenden Umsätze jedoch schon wegen der unterschiedlichen Größe dieser Staaten nicht vergleichbar sind[597].

II. Lösungsansatz zur Verringerung der Mehrfachanmeldungen

Zur Lösung des Problems der Mehrfachanmeldungen schlägt die Kommission daher vor, Art. 1 Abs. 3 dahingehend zu revidieren, dass diese Vorschrift nicht mehr auf das Überschreiten bestimmter, in der FKVO festgelegter Umsatzschwellen abstellen solle. Vielmehr solle es direkt auf die Überschreitung mitgliedstaatlicher Schwellen und die daraus resultierende Anmeldepflicht in diesen Staaten ankommen: Zusammenschlüsse, die in drei oder mehr Mitgliedstaaten anmeldepflichtig seien, sollten automatisch an die Gemeinschaft „verwiesen“

---

[592] ABl. EG Nr. L 180 vom 09.07. 1997, S. 1, 2.
[593] 1. Teil, 1. Abschnitt, C, I, 3.
[594] KOM (2001) 745/6 endgültig, S. 11 f., Tz. 24 ff..
[595] KOM (2001) 745/6 endgültig, S. 14 ff., Tz. 36 ff..
[596] KOM (2001) 745/6 endgültig, S. 13 ff., Tz. 33 ff..
[597] Lampert, Kompetenzabgrenzung, WuW 2002, 449, 452 f.

werden[598]. Solche Zusammenschlüsse hätten „gemeinschaftsweite Bedeutung" mit der Folge, dass die FKVO – gemäß Art. 21 Abs. 2 ausschließlich – anwendbar wäre und damit die Anmeldepflicht gemäß Art. 4 Abs. 1 und das vorläufige Vollzugsverbot gemäß Art. 7 Abs. 1 bestünden.

Dabei solle es Sache der Unternehmen sein, im Rahmen der Anmeldung bei der Kommission nachzuweisen, dass ihr Zusammenschlussvorhaben in drei Mitgliedstaaten die dortigen Schwellenwerte für die Anmeldung erfülle. Die mitgliedstaatlichen Behörden hätten der Kommission innerhalb einer bestimmten Frist die Anmeldepflichtigkeit des Zusammenschlusses in ihrem Staat lediglich bestätigen müssen[599].

Mit diesem Vorschlag greift die Kommission – in Grundzügen[600] – auf einen schon im Grünbuch von 1996 enthaltenen Lösungsansatz im Hinblick auf das Problem der Mehrfachanmeldungen zurück, der allerdings damals im Ergebnis abgelehnt wurde[601]. Kernpunkt der Kritik war, dass die Unternehmen insbesondere wegen der unterschiedlichen nationalen Aufgreifkriterien mit einem hohen Prüfungsaufwand belastet seien und so hinsichtlich der Anwendbarkeit der FKVO erhebliche Rechtsunsicherheit entstehen könne[602]. Im Grünbuch 2001 vertritt die Kommission die Auffassung, dass die zu dem damaligen Zeitpunkt vorgetragenen Argumente nunmehr entschärft seien, weil sich das Recht stark aneinander angeglichen habe. Insbesondere sei die Zahl der Mitgliedstaaten, in denen andere Aufgreifkriterien als Umsatzschwellen, beispielsweise Marktanteilsschwellen gelten, zurückgegangen[603].

Es ist zweifelhaft, ob die Auffassung der Kommission, nach der eine „automatische Verweisung" bei Mehrfachanmeldungen heute praktikabel wäre, zutreffend ist. Tatsächlich hat die Harmonisierung des Rechts der Mitgliedstaaten hierfür

---

598 KOM (2001) 745/6 endgültig, S. 17 f., Tz. 54 ff.

599 KOM (2001) 745/6 endgültig, S. 18, Tz. 58 ff.

600 Im Grünbuch 1996 hatte die Kommission noch vorgeschlagen, die Anwendbarkeit der FKVO neben der Anmeldepflichtigkeit des Zusammenschlussvorhabens in mehr als einem Mitgliedstaat von der Voraussetzung abhängig zu machen, dass bestimmte Umsatzschwellen, die aber unter denen des Art. 1 Abs. 2 lagen, erfüllt sein müssten, vgl. KOM (96) 19 endg., Tz. 77 ff.. Dagegen vertritt die Kommission im Grünbuch 2001 die Auffassung, dass die Anmeldepflichtigkeit in mehreren, und zwar mindestens drei Mitgliedstaaten allein ausreiche, um die grenzüberschreitende Wirkung des Zusammenschlussvorhabens zu belegen, so dass die Anwendbarkeit der FKVO in diesem Falle nicht von der Überschreitung bestimmter Umsatzschwellen abhängig gemacht werden soll, vgl. KOM (2001) 745/6 endgültig, S. 17 f., Tz. 57.

601 1. Teil, 1. Abschnitt, C, III, 3.

602 Vgl. KOM (2001) 745/6 endgültig, S. 17 f., Tz. 56 f., S. 18, Tz. 61.

603 Vgl. KOM (2001) 745/6 endgültig, s. 17 f., Tz. 56 f., S. 18, Tz. 61.

noch keinen hinreichenden Stand erreicht. Zwar verwenden mehr Mitgliedstaaten als früher Umsätze als Aufgreifkriterien, jedoch gibt es im Hinblick auf die Verfahrensregeln der einzelnen Mitgliedstaaten bedeutsame Unterschiede, die bei einer „automatischen Verweisung“ zu Schwierigkeiten führen können. So weicht etwa das die Anmeldepflicht begründende Ereignis, insbesondere der frühestmögliche Zeitpunkt für die Anmeldung eines Zusammenschlussvorhabens in den Mitgliedstaaten, stark voneinander ab. Dies kann dazu führen, dass die Prüfung in einem Staat schon abgeschlossen ist, in einem anderen Staat jedoch noch gar nicht begonnen hat[604].

Im Übrigen ist anzumerken, dass die ausschließliche Anmeldung des geplanten Zusammenschlusses auf Gemeinschaftsebene, d.h. die Verwirklichung des „One Stop Shop-Prinzips“, aufgrund einer „automatischen Verweisung“ zwar zu einem effizienteren Einsatz von Ressourcen auf der Seite der Kartellbehörden und – auf den ersten Blick – auch auf der Seite der Unternehmen beitragen mag[605]. Indessen ist sie bei genauerer Betrachtung für die Unternehmen nicht notwendig vorteilhafter als eine Anmeldung in mehreren Mitgliedstaaten. Denn der für eine Anmeldung bei der Kommission zu betreibende Aufwand ist erheblich höher als der diesbezügliche Aufwand in vielen Mitgliedstaaten[606].

B. Relevanz für die extraterritoriale Anwendbarkeit der FKVO

I. „Vermittelte“ Anknüpfung über mitgliedstaatliche Anmeldepflicht

Die Problematik der extraterritorialen Anwendbarkeit der FKVO kommt im Zuge der im Grünbuch vorgeschlagenen Revision des Art. 1 Abs. 3 nicht zur Sprache, liegt doch die Hauptzielrichtung des Art. 1 in der Abgrenzung der Kompetenzen von Gemeinschaft auf der einen Seite und Mitgliedstaaten auf der anderen Seite. Die geplante Neuregelung des Art. 1 Abs. 3 soll dazu dienen, gezielt die Zusammenschlüsse zu erfassen, die in mehreren Mitgliedstaaten von Bedeutung sind und dort angemeldet werden müssten, um sie stattdessen der gemeinschaftlichen Fusionskontrolle zu unterstellen. Die Kommission will daher mit dieser Regelung in der Fusionskontrolle weitere Kompetenzen an sich ziehen. Insofern hat die Vorschrift eher das Innenverhältnis zwischen Gemeinschaft und Mitgliedstaaten als das Außenverhältnis zwischen Gemeinschaft und Drittstaaten im Blick.

---

[604] Lampert, Kompetenzabgrenzung, WuW 2002, 449, 453.
[605] So Drauz, Reform der Fusionskontrollverordnung, WuW 2002, 444, 445.
[606] Lampert, Kompetenzabgrenzung, WuW 2002, 449, 454.

Dabei differenziert die von der Kommission vorgeschlagene Regelung nicht zwischen Zusammenschlüssen in der Gemeinschaft und solchen in Drittstaaten. Die Regelung hätte damit auch extraterritoriale Bezüge.

Es stellt sich somit die Frage, ob die von der Kommission vorgeschlagene Revision hinsichtlich der extraterritorialen Anwendbarkeit der FKVO mit dem völkerrechtlichen Prinzip der sinnvollen Anknüpfung vereinbar wäre. Unmittelbar hinge die Anwendbarkeit der FKVO danach nicht mehr von tatsächlichen Gegebenheiten – etwa von erzielten Umsätzen – ab, sondern vom Bestehen von Rechtspflichten, nämlich der Anmeldepflicht in mehreren Mitgliedstaaten. Das Bestehen dieser Rechtspflichten selbst kann noch keine sinnvolle Anknüpfung für die extraterritoriale Anwendbarkeit der FKVO nach dem Auswirkungs- oder Territorialitätsprinzip vermitteln. Allerdings setzt eine solche Anmeldepflicht in einem Mitgliedstaat ihrerseits wiederum das Vorliegen bestimmter Tatsachen, etwa eine bestimmte Größe oder territoriale Angebundenheit des Zusammenschlusses voraus. Damit könnte bei Drittstaatenzusammenschlüssen über das Auswirkungs- oder Territorialitätsprinzip eine sinnvolle Anknüpfung zu dem betreffenden Mitgliedstaat hergestellt sein.

Das Gebiet der Mitgliedstaaten ist Teil der Gemeinschaft[607]. Insofern liegt eine völkerrechtlich sinnvolle Anknüpfung für die extraterritoriale Anwendbarkeit des Gemeinschaftsrechts und damit auch der FKVO vor, wenn eine solche Anknüpfung zu wenigstens einem Mitgliedstaat besteht. Soll also die Anmeldepflicht eines Drittstaatenzusammenschlusses in mindestens drei Mitgliedstaaten automatisch den Anwendungsbereich der FKVO eröffnen, so muss zumindest zu einem dieser Mitgliedstaaten eine sinnvolle Anknüpfung bestehen. Umgekehrt bedeutet dies, dass es unter den Mitgliedstaaten höchstens zwei geben dürfte, in denen eine Anmeldepflicht für Zusammenschlüsse in Drittstaaten auch ohne sinnvolle Anknüpfung ausgelöst wird. Würden dagegen drei Mitgliedstaaten die völkerrechtlichen Anknüpfungsprinzipien missachten, wäre bei einer Anmeldepflichtigkeit eines Drittstaatenzusammenschlusses gerade in diesen Staaten „automatisch" der Anwendungsbereich der FKVO eröffnet, ohne dass ein „genuine link" vorläge.

Es lässt sich festhalten, dass durch die geplante Revision mittelbar, und zwar vermittelt durch die Anmeldevoraussetzungen in den Mitgliedstaaten, eine völkerrechtlich sinnvolle Anknüpfung für die Anwendbarkeit der FKVO auf Drittstaatenzusammenschlüsse hergestellt werden könnte.

---

[607] Die Mitgliedstaaten stellen gemäß Art. 299 EGV jeweils einen Teil des Geltungsbereiches des EGV und folglich auch des sekundären Gemeinschaftsrechts dar.

II. Beobachtungs- und Überprüfungspflichten der Kommission

1. Überprüfung derzeitiger mitgliedstaatlicher Aufgreifkriterien

Nach dem oben Gesagten hätte die Gemeinschaft vor Erlass der geplanten Regelung die Pflicht zu überprüfen, ob die Anmeldevoraussetzungen in den Mitgliedstaaten sicherstellen, dass eine völkerrechtlich sinnvolle Anknüpfung im Falle einer extraterritorialen Anwendbarkeit vorliegt. Freilich sind die Anforderungen hierfür im Bereich der Aufgreifkriterien nicht allzu hoch[608]. Das Einmischungsverbot setzt nur dann eine Grenze, wenn ein Staat seine extraterritoriale Jurisdiktion unverhältnismäßig ausdehnt. Dies wäre etwa dann der Fall, wenn mitgliedstaatliche Aufgreifschwellen so niedrig wären, dass hierdurch Zusammenschlüsse erfasst würden, die noch nicht einmal den Verdacht erheblicher wettbewerbsbehindernder Auswirkungen im Gebiet eines Mitgliedstaates als Teil der Gemeinschaft begründen würden.

Tatsächlich haben die nationalen Fusionskontrollvorschriften das Ziel, einen effektiven Wettbewerbsschutz nicht nur auf landesweiter, sondern auch auf regionaler und lokaler Ebene zu sichern. Laut Stellungnahme des Bundeskartellamtes zum Grünbuch „stellen die Mitgliedstaaten in der Regel keine allzu hohen Anforderungen an das Eingreifen ihrer nationalen Fusionskontrollvorschriften. Ansonsten könnten sie insbesondere lokale und regionale Auswirkungen nicht hinreichend beobachten“[609]. Auch die Kommission erwähnt in der Begründung zu ihrem nachfolgenden Verordnungsentwurf vom Dezember 2002, dass „die Anmeldevorschriften bestimmter Mitgliedstaaten und Beitrittskandidaten möglicherweise sehr niedrige Anmeldeschwellen vorsehen oder in ihnen ein hinreichender Anknüpfungspunkt zum nationalen Rechtssystem sogar gänzlich fehlen kann.“[610] Zu niedrige Schwellenwerte in den Mitgliedstaaten könnten also im Falle der extraterritorialen Anwendbarkeit der FKVO ein Problem darstellen, weil sie nicht gewährleisten, dass eine völkerrechtlich sinnvolle Anknüpfung besteht.

---

[608] Siehe hierzu 5. Teil.

[609] Stellungnahme des Bundeskartellamtes vom 21.03.2002 zum Grünbuch der Kommission zur Revision der Verordnung Nr. EG 4064/89 des Rates über die Kontrolle von Unternehmenszusammenschlüssen, siehe http://www.bundeskartellamt.de/Stellungnahme_FKVO_BKartA.pdf, Stand Februar 2003.

[610] Verordnungsentwurf mit Begründung vom 11.12.2002, KOM(2002) 711 endgültig, Tz. 14, siehe unter http://www.europa.eu.int/comm/competition/mergers/legislation/regulation/, Stand Januar 2003 oder ABl. EG Nr. C 20 v. 28.01.2003, S. 4 – 57. – siehe zu diesem Verordnungsentwurf auch 7. Teil, 2. Abschnitt.

2. Das Problem der dynamischen Verweisung

Die Frage, ob die geplante Regelung der „automatischen Verweisung" im Hinblick auf die extraterritoriale Anwendbarkeit der FKVO völkerrechtlich bedenklich ist, kann indessen nicht allein durch die Überprüfung des gegenwärtig geltenden Rechts der Mitgliedstaaten beantwortet werden. Selbst wenn das mitgliedstaatliche Recht der Fusionskontrolle derzeit Aufgreifkriterien enthält, mit denen eine völkerrechtlich sinnvolle Anknüpfung sichergestellt ist, ist dies lediglich eine Momentaufnahme und muss in der Zukunft nicht so bleiben. Denn das Recht der Mitgliedstaaten kann sich jederzeit ändern.

Da im Grünbuch nichts Gegenteiliges gesagt wird, ist davon auszugehen, dass für die Anmeldepflicht das Recht der Mitgliedstaaten in seiner jeweils geltenden Fassung zu Grunde gelegt werden soll. Es handelt es sich somit um eine dynamische Verweisung. Mit der vorgeschlagenen Regelung überträgt die Gemeinschaft die Rechtssetzungsbefugnis im Hinblick auf die Festlegung der Aufgreifkriterien, insbesondere der Schwellenwerte, auf andere Normgeber, nämlich die Mitgliedstaaten.

Auch die extraterritoriale Anwendbarkeit der FKVO hinge dann – zumindest nach der vorgeschlagenen Regelung – von Schwellenwerten ab, die nicht mehr die Gemeinschaft selbst, sondern die Mitgliedstaaten festgelegt haben und in Zukunft festlegen werden. Da die Gemeinschaft die Rechtssetzungsbefugnis über die Schwellenwerte aus der Hand gegeben hat, kann sie auch nicht mehr direkt beeinflussen, ob die von den Mitgliedstaaten in Zukunft gewählten Aufgreifkriterien im Hinblick auf die extraterritoriale Anwendbarkeit der FKVO völkerrechtsgemäß sein werden.

Dies ist schon bei den gegenwärtig 15 Mitgliedstaaten nicht unproblematisch. Die Situation verschärft sich noch unter dem Gesichtspunkt der Beitrittskandidaten, die ebenso über eine eigene Fusionskontrolle mit eigenen Aufgreifkriterien verfügen. Würden in drei Mitgliedstaaten die völkerrechtlichen Anknüpfungsprinzipien missachtet, so bestünde für einen Zusammenschluss in Drittstaaten, der gerade durch die Aufgreifkriterien dieser Mitgliedstaaten erfasst würde, auch keine sinnvolle Anknüpfung für die „automatisch" ausgelöste Anmeldepflicht nach Art. 4 Abs. 1 der FKVO (sowie für das ebenso folgende Vollzugsverbot nach Art. 7 Abs. 1). In einem solchen Fall müsste die Kommission die extraterritoriale Anwendbarkeit der FKVO aufgrund der „automatischen Verweisung" verneinen.

Die Gemeinschaft hätte insoweit die völkerrechtliche Pflicht, das sich im Wandel befindliche Recht der Mitgliedstaaten zur Anmeldepflicht (und dessen Anwendung) ständig zu beobachten.

III. Höhere Belastung durch Anmeldung auf Gemeinschaftsebene

Auf den ersten Blick erscheint eine Zuständigkeit der Gemeinschaft, die gemäß Art. 21 Abs. 2 von der Anmeldepflicht in – manchmal mehreren – Mitgliedstaaten entbindet, auch für Unternehmen in Drittstaaten vorteilhaft. Demgegenüber könnte eine Anmeldung des Zusammenschlussvorhabens bei den Behörden der Mitgliedstaaten, selbst wenn sie mehrfach erfolgen muss, für die Unternehmen dennoch weniger aufwendig und damit weniger belastend sein als bei der Kommission[611]. So verlangt das Formblatt CO[612] für die Anmeldung möglicherweise detailliertere Angaben als dies in vielen Mitgliedstaaten der Fall ist.

Die evt. höhere Belastung von Drittstaatenunternehmen durch die Zuständigkeit der Gemeinschaft statt durch die Zuständigkeit der Mitgliedstaaten ist aber völkerrechtlich nicht relevant. Völkerrechtlich wären lediglich unverhältnismäßige Eingriffe in souveräne Drittstaatenrechte von Bedeutung. Anmeldepflicht und Vollzugsverbot stellen keine solchen übermäßigen Eingriffe dar, zumal sowohl das Formblatt CO Erleichterungen für voraussichtlich unbedenkliche Vorhaben vorsieht als auch Befreiungen vom Vollzugsverbot möglich sind[613].

IV. Zusammenfassung

Über die Aufgreifkriterien der Mitgliedstaaten kann eine völkerrechtlich sinnvolle Anknüpfung – etwa nach dem Auswirkungs- oder Territorialitätsprinzip – mittelbar auch für die extraterritoriale Anwendbarkeit der FKVO hergestellt werden. Die Gemeinschaft hätte jedoch die Pflicht, vor Erlass der im Grünbuch geplanten Regelung zur „automatischen Verweisung" die mitgliedstaatlichen Kriterien auf ihre Völkerrechtsmäßigkeit hin zu überprüfen. Sie hätte aufgrund des Charakters der Regelung als einer dynamischen Verweisung auch nach ihrem Inkrafttreten eine ständige Beobachtungspflicht hinsichtlich mitgliedstaatlicher Rechtsänderungen zur Anmeldepflicht.

2. Abschnitt: Vorschlag der Kommission vom Dezember 2002

A. Vorbemerkungen

Nachdem die Kommission das Grünbuch zur Kommentierung durch interessierte Kreise freigeben hatte, hat sie im Dezember 2002 einen Vorschlag für eine Revision der FKVO vorgelegt. Die Änderungsvorschläge des Verordnungsent-

---

611 Lampert, Kompetenzabgrenzung, WuW 2002, S. 449, 453 f..

612 1. Teil, 1. Abschnitt, D, I, 2.

613 1. Teil, 1. Abschnitt, D, I, 2, b ; 1. Abschnitt, D, II 1, 5. Teil.

wurfes betreffen schwerpunktmäßig Zuständigkeitsfragen, aber auch Verfahrensfragen und Fragen der materiellen Fusionskontrolle[614].

Der 10. Erwägungsgrund des Verordnungsentwurfes stellt erstmals ausdrücklich klar, dass die gemeinschaftsweite Bedeutung eines Zusammenschlusses und damit die Anwendbarkeit der FKVO unabhängig davon ist, ob der Sitz der beteiligten Unternehmen in der Gemeinschaft liegt und stützt damit die entsprechende ständige Praxis der Kommission. Für die extraterritoriale Anwendbarkeit der FKVO sind insbesondere einige der vorgeschlagenen Änderungen zur Zuständigkeit sowie zum Verfahren von Interesse.

B. Zuständigkeitsfragen

I. Ausgangspunkt

Ein Kernziel der vorgeschlagenen Änderungen ist wiederum die Optimierung der Zuständigkeitsverteilung zwischen der Kommission und den mitgliedstaatlichen Wettbewerbsbehörden. So stehen die nach derzeitiger Rechtslage häufigen Mehrfachanmeldungen in Mitgliedstaaten dem Grundsatz der einzigen Anlaufstelle („One Stop Shop“) entgegen und sollen daher reduziert werden. Jedoch ist nicht geplant, zu diesem Zweck die Schwellenwerte in Art. 1 Abs. 2 und Abs. 3 herabzusetzen[615].

Auch lehnt der Reformvorschlag der Kommission die im Grünbuch 2001 geplante Lösung ab, nach der ein Zusammenschluss, der in mindestens drei Mitgliedstaaten anmeldepflichtig ist, automatisch gemeinschaftsweite Bedeutung haben solle. Denn mit einem solchen System sei unzumutbare Rechtsunsicherheit verbunden, weil die mitgliedstaatlichen Aufgreifkriterien auslegungsbedürftig sein könnten. Ob sie erfüllt seien, könnte daher von dem betreffenden Mitgliedstaat, den beteiligten Unternehmen sowie von der Kommission unterschiedlich beurteilt werden. Dies gelte insbesondere, wenn die Mitgliedstaaten Marktanteile als Aufgreifschwellen verwendeten[616]. In ihrem neuen Vorschlag strebt die Kommission an, die Verweisungsregeln auszuweiten und zu verfeinern. Dabei geht es um Verweisung von Zusammenschlussfällen in beide Richtungen,

---

614 Vorschlag für eine Verordnung des Rates über die Kontrolle von Unternehmenszusammenschlüssen, Verordnungsentwurf mit Begründung vom 11.12.2002, KOM(2002) 711 endgültig, siehe unter http://www.europa.eu.int/comm/competition/mergers/legislation/regulation/, Stand Januar 2003 oder ABl. EG Nr. C 20 v. 28.01.2003, S. 4 – 57.

615 KOM(2002) 711 endgültig, a.a.O., Tz. 8 ff.

616 KOM(2002) 711 endgültig, a.a.O., Tz. 13-15.

nämlich von den mitgliedstaatlichen Wettbewerbsbehörden an die Kommission und umgekehrt[617].

Die FKVO enthält bereits jetzt Verweisungsvorschriften. So regelt Art. 9 die Verweisung von bei der Kommission angemeldeten Zusammenschlüssen an die zuständigen Behörden der Mitgliedstaaten. Für die vorliegende Arbeit ist hingegen die umgekehrte Verweisungsrichtung von den Mitgliedstaaten an die Gemeinschaft von Interesse. Denn dadurch wird die Anwendbarkeit der FKVO – auch ihre extraterritoriale Anwendbarkeit – ausgedehnt: Art. 22 sieht die Verweisung von Zusammenschlüssen, die keine gemeinschaftsweite Bedeutung im Sinne von Art. 1 haben, von den mitgliedstaatlichen Behörden an die Kommission vor. Diese Vorschrift hatte ursprünglich hauptsächlich den Zweck, den Mitgliedstaaten ohne eigene Fusionskontrolle die Möglichkeit zu eröffnen, Zusammenschlüsse, die sich auf den Handel zwischen den Mitgliedstaaten auswirken, an die Kommission zu verweisen. Diese Zielsetzung hat sich heute weitgehend erledigt, weil bis auf Luxemburg alle Mitgliedstaaten über eine Fusionskontrolle verfügen[618].

Der Reformvorschlag der FKVO will die Verweisung auf Antrag der Mitgliedstaaten mit Änderungen beibehalten und zusätzlich eine Verweisung auf Antrag der beteiligten Unternehmen einführen.

II. Verweisung an die Kommission auf Antrag der Anmelder

1. Geplante Regelung

Hinsichtlich der Verweisung von Zusammenschlussfällen von den mitgliedstaatlichen Behörden an die Kommission (und umgekehrt) sieht der Reformvorschlag als Neuerung ein Initiativrecht für die Unternehmen vor. Um Zeitverzögerungen zu vermeiden, soll ein derartiger Antrag von den beteiligten Unternehmen schon im Vorfeld der eigentlichen Anmeldung bei den mitgliedstaatlichen Behörden (bzw. der Kommission) gestellt werden können[619]:

Nach Art. 4 Abs. 5 Uabs. 1 des Reformvorschlages können die Unternehmen vor der Anmeldung ihres Zusammenschlussvorhabens bei den zuständigen mitgliedstaatlichen Behörden einen Antrag an die Kommission mit dem Inhalt richten, dass letztere statt der mitgliedstaatlichen Behörden den Zusammenschluss prüfen sollte, obwohl dieser keine gemeinschaftsweite Bedeutung im Sinne von Art. 1 habe. Die Unternehmen müssen ihren Antrag damit begründen, dass mit erheblichen grenzüberschreitenden Auswirkungen ihres Zusammenschlusses zu

---

617 KOM(2002) 711 endgültig, a.a.O., Tz. 18 ff.
618 KOM(2002) 711 endgültig, a.a.O., Tz. 21.
619 KOM(2002) 711 endgültig, a.a.O., Tz. 22 ff.

rechnen sei. Die Kommission leitet diesen Antrag unverzüglich an alle Mitgliedstaaten weiter (Art. 4 Abs. 5 Uabs. 2).

Der oder die betreffenden Mitgliedstaaten beschließen innerhalb einer bestimmten Frist (10 Arbeitstage), ob sie die Kommission um die Prüfung des Zusammenschlusses ersuchen oder nicht. Trifft der Mitgliedstaat innerhalb dieser Frist keinen Beschluss, so gilt dies als Beschluss, die Kommission um die Prüfung des Falles zu ersuchen (Art. 4 Abs. 5, Uabs. 3). Nichtstun und Schweigen gelten insoweit als Zustimmung.

Nun gibt es zwei Möglichkeiten: Wenn mindestens drei betreffende Mitgliedstaaten die Kommission – ausdrücklich oder durch Schweigen – um Prüfung des Zusammenschlusses ersucht haben, erhält der Zusammenschluss gemeinschaftsweite Bedeutung. Die gemeinschaftsweite Bedeutung des Zusammenschlusses wird also fingiert. Er muss dann bei der Kommission gemäß Art. 4 Abs. 1 und 2 angemeldet werden (Art. 4 Abs. 5 Uabs. 4). In allen anderen Fällen[620] kann die Kommission innerhalb einer bestimmten Frist beschließen, einen Zusammenschluss, der ihrer Ansicht nach erhebliche grenzüberschreitende Auswirkungen haben wird, auf der Grundlage des obigen Antrags zu prüfen. Auch das Nichtstun der Kommission bei Verstreichenlassen der Frist gilt als Entschluss der Kommission, den Zusammenschluss zu prüfen (Art. 4 Abs. 5 Uabs. 5). Die Kommission kann dann eine Anmeldung verlangen (Art. 4 Abs. 5 Uabs. 6).

Rechtsfolge der ersten Möglichkeit – mindestens drei betreffende Mitgliedstaaten ersuchen die Kommission um Prüfung – ist die gemeinschaftsweite Bedeutung des Zusammenschlusses. Dies bedeutet, dass er wie ein Zusammenschluss behandelt wird, der die Schwellenwerte gemäß Art. 1 erreicht hat. Insbesondere ist er zwingend gemäß Art. 4 Abs. 1 und Abs. 2 anzumelden.

Rechtsfolge der zweiten Möglichkeit – weniger als drei betreffende Mitgliedstaaten ersuchen die Kommission um Prüfung – ist dagegen, dass der Kommission Ermessen eröffnet wird. Sie kann unter der Voraussetzung, dass der Zusammenschluss auch ihrer Ansicht nach grenzüberschreitende Auswirkungen hat, dessen Prüfung an sich ziehen. Allerdings muss sie den Zusammenschluss „auf der Grundlage des [...] Antrags“ der beteiligten Unternehmen prüfen. Dies deutet auf eine auf diesen Antrag beschränkte Prüfungskompetenz hin. Die Anmeldepflicht folgt hier im Gegensatz zu Uabs. 4 nicht automatisch. Vielmehr steht es gemäß Art. 4 Abs. 5 Uabs. 6 im Ermessen der Kommission, eine Anmeldung gemäß Art. 4 Abs. 1 und Abs. 2 zu verlangen.

---

[620] Wenn weniger als drei Mitgliedstaaten die Kommission ausdrücklich oder durch Schweigen um Prüfung ersucht haben. Dies bedeutet, dass die übrigen Mitgliedstaaten einem solchen Ersuchen ausdrücklich widersprochen haben müssen.

2. Relevanz für die extraterritoriale Anwendbarkeit der FKVO

Wie üblich differenziert die geplante Regelung nicht zwischen Unternehmen mit Sitz in der Gemeinschaft und solchen in Drittstaaten. Insofern kann der Antrag auf Verweisung des Falles auch von Drittstaatenunternehmen bezogen auf Zusammenschlüsse in Drittstaaten gestellt werden. Die Verweisungsregelung erweitert damit auch den extraterritorialen Anwendungsbereich der FKVO.

a) Ersuchen mindestens dreier betreffender Mitgliedstaaten

Im ersten Fall setzt die Anwendbarkeit der FKVO gemäß Art. 4 Abs. 5 Uabs. 1 i.V.m. Uabs. 4 zum einen voraus, dass die beteiligten Unternehmen einen Verweisungsantrag stellen, den sie mit grenzüberschreitenden Wirkungen des Zusammenschlusses begründen, zum anderen, dass drei betreffende Mitgliedstaaten die Kommission um Prüfung des Zusammenschlusses ersuchen.

Anders als im Grünbuch stellt der Reformvorschlag nicht ausdrücklich auf die Anmeldepflichtigkeit in den Mitgliedstaaten ab. Denn die damit verbundene Rechtsunsicherheit für die Unternehmen war ja gerade kritisiert worden, so dass der Grünbuchvorschlag abgelehnt wurde. Stattdessen kommt es in Art. 4 Abs. 5 Uabs. 4 auf ein Ersuchen der „betreffenden Mitgliedstaaten" an. Der Begriff der „betreffenden Mitgliedstaaten" ist vieldeutig und wird in der Vorschrift nicht erklärt. Es könnte sich dabei schlicht um die Mitgliedstaaten handeln, welche die beteiligten Unternehmen in ihrem Verweisungsantrag genannt haben, um die grenzüberschreitenden Auswirkungen des Zusammenschlusses darzulegen, ohne dass es auf die Anmeldepflicht in diesen Staaten ankäme. Insofern müsste die Kommission im Falle eines Drittstaatenzusammenschlusses nach dem Prinzip der sinnvollen Anknüpfung prüfen, ob die Darlegungen der Unternehmen zumindest den Verdacht erheblicher Auswirkungen im Gebiet der Gemeinschaft begründen. Läge kein solcher Verdacht vor, wäre keine sinnvolle Anknüpfung für eine Verweisung und damit für eine extraterritoriale Anwendbarkeit der FKVO gegeben. Die Regelung des Art. 4 Abs. 5 Uabs. 4 wäre insofern problematisch, als dass sie der Kommission kein Entschließungsermessen lässt, sondern der Zusammenschluss bei einem Beschluss dreier „betreffender Mitgliedstaaten" automatisch gemeinschaftsweite Bedeutung erhält und gemäß Art. 4 Abs. 1 und 2 auf Gemeinschaftsebene angemeldet werden muss.

Allerdings ist zu bedenken, dass sich ein Verweisungsantrag für fusionswillige Unternehmen nur dann „lohnt", wenn diese erwarten, dass ihr Zusammenschluss bedeutsame Auswirkungen in mehreren Mitgliedstaaten haben wird und eine Anmeldepflicht in mehreren Mitgliedstaaten zu befürchten wäre. Letztlich käme es dann doch wieder auf die Anmeldepflicht in den Mitgliedstaaten an. Ob die Verweisungsregelung des Art. 4 Abs. 5 Uabs. 4 im Hinblick auf die extraterritoriale Anwendbarkeit der FKVO eine völkerrechtlich sinnvolle Anknüpfung sicherstellt, hinge dann wiederum davon ab, dass die Aufgreifkriterien in den Mitgliedstaaten dem Auswirkungsprinzip entsprechen. Insoweit kann auf die Ausführungen zum Grünbuch 2001 verwiesen werden[621].

Ein Fehlen einer völkerrechtlichen Anknüpfung wird auch nicht dadurch „geheilt“, dass die beteiligten Drittstaatenunternehmen selbst den Verweisungsantrag stellen und damit einer Zuständigkeit der Gemeinschaft zustimmen. Beim Fehlen einer völkerrechtlich sinnvollen Anknüpfung werden souveräne Rechte von Drittstaaten verletzt, indem die Gemeinschaft unzulässigerweise Transaktionen in Drittstaaten reglementiert. Gegenstand ist also der Eingriff in Souveränitätsrechte von Drittstaaten, der bestehen bleibt, auch wenn die dortigen Unternehmen einem Eingriff in ihre unternehmerische Freiheit zustimmen. Die Drittstaatenunternehmen können nicht auf die Rechte ihrer Staaten „verzichten“.

Im übrigen unterwerfen sich die Drittstaatenunternehmen nicht freiwillig der gemeinschaftlichen Jurisdiktion. Wenn sie einen Verweisungsantrag stellen, wollen sie ja in der Regel Mehrfachanmeldungen in den Mitgliedstaaten vermeiden, zu denen sie ansonsten verpflichtet wären. Insofern wählen die Unternehmen mit dem Verweisungsantrag nur „das kleinere Übel“.

b) Kein Ersuchen mindestens dreier betreffender Mitgliedstaaten

Auch wenn nicht mindestens drei betreffende Mitgliedstaaten die Kommission um die Prüfung eines Zusammenschlusses ersuchen, kann es zur Anwendbarkeit der FKVO auch auf Drittstaatenzusammenschlüsse kommen. Voraussetzung ist gemäß Art. 4 Abs. 5 Uabs. 1 wiederum ein mit erheblichen grenzüberschreitenden Auswirkungen begründeter Verweisungsantrag der Unternehmen. Wenn auch die Kommission der Ansicht ist, dass der Zusammenschluss erhebliche grenzüberschreitende Auswirkungen haben wird, liegt es gemäß Art. 4 Abs. 5 Uabs. 5 in ihrem Ermessen, die Zuständigkeit an sich zu ziehen.

Diese Verweisungsregelung ist völkerrechtlich unbedenklich. Denn die Kommission kann im Einzelfall prüfen, ob das Zusammenschlussvorhaben den Verdacht erheblicher Auswirkungen in der Gemeinschaft begründet. Ist dies nicht der Fall, kann sie ihr Entschließungsermessen dahingehend ausüben, von der Prüfung des Zusammenschlusses abzusehen.

---

[621] 7. Teil, 1. Abschnitt, B.

III. Verweisung an die Kommission aufgrund mitgliedstaatlichen Antrags

1. Geplante Regelung

Anders als in Art. 4 Abs. 5 des Verordnungsentwurfs geht in Art. 22 die Initiative für eine Verweisung an die Kommission nicht von den beteiligten Unternehmen, sondern von den Mitgliedstaaten aus[622]. Nach dem Reformvorschlag ist Art. 22 aber ähnlich aufgebaut wie die eben besprochene geplante Verweisungsnorm des Art. 4 Abs. 5: Wiederum differenziert die Norm in Art. 22 Abs. 3 und Abs. 4 danach, ob mindestens drei Mitgliedstaaten – ausdrücklich oder durch Schweigen – die Kommission um Prüfung des Zusammenschlusses ersuchen.

In jedem Fall setzt eine Verweisung an die Kommission nach Art. 22 Abs. 1 des Verordnungsentwurfs erstens zunächst einen Verweisungsantrag mindestens eines Mitgliedstaates voraus. Zweitens muss der in Frage stehende Zusammenschluss den Wettbewerb in dem betreffenden Mitgliedstaat bzw. in den betreffenden Mitgliedstaaten beeinträchtigen und drittens den zwischenstaatlichen Handel beeinträchtigen.

2. Relevanz für die extraterritoriale Anwendbarkeit der FKVO

Objektive materielle Voraussetzung[623] für eine Verweisung an die Kommission ist gemäß Art. 22 Abs. 1 des Reformvorschlags, dass der Zusammenschluss den Wettbewerb im Hoheitsgebiet eines Mitgliedstaates und den zwischenstaatlichen Handel beeinträchtigt.

Die Kommission muss also bei einem Verweisungsantrag prüfen, ob wettbewerbsbeschränkende Auswirkungen im Hoheitsgebiet eines Mitgliedstaates vorliegen. Bejaht sie dies, liegen, weil das Gebiet der Mitgliedstaaten Teil der

---

[622] Im Falle von Art. 22 Abs. 6 des Verordnungsentwurfs kann die Initiative sogar von der Kommission selbst ausgehen. Denn nach dieser Vorschrift kann die Kommission einem oder mehreren Mitgliedstaaten mitteilen, dass ein Zusammenschluss nach ihrem Dafürhalten erhebliche grenzüberschreitende Auswirkungen hat. Die Kommission kann dann den Mitgliedstaat bzw. die Mitgliedstaaten dazu auffordern, einen Antrag nach Art. 22 Abs. 1 des Reformvorschlages zu stellen.

[623] Dagegen muss Art. 4 Abs. 5 Uabs. 1 wohl so verstanden werden, dass die „grenzüberschreitenden Auswirkungen" des Zusammenschlusses in dem Antrag der beteiligten Unternehmen lediglich dargelegt werden müssen, d.h. zunächst aus der Sicht dieser Antragssteller – also subjektiv – gegeben sein müssen. Für dieses Verständnis spricht Art. 4 Abs. 5 Uabs. 5. Denn hier geht es darum, ob der Zusammenschluss auch aus der Sicht der Kommission grenzüberschreitende Auswirkungen hat.

Gemeinschaft ist, dann also auch wettbewerbsbeschränkende Auswirkungen in der Gemeinschaft vor[624]. Im Falle eines Drittstaatenzusammenschlusses wäre damit eine sinnvolle Anknüpfung für die extraterritoriale Anwendbarkeit der FKVO gegeben.

C. Verfahrensfragen

I. Geplante Regelungen

1. Anmeldefrist- und Anmeldefähigkeit

Die nach jetziger Rechtslage einwöchige Anmeldefrist gemäß Art. 4 Abs. 1 soll nach dem Reformvorschlag gestrichen werden. Art. 4 Abs. 1 des Reformvorschlags verlangt lediglich, den Zusammenschluss, um eine ex ante - Kontrolle zu gewährleisten, vor seinem Vollzug anzumelden.

Grund für diesen Änderungsvorschlag ist, dass sich die Pflicht, den Zusammenschluss innerhalb einer Woche nach Vertragsschluss, der Veröffentlichung des Kauf- oder Tauschangebots oder des Erwerbs einer die Kontrolle begründenden Beteiligung anzumelden, in einigen Fällen als unrealistisch, aber auch als überflüssig erwiesen hat. Denn die beteiligten Unternehmen wollen wegen des Vollzugsverbotes so schnell wie möglich eine Genehmigung des Vorhabens erhalten. Hierfür ist aber eine vorausgehende Anmeldung bei der Kommission erforderlich. Insofern liegt es im eigenen Interesse der Unternehmen, ihr Vorhaben so schnell wie möglich anzumelden[625].

Eben dieses Interesse der Unternehmen ist auch der Grund für die geplante Änderung hinsichtlich der Anmeldefähigkeit des Zusammenschlusses. Nach geltendem Recht kann ein Zusammenschluss erst angemeldet werden, wenn eine verbindliche Vereinbarung zwischen den Zusammenschlussparteien vorliegt. Der Verordnungsentwurf sieht in Art. 4 Abs. 1 Uabs. 2 nunmehr vor, dass eine Anmeldung bereits dann möglich ist, wenn die beteiligten Unternehmen der Kommission gegenüber glaubhaft machen, dass sie gewillt sind, einen Vertrag zu schließen, oder im Falle eines Übernahmeangebotes, wenn sie öffentlich ihre Absicht zur Abgabe eines solchen Angebotes bekundet haben.

2. Befreiungen vom Vollzugsverbot

Bestimmte Zusammenschlüsse setzen ein schnelles Handeln voraus, so dass selbst ein nur einmonatiges Vollzugsverbot die Verwirklichung der Transaktion

---

[624] 7. Teil, 1. Abschnitt, B, I.

[625] KOM(2002) 711 endgültig, a.a.O. (Fußnote 614), S. 13 f., Tz. 61 ff.

gefährden oder sogar vereiteln kann. Aus diesem Grund will der Verordnungsentwurf die Ausnahmen vom Vollzugsverbot erweitern[626]. Neben der bereits nach jetziger Rechtslage möglichen Befreiung vom Vollzugsverbot, die im Einzelfall beantragt werden muss, sieht Art. 7 Abs. 4 des Verordnungsentwurfs eine automatische Befreiung vom Vollzugsverbot für voraussichtlich wettbewerbsrechtlich unproblematische Zusammenschlüsse vor. In dieser Vorschrift wird die Kommission ermächtigt, durch eine Verordnung Gruppen von Zusammenschlüssen zu definieren, für die, sofern sie angemeldet worden sind, eine Freistellung vom Vollzugsverbot als erteilt gilt. Eine solche Gruppenfreistellungsverordnung vom Vollzugsverbot soll Zusammenschlüsse erfassen, die im Allgemeinen nicht zu einer wettbewerbsrechtlich bedenklichen Kombination von Marktpositionen führen. Geplant ist, dass diese Gruppen von Zusammenschlüssen weitgehend denen entsprechen, die in der Bekanntmachung der Kommission über ein vereinfachtes Verfahren für bestimmte Zusammenschlüsse gemäß der Verordnung (EWG) Nr. 4064/89 des Rates als in der Regel wettbewerbsrechtlich unproblematisch genannt werden[627].

II. Relevanz für die extraterritoriale Anwendbarkeit

Durch die im Verordnungsentwurf vorgeschlagenen Änderungen werden die Belastungen für fusionswillige Unternehmen, die unter die FKVO fallen, vermindert. Dies gilt auch für Zusammenschlussbeteiligte in Drittstaaten.

Gerade die in dieser Arbeit problematisierten Drittstaatenzusammenschlüsse, die zwar die Aufgreifkriterien erfüllen, bei denen aber wettbewerbsbehindernde Auswirkungen unwahrscheinlich sind, profitieren von den neuen Regelungen. Durch die Vorverlagerung der Anmeldefähigkeit wird auch das einmonatige Vollzugsverbot vorverlagert und damit die Wartezeit letztlich verkürzt. Auch wird bei diesen Zusammenschlüssen häufig sogar eine gänzliche – automatische – Befreiung vom Vollzugsverbot aufgrund der geplanten Gruppenfreistellungsverordnung gegeben sein.

Insofern werden die Eingriffe in die unternehmerische Betätigungsfreiheit bei Zusammenschlussvorhaben in Drittstaaten, bei denen Auswirkungen sehr unwahrscheinlich sind, stark reduziert. Durch diese verminderte „Fremdregulierung" solcher Vorhaben vermindert sich auch der damit verbundene Eingriff in die souveräne Rechte von Drittstaaten, die dortigen Zusammenschlüsse selbst zu regeln.

---

[626] Hierzu KOM (2002) 711 endgültig, a.a.O. (Fußnote 614), S. 15, Tz. 67 ff.

[627] ABl. EG Nr. C 217 v. 29.07.2000, S. 32, siehe 1. Teil, 1. Abschnitt, B, V.

Zusammenfassung

1. Die FKVO ist gemäß Art. 1 Abs. 1 anwendbar auf Zusammenschlüsse von gemeinschaftsweiter Bedeutung. Gemeinschaftsweite Bedeutung liegt vor, wenn die in Art. 1 Abs. 2 bzw. Abs. 3 geregelten Umsatzschwellenwerte überschritten werden (1. Teil, 1. Abschnitt, C, I). Zusammenschlüsse von gemeinschaftsweiter Bedeutung sollen gemäß Art. 21 Abs. 2 in die ausschließliche Zuständigkeit der Gemeinschaft fallen (1. Teil, 1. Abschnitt, C, II). Beim Begriff der gemeinschaftsweiten Bedeutung steht also die Kompetenzabgrenzung zwischen Gemeinschaft und Mitgliedstaaten im Vordergrund. Da die Aufgreifkriterien, zu denen neben dem Zusammenschlussbegriff die Überschreitung der Umsatzschwellen gehört, nicht auf den Sitz der beteiligten Unternehmen abstellen, ergibt sich aber auch ein extraterritorialer Anwendungsbereich der FKVO. Die Erfüllung der Aufgreifkriterien gemäß Art. 1 löst die bußgeldbewehrten Rechtsfolgen der Anmeldepflicht und des vorläufigen Vollzugsverbotes aus (1. Teil, 1. Abschnitt, D), denen auch Zusammenschlussvorhaben in Drittstaaten unterfallen.

2. Für Regelungen mit extraterritorialem Anwendungsbereich benötigen Staaten (und entsprechend auch die Europäische Gemeinschaft) eine völkerrechtlich sinnvolle Anknüpfung. Fehlt diese, kommt ein Verstoß gegen das gewohnheitsrechtliche Interventions- und Einmischungsverbot gegenüber dem von der Regelung betroffenen Staat in Betracht. Inlandsauswirkungen extraterritorialer Sachverhalte können eine sinnvolle Anknüpfung darstellen. Dabei sind die Anforderungen an eine sinnvolle Anknüpfung nicht feststehend. Maßgeblich ist hierfür die Intensität des extraterritorialen Regelungseingriffes im Verhältnis zur Inlandsauswirkung des Auslandssachverhaltes. In diesem Zusammenhang sind die souveränen Rechte des regelnden Staates und des von der Regelung betroffenen Staates, ihre Wirtschaftsordnung jeweils eigenverantwortlich zu gestalten, mittels des Verhältnismäßigkeitsgrundsatzes zum Ausgleich zu bringen (1. Teil, 2. Abschnitt, D).

3. Für die präventive Untersagung eines Drittstaatenzusammenschlusses bzw. dessen Genehmigung unter Auflagen als intensive Eingriffe in die wirtschaftliche Souveränität von Drittstaaten sind hohe Anforderungen an die sinnvolle Anknüpfung und damit die Qualität der Auswirkungen zu stellen. Voraussetzung ist eine reale Gefahr beträchtlicher wettbewerbsbehindernder Auswirkungen. Die FKVO erfüllt diese Anforderungen aufgrund der engen Untersagungsvoraussetzungen, nämlich Entstehung oder Verstärkung einer beherrschenden Stellung im Gemeinsamen Markt, durch die der Wettbewerb erheblich behindert wird. In der Kommissionspraxis sind nur solche Drittstaatenzusammenschlüsse untersagt bzw. lediglich unter Auflagen genehmigt wor-

den, bei denen die Erwartung erheblicher Wettbewerbsbeschränkungen im Gemeinsamen Markt bestand (3. Teil, 2. Abschnitt, B).

4. Nicht nur die Untersagung, sondern auch die mit jedem die Aufgreifkriterien überschreitenden Zusammenschlussvorhaben einhergehenden Pflichten zur Anmeldung und zur Einhaltung des Vollzugsverbot stellen Eingriffe in Souveränitätsrechte von Drittstaaten dar und bedürfen somit einer völkerrechtlich sinnvollen Anknüpfung (4. Teil).

5. Wie die Kommissionspraxis zeigt, erreichen viele materiell wettbewerbsrechtlich unbedenkliche Zusammenschlüsse in Drittstaaten die Umsatzschwellenwerte und unterliegen folglich der Anmeldepflicht und dem Vollzugsverbot. Bei diesen Zusammenschlüssen stellt sich im Vorverfahren heraus, dass von ihnen keine reale Gefahr wettbewerbsbeschränkender Auswirkungen ausgeht. Die Überschreitung der Schwellenwerte, die eine gewisse weltweite und gemeinschaftsweite Größe des Zusammenschlusses anzeigt, stellt kein sicheres Indiz für das Vorliegen solcher Auswirkungen dar. Vielmehr besteht lediglich ein Verdacht auf wettbewerbsbeschränkende Auswirkungen in der Gemeinschaft (5. Teil, 1. Abschnitt). Gleichwohl stellen die Umsatzschwellenwerte keinen Verstoß gegen das völkerrechtliche Auswirkungsprinzip dar: Zunächst gibt es kein spezielles völkergewohnheitsrechtliches Verbot, das sich dagegen richtet, die extraterritoriale Anmeldepflicht und das Vollzugsverbot allein von der Erfüllung formaler statt von materiellen Kriterien abhängig zu machen. Der Blick auf die Staatenpraxis zeigt im Gegenteil, dass die meisten Fusionskontrollregimes Anmeldepflicht und vorläufiges Vollzugsverbot an pauschale Aufgreifkriterien – häufig Umsatzschwellen – knüpfen, wobei sie nicht zwischen Inlands- und Auslandszusammenschlüssen unterscheiden. Hier zeichnet sich also insoweit eine Dehnung des Auswirkungsprinzips bei Maßnahmen im Ermittlungsstadium ab, als dass das Vorliegen pauschaler Kriterien als ausreichend angesehen wird, unabhängig davon, ob der Zusammenschluss voraussichtlich materielle Auswirkungen haben wird. (5.Teil, 3. Abschnitt, A, 2. Teil).

Ferner verstoßen die FKVO-Regelungen auch nicht gegen allgemeine Grundsätze der extraterritorialen Jurisdiktion; insbesondere greifen sie nicht unverhältnismäßig in die Drittstaatensouveränität ein. Die Gemeinschaft verfolgt mit der vorherigen Anmeldepflicht und dem Vollzugsverbot das Regelungsinteresse, eine wirksame präventive Fusionskontrolle zu gewährleisten. Wenn eine extraterritoriale präventive Untersagung aufgrund zu erwartender Auswirkungen im Grundsatz nach dem völkerrechtlichen Auswirkungsprinzip zulässig ist, dann muss dies auch für notwendige Regelungen, wie etwa Ermittlungs- oder einstweilige Sicherungsmaßnahmen gelten, die eine solche Untersagung erst ermöglichen. Anmeldepflicht und Vollzugsverbot sind in dieser Weise unverzichtbar für eine präventive Fusionskontrolle. Ferner gibt es abgesehen von den Umsatzschwellen keine anderen Kriterien, die treffsicherer die zu verhindernden Vorhaben erfassen würden und zugleich als Aufgreifkriterien ebenso praktisch handhabbar wären.

Da Anmeldepflicht und vorläufiges Vollzugsverbot im Vergleich zur Untersagung selbst von geringerer Eingriffsintensität sind, brauchen die Anforderungen an eine sinnvolle Anknüpfung im Sinne des Auswirkungsprinzips nicht ebenso hoch angesetzt werden. Vielmehr reicht im Ermittlungsstadium eine gewisse Wahrscheinlichkeit wettbewerbsbeschränkender Auswirkungen. Dem entsprechen die Schwellenwerte der FKVO. Dadurch, dass sie nicht nur auf weltweit, sondern auch auf gemeinschaftsweit erzielte Umsätze jeweils mindestens zweier beteiligter Unternehmen abstellt, liegt bei Erreichen der Schwellen eine Verbindung zur Gemeinschaft vor. Zudem sind die FKVO-Schwellenwerte – wie der Blick auf andere Fusionskontrollordnungen zeigt – vergleichsweise hoch.

In maßgeblicher Weise wird die Verhältnismäßigkeit auch dadurch gewährleistet, dass die Kommission bei Zusammenschlüssen, die zwar unter die Aufgreifschwellen fallen, jedoch wettbewerbsrechtlich unbedenklich sind, die Verfahren zügig führt (1 Monat) sowie auch weitere Befreiungen von den Pflichten erteilen kann (5. Teil, 3. Abschnitt, B).

6. Die Verhängung einer Geldbuße wegen Verstoßes gegen Anmeldepflicht oder Vollzugsverbot gegenüber Drittstaatenunternehmen widerspricht auch dann nicht dem Auswirkungsprinzip, wenn bereits feststeht, dass der in Frage stehende Zusammenschluss wettbewerbsrechtlich unbedenklich ist, d.h. keine materiellen Auswirkungen hat. Wenn es bei Anmeldepflicht und Vollzugsverbot im Vorverfahren für eine sinnvolle Anknüpfung nicht auf eine festgestellte Wettbewerbsgefährdung ankommt und eine Überschreitung der formalen Umsatzkriterien ausreicht, muss dies auch für die zugehörigen Sanktionen bei Verstoß gegen diese Pflichten gelten. Anderenfalls könnte die Kommission keine effektive präventive Fusionskontrolle durchführen. Vielmehr würde die Kommission bei unzureichend sanktionierter Anmeldepflicht keine Kenntnis von allen überprüfungswürdigen Sachverhalten erlangen, bzw. bei nicht umfassend sanktioniertem Vollzugsverbot vor vollendete Tatsachen gestellt, die nicht oder nur mit Schwierigkeiten rückgängig zu machen wären.

   Bei der Bemessung des Bußgelds ist jedoch die Frage der materiellen Wettbewerbskonformität als eines der Kriterien zu berücksichtigen (6. Teil).

7. Die Reformvorschläge der Kommission zur FKVO zielen unter anderem darauf ab, die Kompetenzen der Gemeinschaft (gegenüber denen der Mit-

gliedstaaten) auf dem Gebiet der Fusionskontrolle zu erweitern. Als Nebenfolge wird auch der extraterritoriale Anwendungsbereich vergrößert.

Weder das Grünbuch 2001 noch der Kommissionsvorschlag von 2002 sehen eine Änderung der Aufgreifschwellen vor. Um Mehrfachanmeldungen in den Mitgliedstaaten zu vermeiden, sah das Grünbuch 2001 eine „automatische Verweisung" an die Kommission vor, wenn der Zusammenschluss ansonsten in drei Mitgliedstaaten der Anmeldepflicht unterlegen hätte.

Der Kommissionsvorschlag von 2002 strebt eine Verfeinerung der schon vorhandenen Verweisungsregeln an. Als Neuerung ist insbesondere eine Verweisung an die Kommission auf Initiative der fusionswilligen Unternehmen vorgesehen. Diese werden einen solchen Verweisungsantrag in der Regel nur dann stellen, wenn ihr Vorhaben in mehreren Staaten anmeldepflichtig wäre. Insofern wird es auch hier in der Praxis auf die Anmeldepflichtigkeit in den Mitgliedstaaten ankommen. Eine sinnvolle Anknüpfung für die extraterritoriale Anwendbarkeit der FKVO wäre also gegeben, wenn die mitgliedstaatlichen Anmeldevoraussetzungen eine solche Anknüpfung gewährleisten (7. Teil).

Literaturverzeichnis

Banks, J.D.

The Development of the Concept of Extraterritoriality under European Merger Law and its Effectiveness under the Merger Regulation Following the Boeing/ McDonnel Douglas Decision 1997
ECLR 1998, 306ff.

Baron, Michael

Die neuen Bestimmungen der Europäischen Fusionskontrolle
WuW 1997, 579

Basedow, Jürgen

Entwicklungslinien des internationalen Kartellrechts
NJW 1989, 627ff.

Bavasso, Antonio F.

Boeing/ McDonnel Douglas: Did the Commission Fly too High?
ECLR 1998, 243ff.

Bourgeois, Jacques H. J.

EEC Control over International Mergers
YEL 10, 1990, 103ff.

Broberg, Morten P.

The European Commission's Jurisdiction to Scrutinise Mergers
The Hague, London, Boston 1998
(zitiert: Broberg, European Commission's Jurisdiction)

ders.

The European Commission`s Extraterritorial Powers in Merger Control
The Court of First Instance`s Judgment in *Gencor v. Commission*
ICLQ 2000, 172 ff.
(zitiert: Broberg, The Commission`s Extraterritorial Powers, ICLQ 2000, 172)

Callies, Christian/ Ruffert, Matthias (Hrsg.)

Kommentar des Vertrags über die Europäische Union und des Vertrages zur Gründung der Europäischen Gemeinschaften
EUV/ EGV
2. Auflage, Neuwied, Kriftel 2002
(zitiert: Bearbeiter in: Callies/Ruffert, EUV/EGV)

Campbell, Callum/ Davies, John (Hrsg.)

Merger Control,
Sixth Edition 2002, London 2001
(zitiert: Campbell/Davies, Merger Control 2002)

Seventh Edition 2003, London 2002
(zitiert: Campbell/Davies, Merger Control 2003)

Dahm, Georg /Delbrück, Jost /Wolfrum, Rüdiger

Völkerrecht
Band I/1 Die Grundlagen, Die Völkerrechtssubjekte
2. Auflage, Berlin, New York 1988
(zitiert: Dahm/Delbrück/Wolfrum, Völkerrecht)

Delbrück, Jost:

Proportionality
In: Encyclopedia of Public International Law Bernhard, Rudolf (ed.)
Volume III, 1997
Amsterdam, Lausanne, New York, Oxford, Shannon, Singapore, Tokyo
(zitiert: Delbrück, Proportionality, in: Bernhard, EPIL II)

Drauz, Götz

Reform der Fusionskontrollverordnung
WuW 5/2002, 444ff.
(zitiert: Drauz, Reform der Fusionskontrollverordnung, WuW 2002, 444)

Drauz, Götz/ Schroeder, Dirk

Praxis der europäischen Fusionskontrolle
3. Auflage, Köln 1995
(zitiert: Drauz/Schroeder, Praxis der europäischen Fusionskontrolle)

EEC Merger Control Reporter (nunmehr EC Merger Control Reporter)

Loseblattsammlung, Stand: Dezember 2002
Coordinator: Gerwin van Gerven
The Hague, London, New York

Emmerich, Volker

Kartellrecht
9. Auflage, München 2001

Ezrachi, Ariel

Limitations on the Extraterritorial Reach of the European Merger Regulation
ECLR 2001, 137ff.

Fiebig, Andre R.

International Law Limits on the Extraterritorial Application of the European Merger Control Regulation and Suggestions for Reform
ECLR 1998, 323 ff.
(zitiert: Fiebig, International Law Limits, ECLR 1998, 323)

ders.

A Role for the WTO in International Merger Control
Northwestern Journal of International Law and Business, Winter 2000, Volume 20, 233ff.
(zitiert: Fiebig, A Role for the WTO, Northwestern Journal of International Law and Business, Winter 2000, Vol. 20)

Fischer Weltalmanach 2003

herausgegeben von Baratta, Mario
Frankfurt am Main 2002

Fleischer, Holger/ Körber, Thorsten

Der Einfluss des US-amerikanischen Antitrustrechts auf das Europäische Wettbewerbsrecht
WuW 2001, 6ff.

Fox, Eleanor M.

The Merger Regulation and its Territorial Reach: Gencor Ltd. V. Commission
ECLR 1999, 334 ff.

Frankfurter Kommentar zum Kartellrecht

Band VI, FKVO
Glassen, Helmut u.a. (Hrsg.)
Loseblattsammlung, Ergänzungslieferung 51, Stand: Oktober 2002, Köln
(zitiert: FK-Bearbeiter, Band VI, FKVO)

Gabler Wirtschaftslexikon

Taschenbuchausgabe in 6 Bänden
Band 4 (L-P)
11. Auflage
Wiesbaden 1984

Gerlach, Axel

Die Intervention
Hamburg 1967

Grabitz, Eberhard/ Hilf, Meinhard (Hrsg.)

Das Recht der Europäischen Union
Kommentar, Band II, EUV/ EGV
Stand: Februar 2002, 19. Ergänzungslieferung, München
(zitiert: Bearbeiter in: Grabitz/Hilf, EGV)

Götz, Volkmar

Allgemeines Polizei- und Ordnungsrecht
13. Auflage
Göttingen 2001

Gugerbauer, Norbert

Das EWR-Kartellrecht
1. Auflage, Wien, München, Basel 1993

Haedrich, Heinz

Intervention
in Strupp, Karl/ Schlochauer, Hans Jürgen
Wörterbuch des Völkerrechts
Band, Berlin 1961
(zitiert: Haedrich zu Intervention in: Strupp/Schlochauer, Wörterbuch des Völkerrechts, II)

Haymann, Michael

Extraterritoriale Wirkungen des EWG-Wettbewerbsrechts
Baden 1974

Herdegen, Matthias

Internationales Wirtschaftsrecht
3. Auflage, München 2002

Hesse, Konrad

Grundzüge des Verfassungsrechts der Bundesrepublik Deutschland
20. Auflage, Heidelberg 1995

Hofstetter, Karl/ Schiltknecht, Reto

Fusions- und Marktmachtkontrolle im neuen schweizerischen Kartellgesetz
Schweizerische Juristen-Zeitung (SJZ) 93. Jahrgang 1997, 121ff.

Immenga, Ulrich/Mestmäcker, Ernst-Joachim (Hrsg.)

EG-Wettbewerbsrecht
Kommentar, Band 1
München 1997
(zitiert: Bearbeiter in: Immenga/Mestmäcker, EG-Wettbewerbsrecht, Band 1, FKVO)

Immenga, Ulrich/ Mestmäcker, Ernst-Joachim

GWB – Gesetz gegen Wettbewerbsbeschränkungen – Kommentar
3. Auflage, München 2001
(zitiert: Bearbeiter in: Immenga/Mestmäcker, GWB)

Immenga, Ulrich

Zur extraterritorialen Anwendung der europäischen Fusionskontrolle
In: Festschrift für Roger Zäch zum 60. Geburtstag
Der Einfluß des europäischen Rechts auf die Schweiz
Forstmoser, Peter u.a.(Hrsg.)
Zürich 1999
(zitiert: Immenga, Zur extraterritorialen Anwendung der europäischen Fusionskontrolle, in: FS-Zäch)

Ipsen, Knut

Völkerrecht
4. Auflage, München 1999

Jellinek, Georg

Allgemeine Staatslehre
3. Auflage, Berlin 1921

Jones, Christopher/ González-Diáz, F. Enrique

The EEC Merger Regulation
London 1992

Kaffanke, Joachim

Nationales Wirtschaftsrecht und internationale Wirtschaftsordnung
Anwendungsgrenzen nationalen Rechts bei internationalen Sachverhalten
Baden-Baden 1990

Kleinmann, Werner

Die Umsatzschwellen für Zusammenschlüsse von gemeinschaftsweiter Bedeutung in der Europäischen Fusionskontrolle und ihre Revision
In: Festschrift für Ingo Schmidt zum 65. Geburtstag
Wettbewerbspolitik im Spannungsfeld nationaler und internationaler Kartellrechtverordnungen
Kruse, Jörn/ Stockmann, Kurt/ Vollmer, Lothar (Hrsg.)
Baden-Baden 1997
(zitiert: Kleinmann, Umsatzschwellen, in FS-Schmidt)

Kriele, Martin

Einführung in die Staatslehre
5. Auflage, Opladen, 1994

Krimphove, Dieter

Europäische Fusionskontrolle
Köln, Berlin, Bonn, München 1992

Kunig, Philip

Das völkerrechtliche Nichteinmischungsprinzip zur Praxis der Organisationen der afrikanischen Einheit (OAU) und des afrikanischen Staatenverkehrs
Baden-Baden 1981
(zitiert: Kunig, Nichteinmischungsprinzip)

Kunig, Philip/ Lau, Niels /Meng, Werner (Hrsg)

International Economic Law
Basic Documents
2. Auflage, Berlin, New York 1993
(zitiert: Kunig/Lau/Meng, International Economic Law)

Lampert, Thomas

Kompetenzabgrenzung zwischen nationaler und europäischer Fusionskontrolle
WuW 5/2002, 449ff.

Langen, Eugen/ Bunte, Hermann-Josef

Kommentar zum deutschen und europäischen Kartellrecht
Band I
9. Auflage, 2001, Neuwied, Kriftel, Berlin
(zitiert: Bearbeiter in: Langen/Bunte, Kartellrecht, Band I)

Löffler, Heinz F.

Kommentar zur europäischen Fusionskontrollverordnung
Neuwied 2001
(zitiert: Löffler, Kommentar zur europäischen Fusionskontrollverordnung)

Meessen, Karl Matthias

Mit dem Kopf im Sand
WuW 2001, 1027
(zitiert: Meessen, Kommentar, WuW 2001, 1027)

ders.

Völkerrechtliche Grundsätze des internationalen Kartellrechts
Baden-Baden 1975
(zitiert: Meessen, Völkerrechtliche Grundsätze)

Meibom, Wolfgang von/Geiger, Andreas

Ein Weltkartellrecht als ultima ratio
EuZW 2002, 261 ff.

Meng, Werner

Extraterritoriale Jurisdiktion im öffentlichen Wirtschaftsrecht
Berlin, Heidelberg, New York, London, Paris, Tokyo, Hongkong, Barcelona, Budapest 1994
(zitiert: Meng, Extraterritoriale Jurisdiktion)

ders.

Völkerrechtliche Zulässigkeit und Grenzen wirtschaftsverwaltungsrechtlicher Hoheitsakte mit Auslandswirkung
ZaöRV 1984, 675
(zitiert: Meng, Völkerrechtliche Zulässigkeit, ZaöRV 1984, 675)

ders.

Extraterritorial Effects of Administrative Judical and Legislative Acts
In: Encyclopedia of Public International Law Bernhard, Rudolf (ed.)
Volume II 1995
Amsterdam, Lausanne, New York, Oxford, Shannon, Singapore, Tokyo
(zitiert: Meng, Extraterritorial Effects, in: Bernhard, EPIL II)

Montag, Frank/ Kaessner, Ralph

Neuere Entwicklungen in der Fallpraxis der europäischen Fusionskontrolle
WuW 10/1997, 781ff.

Oppermann, Thomas

Nichteinmischung in innere Angelegenheiten
Archiv des Völkerrechts, 14. Band, 1969, 1970, 321
(zitiert: Oppermann, Nichteinmischung, ArchVR 14, 321)

ders.

Europarecht
2. Auflage, München 1999
(zitiert: Oppermann, Europarecht)

Picot, Gerhard (Hrsg.)

Unternehmenskauf und Restrukturierung
2. Auflage, München 1998
(zitiert: Bearbeiter in: Picot, Unternehmenskauf)

Pohlmann, Petra

Die Vorschläge der Europäischen Kommission zu einer Änderung der Fusionskontrollverordnung
EWS 1997, 181 ff.

Restatement of the Law Third Foreign Relations Law of the United States

Volume 1, §§ 1 – 488
The American Law Institute, St. Paul, Minn. 1987
(zitiert: Restatement of the Law (third), Foreign Relations Law of the United States)

Rösler, Patrick

Implementierung einer Fusionskontrolle im europäischen Binnenmarkt: Auswirkungen auf das deutsche Recht der Unternehmenszusammenschlüsse
Frankfurt a.M., Berlin, Bern, New York, Paris, Wien, 1994

Scherrer, Frank

Fusionskontrolle nach revidiertem Kartellgesetz – erste Fälle und offene Fragen
AJP 1997, 1381 ff

Schirmer, Michael

Die Konkretisierung des Auswirkungsprinzips im internationalen Kartellrecht: unter besonderer Berücksichtigung des Kartellrechts der Vereinigten Staaten von Amerika
Frankfurt a.M. 1998

Schulze Steinen, Petra

Einführung der Fusionskontrolle im finnischen Gesetz gegen Wettbewerbsbeschränkungen
EuZW 1999, 303ff.

Schwarze, Jürgen

EU-Kommentar
1. Auflage, Baden-Baden 2000
(zitiert: Bearbeiter in. Schwarze, EU-Kommentar)

ders.

Die extraterritoriale Anwendbarkeit des EG-Wettbewerbsrechts – Vom Durchführungsprinzip zum Prinzip der qualifizierten Auswirkung
WuW 2001, 1190
(zitiert: Schwarze, Extraterritoriale Anwendbarkeit, WuW 2001, 1190)

Verdross, Alfred/ Simma, Bruno

Universelles Völkerrecht
3. Auflage, Berlin 1984

Walkerová, Katerina/ Zwetkow, Olaf

Das neue tschechische Kartellgesetz – eine Einführung
ZVglRWiss 101 (2002), 75ff.

Wiedemann, Gerhard

Drittstaaten-Zusammenschlüsse und EG-Fusionskontrollverordnung
in: Festschrift für Otfried Lieberknecht, S. 625 ff.
Niederleithinger, Ernst/ Werner, Rosemarie/ Wiedemann, Gerhard
München 1997
(zitiert: Wiedemann, in FS-Lieberknecht, Drittstaaten-Zusammenschlüsse)

Wiedemann, Gerhard (Hrsg.)

Handbuch des Kartellrechts
München 1999
(zitiert: Bearbeiter in: Wiedemann, Handbuch Kartellrecht)

Ziegenhain, Hans-Jörg

Extraterritoriale Rechtsanwendung und die Bedeutung des Genuine-Link-Erfordernisses
München 1992

Zinser, Alexander

Die Fusionskontrolle nach dem neuen polnischen Kartellgesetz
WuW 1/2002, 25 ff.

Zippelius, Reinhold

Allgemeine Staatslehre
11. Auflage, München 1991

FSC
www.fsc.org
MIX
Papier | Fördert gute Waldnutzung
FSC® C083411

Kolibri 360 GmbH
Ferdinand-Jühlke-Straße 7
99095 Erfurt, Deutschland
produktsicherheit@kolibri360.de

Druck:
CPI Druckdienstleistungen GmbH
im Auftrag der
Kolibri 360 GmbH
Ferdinand-Jühlke-Str. 7
99095 Erfurt